◎ 樊新强 著

说文论言

——文言文教学论

上海教育出版社
SHANGHAI EDUCATIONAL
PUBLISHING HOUSE

图书在版编目（CIP）数据

说文论言：文言文教学论 / 樊新强著. — 上海：上海教育出版社，2023.12

（上海教育丛书）

ISBN 978-7-5720-2423-8

Ⅰ. ①说… Ⅱ. ①樊… Ⅲ. ①文言文 – 教学研究 – 高中 Ⅳ. ①G633.302

中国国家版本馆CIP数据核字(2023)第251774号

责任编辑　汪海清
封面设计　蒋　妤

上海教育丛书
说文论言——文言文教学论
樊新强　著

出版发行	上海教育出版社有限公司
官　　网	www.seph.com.cn
地　　址	上海市闵行区号景路159弄C座
邮　　编	201101
印　　刷	浙江临安曙光印务有限公司
开　　本	700×1000　1/16　印张15.75　插页3
字　　数	226 千字
版　　次	2023年12月第1版
印　　次	2023年12月第1次印刷
书　　号	ISBN 978-7-5720-2423-8/G·2149
定　　价	50.00 元

如发生质量问题，读者可向本社调换　电话：021-64373213

总　序

　　建设一流城市，需要一流教育。办好教育，最根本的是要建设好教师队伍和学校管理干部队伍。

　　在长期的教育实践中，上海市涌现了一大批长期耕耘在教育第一线呕心沥血、努力探索，积累了丰富经验的优秀教师；涌现了一批领导学校卓有成效，有思想、有作为的优秀教育管理工作者。广大优秀教育工作者教育教学和管理工作的经验，凝聚着他们辛勤劳动的心血乃至毕生精力。为了帮助他们在立业、立德的基础上立言，确立他们的学术地位，使他们的经验能成为社会的共同财富，1994年上海市领导决定，委托教育部门负责整理这些经验。为此，上海市教育局、上海市中小学幼儿教师奖励基金会组织成立《上海教育丛书》编辑委员会，并由吕型伟同志任主编，自当年起出版《上海教育丛书》（以下称《丛书》）。1995年上海市教育委员会成立后，要求继续做好《丛书》的编辑出版工作。2008年初，经上海市教育委员会领导同意，调整和充实了《丛书》编委会，并确定夏秀蓉同志任执行主编，协助主编工作。2014年底，经上海市教育委员会领导同意，调整和充实了《丛书》编委会，确定尹后庆同志担任主编。《丛书》的内容涵盖了基础教育和中等职业教育的各个方面，包含有较高理论水平和学术价值的著作，涉及中小学教育、学前教育、师范教育、职业教育、校外教育和特殊教育，以及学校的领导管理与团队工作，还有弘扬祖国优秀文化、促进国际教育交流等方面的著作，体现了上海市中小学教育改革与发展的轨迹，体现了上海市中小学教育办学的水平与质量，体现了优秀教师和教育工作者的先进教育思想与丰富的实践经验。《丛书》出版后，受到广大教师、教育工作者及社会的欢迎。

　　为进一步搞好《丛书》的出版、宣传和推广工作，对今后继续出版的《丛书》，我们将结合上海教育进入优质均衡、转型发展新时期的特点，更加注重反映教育改革前沿的生动实践，更加注重典型性、实用性和可读性。希望《丛书》反映的教育思想、理念和观点能起到抛砖引玉的作用，引发大家的思考、议论和争鸣；更希望在超前理念、先进思想的统领下创造出的扎实行动和鲜活经验，能引领当前的教育教学改革工作，使《丛书》成为记录上海教育改革历程和成果的历史篇章，成为广大教师和教育工作者的良师益友。限于我们的认识和水平，《丛书》会有疏漏和不尽如人意之处，诚恳地希望广大读者提出宝贵意见，帮助我们共同把《丛书》编好。

《上海教育丛书》编委会

序

　　樊新强君执教于上海中学有年，积其文言文教学之心得，著成《说文论言——文言文教学论》一书，邀我为序。我于基础教育全无经验，提不出什么具体意见，但总不能只效顽石点头，所以借此机会，谈一下自己对文言文的看法。

　　中国人使用文言写作的历史，通常被认为终结于 20 世纪初的"新文学运动"。这样的说法，本身就出自"新文学史"的叙事立场。如果我们看一下钱基博先生的《现代中国文学史》，就能明白历史事实的另一面。此书撰成于 20 世纪 30 年代，评述的当代作品仍以文言的诗文为主。也许你可以指责他的观念不够先进，但无法抹杀他描写的事实，就是使用文言写作的人依然活跃。必须说明的是，除了特殊时刻、特殊场合外，写作文言诗文并不会对白话文学的发展造成阻碍，也未必表明作家的观念守旧，更不是一种违法行为。有的作家能熟练使用两种表达工具，如现代白话小说的开山鲁迅先生，其著《中国小说史略》，便用典雅的文言。确实，白话文在 20 世纪成了主流的表达工具，但仍有大量的学术著作、读书笔记、私人书信、日记、电报乃至碑刻之类，使用或者兼用文言，至于五言、七言旧诗的创作，其繁荣程度一直就不下于新诗。

　　这么说，并不是要提倡文言写作，只是为了说明：跟历史上许多争议一样，文言、白话之争，只要能促进白话文这个新生事物的发展的作用，就具有了意义，不必追求消灭文言的结果。文言并未因此而被甩到历史的彼岸，与现实生活不再发生关联。除了相关专业人员必须面对的文言文献外，在普通中国人的日常生活中,文言也继续存在。至少,目前已经被现代汉语书面语乃至口语大量吸收的成语,主要来自古典的文言,其本身符合文言的表达法则。现代的辞书往往不能备析其全部含义,而通晓文言的人能以更丰富的方式来使用它们。

当然,相比于文言,白话与我们的现实生活有着更强的联系、更直接的对应性,这是我们主张"言文一致",即以白话文为主要表达工具的理由。同时,这也是文言学习必须经由学校教育的原因。实际上,即便是古人,不经教育也无法自然习得文言。一般情况下,我们需要以白话为中介去学习文言。新强在书中说的"字字落实,句句清楚"的传统教育法,就是把中介的作用发挥到极致,把文言的字句完全对应到现代汉语中去加以把握。那么,除此之外还有没有别的方法? 我以为新强著此书,主要就在探索这个问题的答案。

有一点可以肯定,掌握现代汉语并不是学习文言的必要前提。我们知道,很多日本人没学过现代汉语,但能看懂文言文。他们把文言文叫作"汉文"或"古典文",在基础教育中,一字一句对应到现代日语,也可以做到"字字落实,句句清楚"。作为通向文言的中介,现代日语的这一功能与现代汉语相近。这说明,通向文言的途径不止一条。很多学者指出,汉语方言经常比普通话保留了更多与文言相通的因素。有些人能吟诵文言诗文,往往便杂用方言的发音。进一步说,如果我们承认文言仍存在于现代的日常生活中,则学习文言的途径本来就应该是多元的。无论如何,把新知跟已经会的东西打成一片,是任何一种学习的基本过程,其间当然就会呈现各种个体差异。从结果来说也是如此,对于文言,每个学习者形成的语感都会有些差异,这很正常。反过来,若是这样的个体差异消失,那文言倒真是死了。

总而言之,我希望带给此书读者的是一个非常简单的看法:文言依然是活的。

复旦大学中文系教授

目录

绪　论

朱自清先生在《经典常谈》序文的开篇就说:"在中等以上的教育里,经典训练应该是一个必要的项目。经典训练的价值不在实用,而在文化。"①这是很通达的见解。在中学领域的文言文教学,理应承担起经典训练的主要任务。然而,在科技高度发达的今天,经典训练的意义是否得到了充分的重视,如今的文言文教学能否承担起传承和弘扬中华优秀传统文化的重任,我们似乎还不能胸有成竹地对这些问题给出肯定的答案。

自 20 世纪末钱梦龙先生在《文言文教学改革刍议》一文中激烈地批评文言文教学中的"八字真经",即所谓"字字落实,句句清楚"②,语文教学领域的很多学者和教师多年来在理论和实践中积极探索新的路径与方法,取得了很多令人瞩目的成绩。然而,不得不承认的是,在一线的教学实践中,所谓的"八字真经"教学法依然有着广泛的市场,甚至在一些地方还掌控着语文教学,经典训练的价值降格为"文本翻译",这又不得不引起我们充分重视。

如何在文言文教学上真正实现突破,使得经典训练在文化传承与弘扬上起到切实的作用? 一方面固然需要教师提高教学立意,创新教学方式,使得文言文成为学生亲近甚至喜爱的学习项目;另一方面也有待于课程标准、语文教材等在理论上实现新的突破,并给予教师更为精准的指导;另外,评价方式的改革更是重要的一环。"字字落实,句句清楚"的"八字真经"教学法之所以仍在文言文课堂中独占首席之地,很重要的原因是这种方法在现行考试中对提高分数还有一定作用。而现行考试中的分数尚不能准确反映学生的文言文素养水平,特别是文化层面的素养水平,那么只有评价方式实现真正的突破,评价结果能更真实、准确、全面地反映学生文言文素养的发展过程与现有水平,评价才能对文言文教学发挥积极的引领和导向作用,文言文教学也才能在文化传承与弘扬上呈现崭新的面貌。

---

① 朱自清.朱自清序跋集[M].苏州:古吴轩出版社,2018:20.
② 钱梦龙.文言文教学改革刍议[J].中学语文教学,1997(4):25-27.

自 2017 年起,随着《普通高中语文课程标准(2017 年版)》的颁布,新一轮的基于核心素养的教学改革蔚然兴起。2019 年高中语文统编教材率先在上海、浙江等 6 个省市投入使用,2022 年实现了全国所有省份全覆盖,统编教材的落地使得教学改革有了重要的抓手。2022 年上海、浙江等地第一届使用高中统编教材的学生参加高考,评价领域也因之迎来 2017 年新高考改革以来又一次调整与变化。因而,在这一轮教学改革之中,课程标准、语文教材、考试评价在理论探索、实践指导、教学引导上都有重要的变化,语文教学的面貌有望实现全方位的变革。对于文言文教学来说,这正是一个可以顺势而为的良好契机。

那么,在新课标、新教材、新高考的"三新"语境之下,我们如何站在新的历史起点上,有效地开展具有生命力的文言文教学? 本书将分成六章加以探讨。

第一章,"为何而教",回顾了中国古代语文教育的面貌、20 世纪的百年探索,试图梳理历史上的语文教育的经验与不足,以备今日参考;更重要的是,站在新的历史起点上,我们还得重新思考,一个当代的中学生学习文言文的意义到底在哪里,这些经典对于他们面临未来的不确定世界到底有什么价值,这些问题的回答有助于我们确定文言文教学的当代追求。因而,这一章主要从历史追溯和当代价值的角度来讨论文言文教学,解决"为什么教"的问题。那么,如何实现文言文在中学教学领域的当代价值,以下五章则侧重从内容和策略的角度加以探讨,也就是解决"教什么"和"怎么教"的问题。

第二章,"依标而教",提出文言文教学首先要遵照新课程标准精神的指引,依照统编教材的设计来落实。这一部分主要论述了如何将新课程标准规定的"学习目标与内容"与统编教材中的单元与文言文篇目实现对接。需要说明的是,本书中用以阐述之例大多为统编教材之文言文篇目,少数用例为原人教版教材或沪教版教材的经典文言文。

第三章和第四章,"依言而教",提出文言文教学要抓住"言"的特点来设计任务,实施教学。文言文本身就是从语体角度来命名的,因而教学中关注"言"的特点应是题中应有之义,也只有真正抓住了"言"的特点,才能教出文言文的味道来。其中,第三章着重从"声律之韵""建筑之美""凝练之蕴"三方面,第四章则侧重从"自主句读""版本资源""文本再生成"三方面分别加以探讨。

第五章,"依文而教",提出文言文教学要紧扣"文"的特色来安排任务,设计教学。文言文教学,不能因为重视"言",而忽略"文",要言文并进,实现文道合一。这部分着重从文本、文体、文化三个方面探寻文言文的特色,为课堂教学找到合宜的切入口。

第六章,"依学而教",提出文言文教学要关注学情,在充分调研和分析学情的基础之上调整教学设计与安排。学情调研的方式很多,恐不能尽述,这部分主要从课前疑惑收集与分析、课后作业设计与评价、测试的设计与反馈三个环节加以论述。

有效的文言文教学应该充分关注"标""言""文""学"这四个字,综合协调这四个方面的内容,从而确立目标、设计任务、实施教学,最后评价反馈。因而,虽然这四个方面在本书中分成五章加以阐述,但是在实践中又是一体的,既不能孤立,也不能分割。

文言文教学一直是语文教学改革中的重点,也是难点,期待本轮课程教学改革的春风能吹绿经典训练的园林,也希望本书提出来的一点建议与想法能给教师朋友们带来一点启发。当然,限于水平原因,书中定然有很多不成熟甚至错误的意见,也请教师朋友们能不吝指正。也许正是我们真诚的讨论,文言文教学园地里的春风会更为煦暖和畅。

最后,还要提及的是,本书中的部分内容已在《现代基础教育研究》《语文学习》《语文教学通讯》等刊物发表,文下也已注明。本次收录成书过程中,笔者又将这些已发表的文章进行了修改和补充,也算是得到了一个修正完善自己见解的机会。作品发表之后,还能再改,不啻再得重生之机,幸何如之。

第 一 章

为何而教：追溯、追寻与追求

文言文是相对于新文化运动之后的白话文而言的,也是伴随着民国初年的白话文运动而形成的。在中国古代,并没有文言文这一说法。现在所说的文言文,是指中国古代读书人所使用的一种书面语言,一种与先秦口语大致一致的书面语。然而,口语并不是一成不变的,随着时代的变迁和社会生活的变化,口语的语音、词汇等会逐步发生变异,这种情况下,后代的口语与以先秦口语为基础的书面语之间就有了较大的差异。因而,先秦之后的古代读书人也要经过专门的训练才能自如地阅读书籍。那么,中国古代的读书人是如何接受训练的? 换现在的话说,中国古代的读书人是如何学习"文言文"的? 本章的第一节将简略地描述中国古代语文教育的状况及其特点,以助于我们了解今日文言文教学的由来,也能为今日文言文教学提供一些可资借鉴的历史养分。

自新文化运动以来,白话文逐步取代了文言文,成为中国读书人阅读与写作的主要语体,书面语与口语基本实现了合流。那么,文言文学习的必要性、文言文学习的内容、文言文学习的方式等,必然成为探讨的话题。应该说,随着时代环境的变化,这些话题确实一直困扰着教育主管部门、关心教育的专家学者以及一线的语文教师。因而20世纪的语文课程标准、语文教材、课堂教学实践对这些话题的认识都有起起伏伏的变化,然而这些变化也正体现了几代语文人的探索与努力。本章的第二节拟就这一时期文言文教学的面貌与特点稍加介绍与分析。

进入21世纪之后,关于以上这些话题的讨论并没有停止。随着《普通高中语文课程标准(2017年版)》《义务教育语文课程标准(2022年版)》的颁布,以及统编版中学语文教材的使用,文言文教学的内容和比例以国家意志的形式稳定下来。然而,文言文教学的具体实践如何体现出当代的价值与意义、当代的特点与追求,这仍然值得思考与讨论。本章的第三节将就这些问题做一些简要的探讨。

第一节　历史追溯

在 1904 年清廷颁布"癸卯学制"之前,中国古代教育中并没有独立的语文课程。语文教学是与现代分科中的历史、政治、哲学、伦理学等融合在一起的,用现在的话来说,是一种"大语文"教学。中国古代教育也没有现代学制中严格的"分段",如现代的"小学""中学""大学"等,不过基本能遵循学生的接受规律来实施教学。区别于现代学校制度,私塾教育是最主要的教育模式。在私塾教育中,大体而言,先教蒙学读物,以识字写字为主要教学目标,其中"三百千千"(《三字经》《百家姓》《千字文》《千家诗》)为应用最为广泛的蒙学教材;然后教儒家经典读物,其中"四书五经"影响最大,明清之际"四书"更受重视,朱熹的《四书章句集注》成为科举考试的主要依据;另外,文选读本也是中国古代进行读写训练的重要教材,其中南朝梁萧统编的《昭明文选》、宋代真德秀编的《文章正宗》、谢枋得编的《文章轨范》、清代吴楚材与吴调侯编的《古文观止》、姚鼐编的《古文辞类纂》、蘅塘退士孙洙编的《唐诗三百首》等都是影响较大的选本。

一、古代语文教育的步骤和方法

从古代的私塾教育来看,先生(教师)基本按照以下的步骤进行语文教学。

第一步是授书,就是先生教授学生读书。这一阶段又可以分成三个小的阶段。首先是"点书",就是先生教学生点出句读。因为古代的书籍没有现代意义的标点符号,甚至都没有印出句读符号。因而学习句读是非常基础也是非常重要的一步,就是韩愈在《师说》里说的"彼童子之师,授之书而习其句读者"。古代点句读有专门的工具,是比牙签略粗略长的,木制的或竹制、芦苇秆制的圆筒状的小物品。这句读工具一头略大,一头略小,用它戳上印泥,往书中断句的地方一盖,就是一个圆圈。大的圆圈表示句号,小的圆圈表示逗号;也有小的圆圈表示逗号、句号,大的圆圈表示对好的文字的着重强调。"点书"这一环节,可以由先生帮助学生点出句读,也可以由学生点好之后交给先生修改。后一种做法主要是针对年龄较大、学习能力较强的学生。"点书"这一教学方法是古代教育中通行的做法,唐以前就有"学问如何观点书"的俗谚,在近现代教育中也留有不少痕迹。近代的国学大师黄侃教学生就非常注重"点书"。相传他在教导学生,也就是后来成名的训诂大师陆宗达先生读书时,就有"三点《说文》"的轶事。陆宗达在拜黄侃为师后,黄侃先生并没有当即给他传授学问,而是接连三次给他没有标点过的《说文解字》,让他自行点了三遍。三遍过后,黄侃才给陆宗达讲起了学问之事。陆宗达先生晚年回忆这段往事时,感慨地说:"当年翻烂了三本《说文解字》,从此做起学问来,轻松得如庖丁解牛。"①从这则轶事中可以看出,"点书"是传统读书人非常重视的能力,也是传统教学中常用的方法。

其次是"读书",就是先生范读,学生跟着先生一句一句地读,一句一句地模仿。不仅模仿字词的读音,也模仿诵读的语调、节奏等,这类似我们现在常说的"吟诵"教学法。鲁迅先生在《从百草园到三味书屋》中写到他的老师寿镜吾老先生教书:

先生自己也念书。后来,我们的声音便低下去,静下去了,只有他还大声朗读着:

"铁如意,指挥倜傥,一座皆惊呢～～～～;金叵罗,颠倒淋漓噫,千杯未醉嗬～～～～……。"

我疑心这是极好的文章,因为读到这里,他总是微笑起来,而且将头仰起,摇着,向后面拗过去,拗过去。②

从鲁迅先生的叙述来看,先生的范读不只是一般意义上的朗读,或者教授字音,也在传授读文章的语调、节奏,甚至情感。叶圣陶先生在《精读指导举隅》一文中说:"原来国文和英文一样,是语文学科,不该只用心与眼来学习;须在心与眼之

① 刘新勇.大师读书治学那些事儿[M].济南:山东画报出版社,2019:82-83.
② 鲁迅.鲁迅全集:第二卷[M].南京:江苏凤凰文艺出版社,2020:212-213.

外，加用口与耳才好。吟诵就是心、眼、口、耳并用的一种学习方法。从前人读书，多数不注重内容与理法的讨究，单在吟诵上用工夫，这自然不是好办法。现在国文教学，在内容与理法的讨究上比从前注重多了；可是学生吟诵的工夫太少，多数只是看看而已。这又是偏向了一面，丢开了一面。惟有不忽略讨究，也不忽略吟诵，那才全而不偏。吟诵的时候，对于讨究所得的不仅理智地了解，而且亲切地体会，不知不觉之间，内容与理法化而为读者自己的东西了，这是最可贵的一种境界。学习语文学科，必须达到这种境界，才会终身受用不尽。"①叶先生指出现在国文教学重"讨究"，从前读书重"吟诵"。其实，这种"吟诵法"本质上是一种进入文章、理解文章的方式，用叶先生的话说是"亲切地体会"，虽然遵循一定的音韵规则，但终究是个人的，是对内的，因而传授过程中，先生不一样，吟诵的方式可能也有异；而如今的语文教育者希望恢复这种教学方式，本心当然是很好的，然而将"吟诵"转变成一种对外展示表演的方式，并且希望统一语调、动作甚至表情，这恰恰消解了"吟诵"这一方式的实际价值与意义。

最后是"讲书"，就是先生对所授文章的讲解，接近我们现在语文教学中的"串讲法"。唐代史学家刘知几在《史通·自叙》中有一段文字回忆自己幼时的读书生活："予幼奉庭训，早游文学。年在纨绮，便受《古文尚书》。每苦其辞艰琐，难为讽读。虽屡逢捶挞，而其业不成。尝闻家君为诸兄讲《春秋左氏传》，每废书而听。逮讲毕，即为诸兄说之。因窃叹曰：'若使书皆如此，吾不复怠矣。'先君奇其意，于是始授以《左氏》，期年而讲诵都毕。于时年甫十有二矣。所讲虽未能深解，而大义略举。"②从这段文字中，我们可以窥见这种"讲书"，大致为文意的疏通和背后义理的疏解。当然，这种讲解也会遇到学生的质疑甚至挑战。"戴震难师"大概是其中最为有名的故事了。据段玉裁的记载，清代大学者戴震幼时跟着塾师读书，塾师讲授《大学章句》到"右经一章"以下，戴震就问塾师："这凭什么知道是孔子的话，却由曾子记述？又怎么知道是曾子的意思，却由他的学生记下来的呢？"塾师回答他说："这是朱熹说的。"戴震马上问："朱文公是

---

① 叶圣陶.叶圣陶语文教育论集[M].北京：教育科学出版社，2021：9-10.
② 刘知几，章学诚.史通·文史通义[M].长沙：岳麓书社，1993：100-101.

什么朝代的人?"塾师回答说:"宋朝人。"戴震又问塾师:"曾子、孔子是什么朝代的人?"塾师说:"周朝人。"戴震追问道:"周朝和宋朝相隔多少年?"塾师说:"差不多两千年了。"戴震又问塾师:"既然这样,那么朱熹怎么知道?"塾师无言以答。这就是先生在讲书过程中遇到的挑战,当然这样的挑战并不是常态,通常的情况还是先生说什么,学生就记什么。

第二步是背书。学生在课后自己复习、背诵,复习和背诵的内容不仅包含典籍本身,还包括典籍的历代注疏和先生课堂上的讲解。这些需要复习、背诵的内容未必都能理解,即便如刘知几这样的大学者也说"所讲虽未能深解",然而却能够在记忆力最好的年纪纳入头脑之中,随着年岁的增长、阅历的增加,这些内容经过不断地涵泳消化,最后转化为心灵深处的体会。这是古人读书由口入脑到心的整个过程。值得一提的是,古人的背诵量是非常大的,以明清两代的学子为例,因为科举考试专取"四书五经"来命题试士,因此至少"四书五经"是要背出来的,再加上科举考试以朱熹的《四书章句集注》为阐释依据,那么朱熹的注也是要背出来的。据前人的统计,单就《周易》《尚书》《诗经》《礼记》《左传》《公羊传》《穀梁传》《论语》《孟子》这几部典籍就有 50 多万字,更不用说这些读书人还要背诵大量诗词文赋,可见古代读书人的背诵量是惊人的。

第三步是复讲。复讲就是学生在先生面前将典籍的内容和先生的讲解复述一遍,这也是先生检查学生学习的一种手段。复讲通过了,才开始下一轮的授书。因而,从"授书"到"背书"再到"复讲",这样才算完成一次完整的课堂教学。在这个过程中,教师讲授的时间并不多,主要是以学生的读、诵、记为主。

复讲之外,还有会讲。会讲就是先生出一个题,大家讨论,发表自己的见解,先生以此检查学生对经典的理解程度。这种场景在《论语·先进》"子路、曾皙、冉有、公西华侍坐"中已有所体现,只不过后代的"会讲"主题和内容更为集中,主要聚焦在儒家经典中的某个问题,如朱熹与张栻在岳麓书院的会讲,朱熹与陆九渊在鹅湖寺的会讲,都是聚焦儒学中的重大问题进行探讨的著名会讲。

二、古代语文教育的特点与价值

以上描述大致呈现了古代语文教育的面貌。从这样简略的描述中，我们大致能够窥得古代语文教育具有以下两方面的特点。

一是从教学内容看，重视整本的经典教育。现当代的语文教材编选，主要继承《昭明文选》《古文观止》等"文选"模式，基于此，语文教学也基本以单篇的教学为主。虽然如今提倡整本书教学，将《红楼梦》《乡土中国》等名著纳入统编教材中成为一个独立的单元，又提倡群文阅读，将两篇或者多篇文章纳入一课之中，然而总体言之，单篇的选文教学是较长一段时间内语文教学的常态。而古代的教育，就是引导学生一本本经典读下去，教师则一本本经典教下去，这为学生的思想文化的积淀奠定了重要基础。而《昭明文选》《文章轨范》《古文观止》《古文辞类纂》，主要作为学生进行读写训练的辅助教材。当然，需要指出的是，虽然古代的整本经典阅读与今天的整本书阅读都强调"整本"，但这两个"整本"并不是一回事。

二是从教学形式看，重视点书、吟诵、串讲等方法。如今教材中的文言文，都是经过当代学者点校过的版本，加入了现代西式的标点符号，已经不需要学生再行句读，也不需要教师再行"点书"的教学环节了。然而，"点书"的方法依然不失为提升学生文言文阅读能力的好办法，因而在现今的语文教学中，教师不妨巧设环节，提供资源，引导学生自行句读未点过的文言文本。同时，基于文言文重视声韵的特点，吟诵教学依然具有生命力。近年来，起源于桐城派、得名于唐文治先生的"唐调"受到学者和教师的关注，并在教学中运用，起到了不错的反响。当然，吟诵教学不能固化为一种模式，更不能降格为一种表演，不然就丧失了"吟诵"的真义。另外，古代的串讲法在现当代的文言文教学中基本得到了保留，这种方法可以让学生打下厚实的基础，然而在激发学生兴趣、培养学生自主学习能力和创新能力等方面存在诸多不足，因而一直以来饱受争议。

第二节　百年追寻

自 1904 年"癸卯学制"之后,现代学校教育体制取代了传统的私塾或者书院教育体制,语文学科成为一门独立的学科。文言文这一概念也开始出现在语文教学的课程标准或者课程纲要之中,如 1923 年吴研因负责起草的《新学制课程标准纲要·小学国语课程纲要》中有"可酌加浅易文言的诗、文的诵习"的要求。于是,文言文教学开启了近百年的探索追寻之路。

这一百年中,中国经历了政治的动荡、社会的变迁、文化的嬗变,教育领域的观念与实践也同样经历巨大的变革。就文言文教学而言,我们对文言文教什么、教多少、教到什么程度以及如何教等问题也在不断地思考、实践。简要地梳理这百年的探索,文言文教学呈现出以下主要特点。

一、文言文的阅读教学以选本为主要载体

随着 1921 年白话文被全面选入各种国民小学语文课本之后,白话文教学的合法地位得以确立。自此开始,文言文、白话文一起组成了阅读教学的主要内容。当然,随着时代环境的变化,文言文与白话文的比例也在反复调整。1929 年的《初级中学国文暂行课程标准》首次明确了文言文和白话文的比例,"语体文和文言文并选,语体文渐减,文言文渐增,各学年分量的比例递次为七与三,六与四,五与五"。这一时期的教材基本也按照这个比例编写,比如 1932 年上海开明书店版《开明国文读本》、1933 年上海中华书局版《初中国文读本》、1933 年商务印书馆版复兴初级中学教科书《国文》。而到了 1940 年左右,教育部门有感于中学生国文水平的明显下降,提出了在高中增加文言文选文比例的主张。比如 1940 年《修正高级中学国文课程标准》中指出:"选文精读,各学年均以文言文为主(第一学年约为七与三,第二学年约为八与二之比例,第三学年全授文言文)。"1948 年《修订高级中学国文课程标准》中规定:"语体文与文言文之比例:第一学年为四五与五五,

第二学年为三五与六五,第三学年为二五与七五。"

中华人民共和国成立之后,文言文仍然是语文课的主要教学内容,但受实用性以及学生接受程度等多种因素影响,文言文的比例有所下降,甚至有降到20%左右的规定。比如 1952 年人民教育出版社出版的中学语文课本,初中部分全都是白话文;高中部分选入古诗文 41 篇,约占课文总数的 27%。但是整体来看,文言文比例基本维持在四成到一半,包括新近修订的《普通高中语文课程标准(2017 年版 2020 年修订)》中多个任务群,如"文学阅读与写作"任务群、"思辨性阅读与表达"任务群,明确规定文言文选文比例不低于一半。

二、文言文的写作教学逐步不做要求

新文化运动之后的较长时期内,文言文写作的要求依然存在。比如 1923 年由叶圣陶先生起草的《新学制课程标准纲要·初级中学国语课程纲要》中明确指出:第一段落、第二段落(相当于如今的初一、初二年级)"作文以语体为主,兼习文言文",第三段落(相当于如今的初三年级)"作文语体文体并重"。1929 年《高级中学普通科国文暂行课程标准》对作文水平提出这样的要求:"能自由运用语体文及平易的文言文作叙事、说理、表情达意的文字。"这种情况一直持续到 1940 年左右。1940 年颁布的《修正高级中学国文课程标准》则只对一部分有天赋、有兴趣的学生提出了文言文写作要求。到了 1948 年的《修订高级中学国文课程标准》,则不再提文言文写作的要求。

中华人民共和国成立后,社会上的各类政府公文、报纸期刊、文件文献、科学论著等都统一使用白话,不用文言了,于是之后的课程标准就取消了文言文写作的要求,而聚焦于文言文的阅读教学。自此,文言文写作基本只存在于少量民国年间出生的知识分子群体之中。

三、文言文的知识教学受到重视

文言文的知识,大体而言,分为文学的知识和语言的知识。教授文学的知识,目的是借助知识帮助学生理解和欣赏文章;教授语言的知识,目的是借助知识帮助学生读懂文言文。前者主要指向"文",后者主要指向"言"。然而文言文的知识,到底教哪一些,教到什么程度以及什么时候教、如何教,一直存在着争议。1923年胡适草拟《高级中学第一组必修的特设国文课程纲要》,提出开设"文字学引论""中国文学史引论"两个科目,讲授与文言文相关的知识。1929年的《初级中学国文暂行课程标准》的教学内容有"文法与修辞"一部分。1929年颁布的《高级中学普通科国文暂行课程标准》在"文法与修辞"外,还设有"读解古书的专门知识"这一内容要求。1941年的《六年制中学国文课程标准草案》指出:"文学源流(即文学史之具体举例)、文字学大意及国学常识于第五、六学年研究时间内讲授。"可见,在这段时期,文言文教学注重知识的传授,从倾向于单独设科到主张在选文的讲解中传授知识。

随着中华人民共和国的成立,1952年教育部颁布《中学暂行规程(草案)》,首次提出"双基教学":"中学的教育目标之一,是使学生得到现代化科学的基础知识和技能,养成科学的世界观。"1963年教育部又颁布了新的中小学语文教学大纲(草案),突出了语文的工具性,提出了加强基础知识教学和基本技能训练的原则。自此,虽然因政治等多种因素的干扰有过种种起伏,但是整体而言,加强"双基"的原则,在后来的历次教学改革中都得到进一步阐发和弘扬。在这种情形之下,文言文的知识教学是得到强化的,甚至在某种程度上说,文言文学习已经转化为一种语言的学习,主要目标定位在通过掌握文言实词、虚词、文言句式,翻译文句,进而能够阅读浅易的文言文。① 然而,到了20世纪90年代末,部分语文专家和一线教师有感于在实际教学中语文"工具论"被过分强化,知识教学和标准化试题抹杀了语文的"人文性",掀起了一场语文大争论。这场争论的

---

① 顾明远《教育大辞典》关于"文言文教学"的解说如下。文言文教学:语文教学内容之一。训练学生借助工具书阅读浅易文言文的能力。要求学生在初中阶段,了解文言课文中常见文言实词和虚词的含义和文言句式的用法,能够翻译文言课文的一些片段;在高中阶段,熟悉一定数量的文言实词、虚词和句式,能把文言课文的一些片段翻译得准确、通顺,能借助工具书阅读浅易文言文。文言文的识字教学,应培养学生"从形辨义"的能力和会读异读字的能力;词语教学,应引导学生掌握一些虚词,注意实词的一词多义、词类活用、词义发展、表达习惯等;句式教学,应引导学生注意成分的省略、词序的排列、判断句式和被动句式的古今有别;篇章教学,应引导学生在熟读背诵的基础上分析文章结构,注意作品产生的时代背景及作者生平,更好地理解作品。(顾明远.教育大辞典:增订合编本(下)[M].上海:上海教育出版社,1998:1631.)

意见旋即在 2001 年颁布的国家语文课程标准中得以体现，那就是语文课程的"人文性"得以强化。以"双基"为主要内容的教学也转变成"三维"（知识与技能，过程与方法，情感、态度与价值观）目标下的教学。在这种情势之下，文言文的知识教学也相应地淡化了。然而，知识教学包括文言文的知识教学并没有被取消。文言文的知识，不再作为一种独立的内容孤立地讲解，而是作为理解、欣赏文章的辅助工具随文教授。如 2011 年版的《义务教育语文课程标准》中的"教学建议"提出："在阅读教学中，为了帮助理解课文，可以引导学生随文学习必要的语文知识，但不能脱离语文运用的实际去进行'系统'的教授和操练，更不应要求学生死记硬背概念、定义。"

四、文言文的内容教学以串讲法为主要形式

古代私塾教育中的"讲书"，就是先生对经典的分章断句、字词训诂、文意内涵进行逐字逐句地讲解。从某种意义上讲，文言文教学的"串讲法"基本上继承了古代的"讲书"形式。当然与古代"讲书"相比，"串讲法"更注重字词句篇的翻译①。可以说，"串讲法"是 20 世纪文言文内容教学的主要方法。

平心而论，这种教学方法对于巩固学生的文言文基本功是有其优势的。钱梦龙先生曾经将它归纳为"字字落实，句句清楚"的八字真经，因而在"双基"教学盛行的历史时期，它也受到语文教师的青睐。然而这种教学方式在尊重和激发学生主动性上存在天然的劣势，再加上教育界对"双基"教学的反思，越来越多的有识之士提出要改变文言文教学的形式，以于漪、钱梦龙为代表的一辈语文教师就做出了卓绝的努力。其实，古代教育中的"会讲"，就是对"讲书"的有益补充，也可以作为当今文言文教学中补充"串讲法"的有效形式。如果将"串讲"和"会讲"结合起来，或许是我们今天追求"言文融合""文道合一"的可行路径。

---

① 翻译法得到唐文治、叶圣陶、黎锦熙、阮真、吕叔湘、张志公等多位语文教育家的认同，也可以说是这一辈语人共同的认识。比如黎锦熙先生在其《国文讲读教学改革案（纲要）》（1950 年）中提出：（文言文）必须"背诵"（预习时，即可熟读；已读者，分期背默）；必须"翻译"（逐字逐句，译成白话，确依文法，勿稍含糊）。

第三节　当代追求

经过百年的探索与追寻,经历了种种争议与起伏,也许语文教育中的很多问题还没有形成一致的结论,也许一些问题也不必得出一致的结论,但是我们也确实对很多重要问题逐步达成了共识。这些共识,有些以国家意志的形式呈现在《普通高中语文课程标准(2017 年版)》《义务教育语文课程标准(2022 年版)》和统编语文教材之中,如文言文学习的目标与要求,文言文选文的篇数与篇目;有些以经典课堂教学案例的形式得到一线教师的认可,如文言文教学要"由言入文,言文融合"。

当然,也有一些问题,曾经提出过、争论过、解决过,如今依然值得重新思考、重新解决。其中最重要的两个问题就是:在科技高度发达的今天,当今的青年学生为什么还要学习文言文?面对今天的青年学子,我们的文言文教学应该体现怎样的追求?

一、新时代下文言文学习的价值

关于第一个问题,也许有很多种答案。最显而易见的是,文言文并未远离当代人的生活,大量文言词汇或浓缩在成语之中,或隐藏在日常书面语之中,仍被我们使用。同时,文言文追求简洁凝练,往往能用简练的笔墨表达丰富的内涵。因而,在学习文言文的过程中,青年学子可以习得一种更为凝练典雅的语言,提升自己的语言品位。苏轼说:"粗缯大布裹生涯,腹有诗书气自华。"(《和董传留别》)为什么饱读诗书就能外显为高雅的气质,一种"粗缯大布"也难以遮掩的气质,"语言"恐怕就是非常重要的传递工具。可见,学习文言文,不仅可以提升青年学生的语言品位,还能外化为优雅的气质。

文言文的学习,当然不仅是语言的学习,更是篇章的学习。古人如何锻炼词句、经营结构,对于今人学习写作、表达仍有很大的启迪作用。古代的很多选本，如《古文观止》《古文辞类纂》《古文笔法百篇》等，都是教导青年学子学习作文的教材。而且这些选本通常都有编者的圈画、点评，对于"如何是主意首尾相应，如何是一篇铺叙次第，如何是抑扬开合""如何是一篇警策，如何是下句下字有力处，如何是起头换头佳处，如何是缴结有力处，如何是融化曲折、剪截有力处，如何是实体贴题目处"①，都有精深的体悟。结合这些评点，揣摩古文的笔法，对于今天的写作表达无疑是大有裨益的。

然而，选本中的这些圈画、点评，往往集中在为文的技巧之上，也就是"术"之上，而对文章传达的精神内涵，也就是在"道"上，阐发得较少。而文章中的"道"却恰恰是今天青年学子学习文言文更为关键的地方。1932 年三四月间，周作人应沈兼士的邀请，在辅仁大学做了几次演讲，后来演讲稿结集成《中国新文学的源流》。在此书中，周作人梳理了中国文学史的演变，归纳出"载道"和"言志"两条道路。虽然书中的一些观点受到了钱锺书等人的批评②，然而周作人借用"文以载道""诗言志"中的两个词来概括中国古代文学的两股潮流，这是独具慧眼的。其实，在这两股潮流中，"载道"派是更为主流的，更何况"道"与"志"有的时候还能合流。因而，我们读中国古书，只关注"词章""笔法"，怕是舍本求末，更要体悟文章背后的"道"。

关于这一点，朱自清先生的话，尤值得关注。他在《经典常谈》里说："在中等以上的教育里，经典训练应该是一个必要的项目。经典训练的价值不在实用，而在文化。有一位外国教授说过，阅读经典的用处，就在教人见识经典

① 吕祖谦.古文关键[M].北京：中华书局，1995：1－2.
② 钱锺书先生 1932 年著专文对周作人的观点进行了批评。文章发表在《新月》杂志第四卷第 4 期，后收入《钱锺书集·写在人生边上 人生边上的边上 石语》，生活·读书·新知三联书店 2002 年版，第 247－252 页。文中说："'诗以言志'和'文以载道'在传统的文学批评上，似乎不是两个格格不相容的命题，有如周先生和其他批评家所想者。在传统的批评上，我们没有'文学'这个综合的概念，我们所有的只是'诗''文''词''曲'这许多零碎的门类。……'文以载道'的'文'字，通常只是指'古文'或散文而言，并不是用来涵盖一切近世所为的'文学'；而'道'字无论依照《文心雕龙·原道篇》作为自然的现象解释，或依照唐宋以来的习惯而释为抽象的'理'，'道'这个东西是有客观的存在的；而'诗'呢，便不同了。诗本来是'古文'之余事，品类（genre）较低，目的仅在乎发表主观的感情——'言志'，没有'文'那样大的使命。……这两种态度的分歧，在我看来，不无片面的真理；而且它们在传统的文学批评上，原是并行不悖的，无所谓两'派'。所以许多讲'载道'的文人，做起诗来，往往'抒写性灵'，与他们平时的'文境'决然不同，就由于这个道理。"

一番。这是很明达的议论。再说做一个有相当教育的国民,至少对于本国的经典,也有接触的义务。"①在另一篇《怎样学习国文》里,他也强调:"由于文言文在日常应用上渐渐地失去效用,我们对于过去文言文写的典籍,便漠不关心,这是错误的思想。因为我们过去的典籍,我们阅读它,研究它,可以得到古代的学术思想,了解古代的生活状况,这便是中国人对于中国历史认识的任务,你多读文言,多研究历史、典籍、古文,这阅读工作的本身就是值得尊重的。"②由此可见,朱自清先生主张文言文学习要摆脱实用的想法,而着眼于文化的继承。

这种文化的继承、"道"的传续是非常重要的,其实今人生命中遇到的很多重要问题,在古人那里都有了探索,甚至有了答案,很多时候我们要做的不是"远行",而是"回家",回到我们的精神故乡,到古人那里去寻找传续生命的答案。比如先秦诸子思想。德国哲学家雅斯贝斯在《历史的起源与目标》一书中提出过一个著名的命题"轴心时代"。他把公元前 800 年至公元前 200 年,尤其是公元前 500 年左右这段时间,称为人类文明的轴心时代。而这个时代,"在中国,孔子和老子非常活跃,中国所有的哲学流派,包括墨子、庄子、列子和诸子百家,都出现了"③。可以说,这个时代就是中国人的一个精神故乡,孔子、孟子、老子、庄子、墨子等先秦诸子的思想智慧依然能给今天的我们以重要的启迪④,也正如雅斯贝斯所说的:"人类一直靠轴心时代所产生的思考和创造的一切而生存,每一次新的飞跃都回顾这一时期,并被它重新燃起焰火。"⑤再如阳明心学,

---

① 朱自清.朱自清序跋集[M].苏州:古吴轩出版社,2018:20.

② 朱自清.朱自清语文教学经验[M].北京:教育科学出版社,2007:187.

③ 卡尔·雅斯贝斯.历史的起源与目标[M].魏楚雄,俞新天,译.北京:华夏出版社,1989:8.

④ 复旦大学杨泽波教授提到《孟子》时有这样一段话:"无论什么时候,如何成德的问题、如何生活的问题、如何治国的问题总会存在。面对这些问题,中国人总要直接或间接地求助于孟子,在其思想中寻求有用的资源。所以,有中国人的地方就一定有孟子,尽管几案上可能没有他的牌位,但血管里一定流淌着他的鲜血。在这条漫漫的历史长河中,孟子保持着长青,保持着不朽,就像大沙河中经过亿万次洗刷淘汰剩下的黄沙和卵石——而这也是我们今天仍然要学习孟子,在其思想中汲取智慧的重要原因。"(孙向晨.复旦通识 100:卷一[M].上海:复旦大学出版社,2022:43-44.)这段话对于理解那个时代思想家的当代意义具有普遍价值。

⑤ 同③14.

在明代一度非常兴盛，到了清代却沉寂下去了，而阳明学的再次昌盛则在明治维新时期的日本。明治维新之前的日本有一种力量在涌动，希望国家富强、民族兴盛，他们在寻找各种精神资源的过程中找到了阳明学。王阳明的"知行合一""致良知"给予那个时代的很多日本人以精神上的鼓舞，如著名的思想家福泽谕吉等，都热衷于阳明学说。所以，很多时候，我们是重复他们，也许也能丰富他们，但从来不能改变他们。

从另一方面说，这种"继承"还关系着一个自我确认的问题。人的成长，有一个生物学身份确认的过程，其实还有一个文化身份确认的问题，就是经典的三个问题"我是谁""我从哪里来""我到哪里去"。学习中国古代经典，就能帮助自己回答这样的问题，完成文化身份的确认。比如，我们倡导青年学子读《论语》，目的并不仅仅是让他们获得一些道德、伦理方面的智慧，更重要的是让他们明白今天我们的所思所想所为，甚至明天我们的所思所想所为，在《论语》里已经完成一种宿命式的规定。也许读完《论语》的那一刻，"我是谁""我从哪里来""我到哪里去"这三个重要的生命叩问，已经获得某个维度的解答。当然并不只有《论语》如此，中国古代的很多经典都能从某一特定维度，在某一特定时刻，帮助我们完成这种文化确认。

然而，在朱自清先生的意见里，或者我们通常的眼光中，文言文或者经典的学习，强调的是作为一个中国人义务的一面、被动的一面；其实现代中国人，包括当代青年学子面对经典和文言文更有需求的一面、主动的一面。生命答案的追寻是主动的，文化身份的确认同样是主动的，这种"主动"也与我们面临的时代困境相关。随着时代的发展，社会的物质文明、科学技术的进步越来越快，现代人在享受科技带来的进步之时，面临的生存困境、精神困境也越来越严峻。马克思早在他著名的《1844 年经济学哲学手稿》中就提出人的"异化"思想，人从目的变成了手段，异化成为工具。现在，我们愈发感到，科技发展越来越快，人所受到的束缚却越来越大，人不是越来越自由，相反是越来越不自由。而返回传统，重读经典，或许能安慰我们日益焦躁的心灵，或许能让我们重识生命的真谛。因而，当我们的青年学子学习《北冥有鱼》《五石之瓠》，或许就能被那种阔达的胸襟、自由的姿态所感发;当他们学习《与朱元思书》《归园田居》,或许也能暂时摆脱尘网的束缚,"望峰息心";当他们学习《子路、曾皙、冉有、公西华侍坐》《雪夜访戴》,或许也能被不羁的风度所感动,获得某种自由生命的体悟……这些古代经典就如给予时代的清热解毒药,对医治日益功利化的心灵具有良效,从而能引导当代青年学子获得某种"诗意的栖居"。

说到这里,我们都在试图回答本节开头提出的第一个问题:在科技高度发达的今天,当今的青年学生为什么还要学习文言文? 其实,在回答这个问题的过程中,第二个问题"面对今天的青年学子,我们的文言文教学应该体现怎样的追求",答案也正在逐步清晰。

二、新时代下文言文教学的追求

在日新月异的时代变迁中,如今的青年学子似乎与古人的生活相距越来越远,然而他们对古人思想智慧、精神资源的需求并不是越来越小,相反是越来越大。那么,古代的经典文本能够给予他们什么样的智慧启迪、精神抚慰,让他们能够面对物质文明高度发达下的生存困境、精神困境? 换句话说,教师提供什么样的教学,让他们在文言文的学习中获得生命的智慧与力量? 基于时代、学情、教改等几个关键词,新时代的文言文教学应该体现出以下三方面的追求。

首先,以素养为导向。正如上文所言,文言文学习的目的是多样化的,既是语言和篇章的学习,也是文化和思想的继承,更是心灵的抚慰和生命的确认。而这样的多样化功能,与《普通高中语文课程标准(2017 年版)》中提出的"语文学科核心素养"这一概念是相契合的。新版的语文课程标准在以往"双基"教学、三维目标教学的基础之上提出了"语文学科核心素养"。据课程标准的界定,所谓语文学科核心素养,是学生在语文学习中获得的语言知识与语言能力,思维方法与思维品质,情感、态度与价值观的综合体现,主要包含了"语言建构与运用""思维发展与提升""审美鉴赏与创造""文化传承与理解"四个方面。可见,语文学科核心素养虽以"核心"来标识,却并不单一,而指向一种综合的素养。那么作为语文教学的一部分,文言文教学也就应该以提升学生语言的、思维的、审美的、文化的综合素养为鹄的，满足多样化功能，绝不能局限在字词句篇的理解范围内。具体而言，要引导学生由字词的理解感受文章的美妙，由文章审美进入作者的世界，由作者的世界感悟背后的文化，正如古人所说"读书固不可不晓文义，然只以晓文义为是，只是儿童之学。须看意旨所在"①"论道而专求诸语言文字间，则道晦矣"②。因此，文言文教学的素养导向，是文言文本体的内在要求，也是课程标准的明确规定。

其次，以特质为抓手。所谓特质，就是文章在言语形式、文本形态、章法结构、文化取向等方面的特点。文言文教学容易降格为字词教学，一方面固然是因为字词是阅读文言文的拦路虎，另一方面也因为我们没有寻找到合适的切入口，能引导学生自然而然地或者兴趣盎然地走进文本，走进作者的世界。如何让学生自然而然或者兴趣盎然地走进文本，寻找文言文的特质是很重要的路径。比如文言文在"言"上与白话文相较，声韵的追求、建筑的雕琢、凝练的文风等言语形式上的特点，以及不加标点、版本复杂、文本再生成等文本形态上的特性，都可以成为文言文教学的有效切入口。再如文言文在"文"上，也就是说在文本个性、文体特色、文化取向上的特点，应该可以成为通向文言文教学之路的重要法门。要而言之，不管是"言"还是"文"，寻找并抓住这一篇文言文的特质，在特质上做文章，我们的课堂才有个性，才有魅力。

再次，以学情为基点。学生的学习基础、学习能力、学习需求、学习兴趣、学习潜力等，当然是任何教学设计中都要考虑的因素。然而，对于文言文教学来说，最大的学情就是学生对文言文感到畏惧与隔膜。畏惧主要是由语言障碍造成的，隔膜主要是由生活情境、思维方式的变异带来的，而这两者都是因为时代形成的。因而要消除这种畏惧和隔膜，重要的途径就是体现出文言文教学的"当代性"。所谓当代性，指的是文言文教学一定要和生活实际关联起来，让他

---

① 清代杨希闵《读书举要》引宋代陆九渊语，见：李德成.阅读辞典[M].成都：四川辞书出版社，1988：590－591.

② 清代张伯行《朱子语类辑略序》中语，引自：朱熹.朱子全书：第 27 册[M].朱杰人，严佐之，刘永翔，主编.上海：上海古籍出版社，合肥：安徽教育出版社，2002：776.

们感受到文言文并没有死,而是活跃在我们的生活中,且与我们的现实生活相关联,与我们的精神需求相契合。当代性的一面,是要满足当代青年学子的精神需求,这往往是内隐的;而另一面强调的则是教学形式上更活泼,能够创设一定的真实情境,与学生的生活紧密关联起来,这是外显的。比如,浙江大学傅杰教授曾在复旦大学开过一门名为"《论语》精读"的课程,其中一节课的主题为《论语》对中国人起名的影响。傅教授让学生探讨中国哪些历史名人或当代学人的名字是取自《论语》的。这一节课很有趣,受到学生的欢迎。这种活泼的教学方式,一方面让经典与生活连接,激发起学生的兴趣,另一方面也让学生在阅读中体会《论语》对我们日常生活的影响及其在当代的价值。其实,我们中学的文言文教学课堂也要灵动起来,以学生喜闻乐见的形式呈现,为学生的精神需求提供养料。这样的话,文言文不仅不会死,还会青春常在。

当然,这样以素养为导向、以特质为抓手、以学情为基点的文言文课堂,并不能停留在纸面上或者理念上,必须落实到一节节实实在在的课堂中去。我们必须以具体有效的路径与策略,将教学理念转化为教学行为,从而逐步实现我们的理想课堂。以下诸章"依标而教""依言而教""依文而教""依学而教"将会在"转化"两字上做更为细致的阐释。

第 二 章

依标而教：顶层设计

随着《普通高中语文课程标准(2017年版)》与《义务教育语文课程标准(2022年版)》的颁布,2019年起统编高中语文教材的投入使用(统编初中语文教材2016年开始使用),国家教育行政部门在新的历史时期,面对新的历史语境,对文言文教学中的相关问题再次做出了回应与确认。

比如文言文阅读篇目的选择,2017年版高中语文新课标确定了古诗文背诵推荐篇目,其中文言文32篇,这32篇文言文中的绝大多数都进入了高中统编语文教材①;2022年版义务教育语文新课标确定了文言文背诵篇目20篇②。而文言文阅读篇目比例的安排则在2017年版高中语文新课标提出的18个任务群中有明确的规定,比如必修阶段"文学阅读与写作"任务群(2.5学分)和"思辨性阅读与写作"任务群(1.5学分)都要求在课内阅读篇目里中国古代文学优秀作品应占1/2,选择性必修阶段6学分中设有2学分的"中华传统文化经典研习"任务群,选修阶段12学分中设有2学分的"中华传统文化专题研讨"任务群。至于文言文教学内容的确定,以上任务群中的"学习目标与内容"都有比较明确的规定。另外,在新课标任务群安排和统编教材单元设计的指引下,文言文教学方式的变革自然也会悄然发生。

因而,随着普通高中和义务教育新课标的颁布以及统编教材的使用,关于文言文教什么,应该说已经有了比较明确的方向。既然如此,面对文言文教学,教师们应认真研读新课标和统编语文教材,体会其中的精神。依标而教,应是题中应有之义。

---

① 2017年版高中语文新课标中古诗文背诵推荐篇目与统编高中语文教材收录的文言文篇目稍有不同。课标推荐篇目的《论语》十二章与教材中的篇目有异,司马迁的《报任安书》并未按照课标规划收入统编高中教材选择性必修分册中。

② 义务教育阶段的语文统编教材尚在修订过程中。

第一节 课标:顶层设计的蓝图

《普通高中语文课程标准(2017年版)》的颁布,是高中语文教学领域的一件大事。与以往的语文课程标准相比,2017年版高中语文新课标在理念指导和具体操作指引上都有很大的突破。它首次凝练了语文学科的核心素养,并明确表述为"语言建构与运用""思维发展与提升""审美鉴赏与创造""文化传承与理解"四个方面。它首次在课程内容中提出了"学习任务群"的概念,并将包括"整本书阅读与研讨""当代文化参与""跨媒介阅读与交流""语言积累、梳理与探究"等在内的18个任务群作为学习的主要内容,这是课程标准中首次如此明确地指出语文学科的学习内容。它首次在学业质量中明确了"学业质量内涵",并将学生的学习水平划分为五个级别。可以说,2017年版高中语文新课标具有先进的理念、明确的内容、操作性较强的方案,正如它在"前言"所提及的四大变化"凝练了学科核心素养""更新了教学内容""研制了学业质量标准""增强了指导性"[①]。因而,2017年版高中语文新课标对于教师教学具有很高的指导价值,值得一线教师认真研习并自觉运用到教学实践中。

具体到文言文教学,2017年版高中语文新课标对文言文教学的方向与方案也提出了明确的指导。

一、课标指引下的文言文教学方向

文言文教学的方向,就是教师引导学生在文言文的学习过程中提升自身的语文核心素养。而按照2017年版高中语文新课标的表述,语文学科核心素养是学生在积极的语言实践活动中积累与构建起来,并在真实的语言运用情境中表现出来的语言能力及其品质;是学生在语文学习中获得的语言知识与语言能

---

① 中华人民共和国教育部.普通高中语文课程标准(2017年版2020年修订)[S].北京:人民教育出版社,2020:前言4-5.

力,思维方法与思维品质,情感、态度与价值观的综合体现。① 因而,这给我们一线教师的启示是,文言文教学不能自我矮化为字词教学,也不能窄化为语言教学,它是为学生整体语文素养的提高而服务的,是为学生的精神成长打下底色而奠基的。当然,字词教学或者语言教学依然重要,我们绝不能忽略这一关,因为语言的建构与运用是语文学科核心素养的重要组成部分,脱离语言的学习来谈文言文教学,这既不符合学科教学的规律,也不符合学生的认知能力水平。然而,我们又必须在语言文字教学的基础上,发展与提升学生的思维能力、审美能力,让学生在学习文言文的过程中拓宽文化视野,增强文化自觉,潜移默化地继承与弘扬中华优秀传统文化。

也就是说,在文言文教学中,教师要设计相关学习任务,引导学生通过字词句的品味涵泳,理解、辨析文章的内容与观点,欣赏文章的形式与表达,进而体会文章背后的文化精神。其实,关于文言文教学的综合性要求,经过多年来的讨论与实践,大部分教师与学者已经形成了共识。如黄厚江老师提出“四文合一”,他认为文言文教学应该包括“文言”“文章”“文学”“文化”四个方面,这四个方面不是简单相加,而是自然融合,教学应该从语言入手,达到四者的统一。② 曹勇军老师认为,要追求言与文的统一,要通过学言达到教文的目的,通过对关键词句的辨析与推敲,引领学生达到对文章、文学、文化的深层次理解,从而触摸文本的精神内涵,获得精神的成长。③ 另外,王荣生教授等提出了文言文的“一体四面”,指出文言文中“文言”“文章”“文学”“文化”一体四面,相辅相成,应在“章法考究处、炼字炼句处”探寻文言文“所言志,所载道”。④ 廖可斌教授提出古代文学“文本—文章—文学—文化”四位一体、“感受、想象、分析、考

① 中华人民共和国教育部.普通高中语文课程标准(2017 年版 2020 年修订)[S].北京:人民教育出版社,2020:4.

② 黄厚江.文言文该怎样教?[J].语文学习,2006(5):14 - 16.

③ 曹勇军.追求文言、文学和文化的和谐统一——以苏教版选修教科书《史记选读》为例[J].语文教学通讯,2007(6):16 - 17.

④ 王荣生,童志斌.文言文阅读教学设计[J].语文教学通讯,2012(29):29 - 36.

证"四种方法并进的教学思路,构成古代文学学习的"四梁四柱"。[①] 郑桂华教授梳理了过去一段时间教师对文言文教学重点选择的四种取向"文言""文学""文章""文化",指出"文言文里的四种信息之间更多的不是相互排斥的关系,而是相互协调、相互融合、彼此促进的关系"[②]。虽然各家在具体阐释过程中对"文章""文学"等词有不同的界定,然而在文言文教学中要引导学生透过语言文字,感受文章之美,领略文章背后的文化精神,这却是具有共识性的。而 2017 年版高中语文新课标应运颁布,其中凝练的语文学科核心素养,从某种意义上而言,就是从顶层设计上将专家学者、一线教师形成的共识固定下来,成为指导广大语文教师教学的方向性意见。

二、课标指引下的文言文教学方案

相较于文言文教学的方向,2017 年版高中语文新课标提出的教学方案设计对一线教师的教学形态影响更大,提出的挑战也更大。新课标首次提出了"任务群"的概念,要求教师从祖国语文的特点和高中生学习语文的规律出发,以语文学科核心素养为纲,以学生的语文实践为主线,设计"语文学习任务群"。[③] 这种教学方案的设计,我们姑且称之为"任务群式语文教学"。

按照 2017 年版高中语文新课标的界定,所谓"语文学习任务群",就是以任务为导向,以学习项目为载体,整合学习情境、学习内容、学习方法和学习资源,引导学生在运用语言的过程中提升语文素养。若干个学习项目组成学习任务群。[④] 可见,语文教学的课程任务不是简单地完成教材篇目的教学,而是引导学生完成 18 个任务群的学习,并达成每个任务群所规定的学习目标与水平。而每一个任务群又是由若干个学习任务或者学习项目所组成,教材中的篇目很大

①　廖可斌.走近经典——古代文学名篇十八讲[M].贵阳:孔学堂书局,2020:导言 1 - 8.
②　郑桂华.中学语文教学设计[M].北京:高等教育出版社,2019:189 - 190.
③　中华人民共和国教育部.普通高中语文课程标准(2017 年版 2020 年修订)[S].北京:人民教育出版社,2020:8.
④　同③8.

程度上只是完成学习任务或项目的资源。正如叶圣陶先生在1978年就指出的,"语文教材无非是个例子,凭这个例子要使学生能够举一反三,练成阅读和作文的熟练技巧"①,应该说"任务群式语文教学"的理念与叶老的这一番讲话是一脉相承的。因而,在高中语文新课标的视域中,我们不能简单地将文言文教学窄化为名篇或者是定篇的教学,名篇或者定篇的教学是文言文教学的重要组成部分,是为相关任务群目标与内容的达成服务的,最终指向学生语文学科核心素养的提升。对于认为教语文就是教教材的老师,这是亟须更新的理念。

1. 必修阶段的学习任务群

2017年版高中语文新课标提出的任务群,除了明确每个任务群的学习目标和内容之外,还依据学生的学段,或者说学习能力与水平,将任务群之间的关系做了明晰的界定和分类,大致而言分为必修、选择性必修、选修等三个阶段的任务群。在文言文教学中,必修阶段的文言文学习主要落在"文学阅读与写作"任务群、"思辨性阅读与表达"任务群和"实用性阅读与交流"任务群。

如必修阶段的"文学阅读与写作"任务群,新课标指出该任务群的课内阅读篇目中,中国古代优秀作品应占1/2。如此而言,学习这些文言文优秀作品,就不是为了学文而学文,而有了比较明确的上位目标。新课标中该任务群的"学习目标与内容"表述为:

(1)精读古今中外优秀的文学作品,感受作品中的艺术形象,理解欣赏作品的语言表达,把握作品的内涵,理解作者的创作意图。结合自己的生活经验和阅读写作经历,发挥想象,加深对作品的理解,力求有自己的发现。

(2)根据诗歌、散文、小说、剧本不同的艺术表现方式,从语言、构思、形象、意蕴、情感等多个角度欣赏作品,获得审美体验,认识作品的美学价值,发现作者独特的艺术创造。

(3)结合所阅读的作品,了解诗歌、散文、小说、剧本写作的一般规律。捕捉创作灵感,用自己喜欢的文体样式和表达方式写作,与同学交流写作体会。

---

① 叶圣陶.叶圣陶语文教育论集[M].北京:教育科学出版社,2015:235.

尝试续写或改写文学作品。

（4）养成写读书提要和笔记的习惯。根据需要,可选用杂感、随笔、评论、研究论文等方式,写出自己的阅读感受和见解,与他人分享,积累、丰富、提升文学鉴赏经验。①

从新课标中所列的 4 条目标与内容可知,第 1 条主要是针对作品的内容而言的,第 2 条主要是针对作品的艺术表现形式而言的,第 3 条提出的是写作方面的目标,第 4 条提出的是阅读习惯与方法养成方面的目标。那么,在该任务群中,中国古代优秀作品或者说文言文的学习,就是为形成这样的阅读、写作的能力与习惯而服务的。

苏轼的《赤壁赋》、姚鼐的《登泰山记》是列入这个任务群中要求学生学习的中国古代优秀散文,是完成这个任务群中"散文阅读与写作"目标的主要课内资源。那么,这两篇文章的主要学习目标和内容就应该为本任务群的目标和内容服务。我们不妨这样设计"学习目标与内容":

（1）体会文章观察、欣赏和表现自然景物的角度,感受文章中的自然美景。

（2）通过分析文章中景、物、人、事与情、志、理之间的关系,理解作品中表达的情感与传达的道理,体会作者的创作意图。

（3）赏析作者情景交融、情理结合的手法,体会作品的艺术技巧。

（4）通过诵读、涵泳品味感受文章的文辞之美,体会作者高超的语言艺术。

（5）品味文章中的景物或场景,探究景物或场景背后的文化意义和民族文化心理。

以上 5 条目标之中,第 1 条、第 2 条和第 5 条是为任务群目标中的第 1 条服务的,指向内容的理解和文化内涵的挖掘;第 3 条和第 4 条是为任务群中的第 2 条目标服务的,指向文本形式的鉴赏和美学价值的发现。

根据这样的目标,我们可以设计相应的学习任务:

（1）《赤壁赋》中是如何以"水"和"月"为意象串起全文,并逐层阐述自己的

---

① 中华人民共和国教育部.普通高中语文课程标准(2017 年版 2020 年修订)[S].北京:人民教育出版社,2020:17 - 18.

思考的？

（2）《登泰山记》中作者的情感态度从登山开始经历了怎样的变化？请在小组研讨后以图示的形式呈现出来（图示中须包含游踪、景物、景物特征、情感等要素），并思考这与作者的人生经历是否有关联。

（3）《念奴娇·赤壁怀古》与《赤壁赋》两篇都是苏轼写赤壁的名篇，请比较两篇在景物的选择与描写、史实的剪裁与运用、情感感慨的抒发、人生态度的表达等方面的异同，并制成表格。

（4）赤壁、泰山都是中国具有独特意义的名胜。请结合《赤壁赋》《登泰山记》两篇散文以及学过的相关散文，搜集相关资料，谈一谈这两处名胜的文化意义。

再如，必修阶段的"思辨性阅读与表达"任务群，新课标中指出该任务群的课内阅读篇目中，中国古代优秀作品应不少于1/2。该任务群的"学习目标与内容"为：

（1）阅读古今中外论说名篇，把握作者的观点、态度和语言特点，理解作者阐述观点的方法和逻辑。阅读近期重要的时事评论，学习作者评说国内外大事或社会热点问题的立场、观点、方法。在阅读各类文本时，分析质疑，多元解读，培养思辨能力。

（2）学习表达和阐发自己的观点，力求立论正确，语言准确，论据恰当，讲究逻辑。学习多角度思考问题。学习反驳，能够做到有理有据，以理服人。

（3）围绕感兴趣的话题开展讨论和辩论，能理性、有条理地表达自己的观点，平等商讨，有针对性、有风度、有礼貌地进行辩驳。①

从新课标中所列的3条目标与内容来看，第1条中的第1句主要指向由课内篇目的阅读而达成的目标，第2句主要指向由课外资源的阅读而达成的目标，第3句提出这两类学习资源最终要达成的共同目标；第2条和第3条目标主要是针对写作和表达而言的。

---

① 中华人民共和国教育部.普通高中语文课程标准(2017年版2020年修订)[S].北京：人民教育出版社,2020:19.

　　韩愈的《师说》、荀子的《劝学》是本任务群课内学习的主要篇目。根据该任务群的总目标，我们不妨将这两篇文章的学习目标设计为：

　　（1）把握作者的观点与态度，理解作者观点的针对性与写作意图。

　　（2）体会作者思考问题的角度，把握作者阐述观点的方法及其背后的逻辑。

　　（3）了解中国古人说理的常见方法，评估这些说理方法的有效性。

　　这3条目标中，第1条和第2条对应的是此任务群目标第1条中的"阅读古今中外论说名篇，把握作者的观点、态度和语言特点，理解作者阐述观点的方法和逻辑"；第3条对应的是任务群目标第1条中的"在阅读各类文本时，分析质疑，多元解读，培养思辨能力"。

　　依据这样的学习目标，这两篇文章可以设计如下一些学习任务：

　　（1）梳理《劝学》《师说》两篇文章议论的对象、作者的观点、论证结构、论证方法，并在小组讨论的基础上研制成表格。

　　（2）有人说，比喻都是跛脚的。《劝学》中大量使用比喻论证，那么这些比喻对说理有效吗？

　　（3）《师说》善用对比论证，你认为第二段中的三层对比具有说服力吗？

　　（4）查阅相关资料，探究《劝学》与荀子思想中的"性恶论"的关系，探讨《师说》与当时古文运动、门第制度、科举考试等社会现象的关系。

　　由以上两个案例可以看出，在任务群式语文教学之中，依据新课标的指导，文言文教学中的篇章教学目标更为清晰，篇章的定位和功能也更加明确。因而，教师在文言文篇章教学中要始终依据课程标准确定教学目标和教学内容。只有依标教学，教学才会有的放矢，才能减少吕叔湘先生批评的"少慢差费"等现象。

　　2. 选择性必修和选修阶段的学习任务群

　　选择性必修阶段的文言文学习主要落在"中华传统文化经典研习"任务群；选修阶段的文言文学习主要落在"中华传统文化专题研讨"任务群。从两个阶段任务群题名中"研习"到"研讨"的区别使用，可以看出这两个阶段文言文学习的水平要求是不一样的。语文统编教材总主编温儒敏先生区分过"学习"与"研习"，他说："高一的文言文和古诗词分布在文学阅读、思辨性阅读和实用类阅读等几个任务群中，是分散的，而高二则集中到'中华传统文化经典研习'，安排在先秦诸子、史传史论、古典诗词、古代散文这4个单元。就是说，高二转向'专题研习'了，更加突出探究性学习，是带有一定研究意义的学习。'学习'与'研习'一字之差，梯度上去了，要求不同了。"①以此可见，必修阶段的分散学习和选择性必修阶段的集中研习对学生的要求是不同的。

再看"研习"和"研讨"的区别，我们可以对这两个任务群的"目标与内容"做一些比较分析。

"中华传统文化经典研习"学习任务群的"学习目标与内容"如下：

(1) 选择中国文化史上不同时期、不同类型的一些代表性作品进行精读，体会其精神内涵、审美追求和文化价值。

(2) 在特定的社会文化场景中考察传统文化经典作品，以客观、科学、礼敬的态度，认识作品对中国文化发展的贡献。

(3) 梳理所学作品中常见的文言实词、虚词、特殊句式和文化常识，注意古今语言的异同。

(4) 阅读作品应写出内容提要和阅读感受。选择一部(篇)作品，从一个或多个角度讨论分析，撰写评论。

(5) 学习传统文化经典作品的表达艺术，提高自己的写作水平。②

"中华传统文化专题研讨"学习任务群的"学习目标与内容"如下：

(1) 选读体现传统文化思想精华的代表作品，参阅相关的研究论著，确定专题，进行研讨。加强理性思考，增进对中华文化核心思想理念和中华人文精神的认识和理解，体会中华文化创造性转化和创新性发展的趋势。

(2) 阅读应做读书笔记。围绕中心论题进行有准备的研讨，围绕专题选择

---

① 温儒敏."学习"与"研习"——谈谈高中语文"选择性必修"的编写意图和使用建议[J].中学语文教学,2020(8):4-12.

② 中华人民共和国教育部.普通高中语文课程标准(2017年版2020年修订)[S].北京:人民教育出版社,2020:21.

合适的方式展示探究的结果。

（3）进一步提高文言文阅读能力。尝试阅读未加标点的文言文。阅读古代典籍,注意精选版本。①

比较以上两个任务群的学习目标与内容,就会发现相比"中华传统文化经典研习"任务群,"中华传统文化专题研讨"任务群对学生提出了更高的要求。具体而言,有以下区别。

第一,对于内容的理解,"中华传统文化经典研习"任务群要求学生精读代表性作品,"体会其精神内涵、审美追求和文化价值";而"中华传统文化专题研讨"任务群则要求学生"参阅相关的研究论著,确定专题,进行研讨"。温儒敏先生强调"研习"是带有一定研究意义的学习,那么"研讨"的研究意味就更浓了。

第二,对于文化的把握,"中华传统文化经典研习"任务群要求学生"以客观、科学、礼敬的态度,认识作品对中国文化发展的贡献";而"中华传统文化专题研讨"任务群则要求学生"加强理性思考,增进对中华文化核心思想理念和中华人文精神的认识和理解,体会中华文化创造性转化和创新性发展的趋势"。相较前者,"研讨"任务群要求学生具备更强的思考力,对中华文化有更宏观、更深入的理解。

第三,对于文言文阅读能力的提升,"中华传统文化经典研习"任务群要求学生尝试梳理、总结文言文的语言规律;而"中华传统文化专题研讨"任务群则要求学生"尝试阅读未加标点的文言文。阅读古代典籍,注意精选版本"。显然,"研讨"任务群对学生的文言文阅读能力提出了更高的要求。

由此看来,和"研习"任务群相比,"研讨"任务群对学生的阅读能力、思维能力、文化理解力都提出了更高的要求。

鉴于此,不同阶段的文言文教学目标与内容也应该随着相应的任务群要求做设计与调整。比如选择性必修阶段的"中华传统文化经典研习"任务群中,《庄子·五石之瓠》作为课内学习资源,其学习目标应该定位在"体会庄子的精

① 中华人民共和国教育部.普通高中语文课程标准(2017 年版 2020 年修订)[S].北京:人民教育出版社,2020;27.

神内涵、审美追求和文化价值,认识到《庄子》对中国文化发展的贡献"。而在选修阶段的"中华传统文化专题研讨"任务群中,《庄子·逍遥游》作为课内学习资源,其学习目标就更加突出探究性,可以让学生了解历代关于庄子研究的注疏系统,搜集当今学者相关的研究论文,做一点文献综述的工作,然后确定专题进行研讨,充分体会庄子的文化精神及其对当今的时代意义。

再如选择性必修阶段的"中华传统文化经典研习"任务群中,柳宗元的《种树郭橐驼传》作为课内学习资源,学习目标可以定位为"与其他古代散文对比阅读,把握作者的观点及其背后的文化观念,领会作者独特的审美追求;把握古人人称代词的使用规律"。对照来看,柳宗元的这一篇文章在以往的沪教版教材中是高一的阅读篇目,按照高一学生的学习能力与水平,其目标往往定位为"理解文章的内容和观点,把握文章类比、对举等说理方式"。可见,同一篇文章放在不同的学段,放在不同的任务群中,其学习的目标与内容是不同的,且应呈现出一定的梯度。

当然,必修阶段、选择性必修阶段、选修阶段并不是三个截然分开的阶段。这三个阶段的学习目标与内容固然具有较强的梯度性,但也不妨碍三个阶段内的学习内容有所穿插,形成一种交互式的整体向上梯度。比如选修阶段的"中华传统文化专题研讨"任务群提出"尝试阅读未加标点的文言文",基于学情的考虑,这样的目标与内容也可以在选择性必修,甚至必修阶段适当地落实。笔者曾在教学选择性必修阶段的《〈老子〉四章》时,让学生标点课文插图中的一段介绍老子的文言文,取得了不错的教学效果。高中语文统编教材必修下册第八单元的"单元学习任务"就有一个句读任务。

下面这两段文字是《贞观政要》中记载的唐太宗的言论。尝试为这两段文字断句并将其翻译成现代汉语,结合课文谈谈你从这两段文字中读出了怎样的"理性的声音"。

贞观十七年太宗问谏议大夫褚遂良曰昔舜造漆器禹雕其俎当时谏舜禹者十有余人食器之间何须苦谏遂良对曰雕琢害农事纂组伤女工首创奢淫危亡之渐漆器不已必金为之金器不已必玉为之所以诤臣必谏其渐及其满盈无所复谏太宗曰

卿言是矣朕所为事若有不当或在其渐或已将终皆宜进谏比见前史或有人臣谏事遂答云业已为之或道业已许之竟不为停改此则危亡之祸可反手而待也

贞观初太宗从容谓侍臣曰周武平纣之乱以有天下秦皇因周之衰遂吞六国其得天下不殊祚运长短若此之相悬也尚书右仆射萧瑀进曰纣为无道天下苦之故八百诸侯不期而会周室微六国无罪秦氏专任智力蚕食诸侯平定虽同人情则异太宗曰不然周既克殷务弘仁义秦既得志专行诈力非但取之有异抑亦守之不同祚之修短意在兹乎①

同样地，必修阶段的"文学阅读与写作"任务群提出"精读古今中外优秀的文学作品，感受作品中的艺术形象，理解欣赏作品的语言表达，把握作品的内涵，理解作者的创作意图"，这样的目标与内容还应该在选择性必修，甚至选修阶段进一步夯实。因而，我们不能机械地理解"必修""选择性必修""选修"的阶段性。当然，在实际的操作过程中，很多学校安排在高一年级学习必修教材，高二年级学习选择性必修教材，高三年级落实选修的内容和要求，这只不过是为方便起见，而不是将三个阶段截然分开的理据。

总而言之，在任务群式语文教学中，文言文教学的目标与内容的确定、学生学习要求与水平的安排，都要与新课标的设定紧密相连。以往，很多一线教师不太关注课程标准，以为那是课程专家、教材编者所关注的文本，甚至以为那是脱离一线教学实践的上层文件。这固然与以往的课程标准对学科的目标、内容规定相对模糊与空泛，对一线教师教学实践的直接指导力不够相关，也跟教师过分依赖经验、过分关注考试有关。2017 年版高中语文新课标的颁布，以往的很多问题得到了回应与解决。当然新的课程标准并不是完美的，在不断的实践中也会持续调整，然而不能因为它的不完美就将它束之高阁，更不能因为它的不完美否认其整体方向。因而我们语文教师要顺势而为，努力"预流"，改变观念，依标而教。这既体现了对国家意志的尊重，也能满足教师自身对语文学科体系化、结构化的追求。

① 教育部.普通高中教科书　语文（必修下册）[M].北京：人民教育出版社，2019：152－153.如无特别说明，本书所引选段均出自统编版高中语文教材，下文不再作注。

第二节　教材：顶层设计的资源

依标而教，一方面要认真研读新的课程标准，另一方面也要仔细体会统编教材的编写意图。高中语文统编教材是落实 2017 年版高中语文新课标的重要资源。一般而言，在课程标准的指引之下，教材是可以多元的，以往有人教版教材、沪教版教材、苏教版教材、鲁教版教材、粤教版教材等，"一标多本"，呈现出不同的特色。然而，由于理念理解不到位、学术力量不充足等因素，"一标多本"也导致种种问题的出现。如今，教材建设是国家事权，体现的是国家意志，那么语文教材就需要国家组织力量统一编写，由此高中语文统编教材应运而生，并自 2019 年开始在全国逐步推行使用。其实，不管是"一标多本"，还是统编教材，它们的主要任务都是为课程标准的落实提供资源和方案，因而它们的编写必须是以课程方案和课程标准为依归，要充分体现课程标准的精神。从某种意义上讲，统编教材是集全国之力编写而成的，对新课标精神的体会与落实自然也是更为充分的。另外，统编教材对于我们这个多民族国家构建共同的精神家园，形成共同的文化记忆，也是大有裨益的。因而，依标而教的另一层意思，就是按照统编教材设计的方案、提供的资源进行教学。

一、单元学习与任务群学习

就文言文教学而言，高中语文统编教材的任务群、单元和篇目的安排如下：

表 2－2－1　任务群、单元与篇目安排

任务群	单元	篇目
文学阅读与写作	必修上册第七单元	《赤壁赋》《登泰山记》

（续表）

任务群	单元	篇目
思辨性阅读与表达	必修上册第六单元	《劝学》《师说》
	必修下册第一单元	《子路、曾皙、冉有、公西华侍坐》《齐桓晋文之事》《庖丁解牛》《烛之武退秦师》《鸿门宴》
	必修下册第八单元	《谏太宗十思疏》《答司马谏议书》《阿房宫赋》《六国论》
实用性阅读与交流	必修下册第五单元	《谏逐客书》《与妻书》
中华传统文化经典研习	选择性必修上册第二单元	《〈论语〉十二章》《大学之道》《人皆有不忍人之心》《〈老子〉四章》《五石之瓠》《兼爱》
	选择性必修中册第三单元	《屈原列传》《苏武传》《过秦论》《五代史伶官传序》
	选择性必修下册第三单元	《陈情表》《项脊轩志》《兰亭集序》《归去来兮辞（并序）》《种树郭橐驼传》《石钟山记》
中华传统文化专题研讨①	无	无

由表 2-2-1 可以发现，新课标中"学习任务群"在教材中以单元的形式呈现，一个任务群可能对应统编教材的一个单元，也可能对应两个或者更多的单元。学生通过单元的学习达成任务群设定的目标与内容，而单元内的课文篇目是学习的主要资源。换句话说，学生学习课文，完成单元任务，从而达成任务群规定的学习目标与内容。而从教师的角度而言，教师基于单元内的主要资源或者文章来确立学习目标、设计具有整合性的任务，指向任务群的目标与内容。当然完成这些任务又可能不局限于单元内的篇目或资源，而需要进行单元外甚至教材外的拓

---

① 选修阶段的学习，教育部没有组织编写统一教材。

展。可以说,单元的学习是由一个个具有结构化特点的具体任务构成的,这正如统编教材的《教师教学用书》所说,"学习任务群就是一种单元教学"。

举例而言,"中华传统文化经典研习"任务群的学习,就以选择性必修上、中、下三册各一个单元来完成。选择性必修上册第二单元选择了"诸子散文"的一些代表性作品,选择性必修中册第三单元选择了"史传史论散文"的一些代表性作品,选择性必修下册第三单元选择了"经典古代散文"的一些代表性作品。每个单元在经典文言文作品的基础上设置了"单元学习任务"或"单元研习任务"。教材总主编温儒敏先生对"单元学习任务"有这样的解读:"单元学习任务不同于以前的习题,不是学完一个单元之后的练习,而是对学习任务也就是教学方案的提示。单元学习任务应置前,是设计单元教学方案的主要依据。"①可见,教材内的单元学习任务就是教学设计的重要参考,教师可以引导学生阅读课文和其他相关资源,完成单元学习任务,从而达成相关任务群设定的目标与内容。当然教师也可以参照教材内的这些单元任务,根据不同的学情设计新的整合性任务。

仍以"中华传统文化经典研习"任务群为例,选择性必修上册第二单元设计了以下四个单元研习任务:

一 ……学习中华优秀传统文化,应该坚持古为今用、推陈出新。本单元课文大都是谈论立身处世之道的,比如《〈论语〉十二章》,或阐述持身以道、以礼、以仁、以恕、以义的道理,或辨析君子、小人,或论述经典在社会生活各个方面的价值,都富于启发性。梳理本单元各篇课文所讲的立身处世的道理,并思考它们在当今社会生活中的现实意义,展开讨论。

二 萧统在《文选序》中说:"老、庄之作,管、孟之流,盖以立意为宗,不以能文为本。"吕思勉在《经子解题·论读子之法》中说:"诸子之文,各有其面貌性情,彼此不能相假;亦实为中国文学,立极于前。"总体看来,先秦诸子并不把善写文章当作最高追求,但他们的很多论说又都文采斐然,自成一格。反复诵读

---

① 温儒敏.统编高中语文教材的特色与使用建议[J].语文学习,2019(9):4-10.

本单元课文,总结概括其各自的风格特点。你更喜欢谁的文章风格? 结合课文,联系你的语文学习经验,同学间相互交流。

　　三　古代汉语的虚词系统,与现代汉语有着很大的差别。"之""乎""者""也""而""以""其""于"等常见虚词,在文言文中使用广泛,有着丰富的意义和用法。有意识地积累一些常见虚词,有助于培养文言语感,提高独立阅读文言文的能力。小组分工合作,找出上面列举的虚词在本单元课文中的用例,以卡片或表格的形式,整理、归纳各个虚词的意义和用法。

　　四　本单元课文中有不少经典语句,虽然产生于两千多年前,但至今仍然闪烁着智慧的光辉,给我们以人生的启迪;有些语句在新的时代下又可以辩证思考,从新的角度做出辨析或阐释。从下列语句中任选其一,也可以从本单元课文中另选一句,准确理解其思想内容,自选角度,自定立意,写一篇不少于800字的文章,阐述你的认识和思考,题目自拟。

> 士不可以不弘毅,任重而道远。

> 己所不欲,勿施于人。

> 致知在格物。

> 人皆有不忍人之心。

> 知人者智,自知者明。

> 千里之行,始于足下。

> 故天下兼相爱则治,交相恶则乱。

　　对以上任务稍加分析,可以看出,这些基于课文但又不局限于课文而设计的任务,具有整合性、结构化、目标明确性等显著的特点。

　　首先,每一项任务都具有整合性,完成每一个任务需要整合所有的或者部分课内篇目,可能还需要联系已学的或课外的资源,加以梳理、比较、辨析等。课内篇目中的每一篇都需要认真阅读和思考,然而仅仅停留在这一篇的学习上,又不能解决这些具有整合性的任务,因而,单元的学习或者单元任务的解决就可能是多文本阅读的群文学习,甚至可能是跨媒介、跨学科的综合学习。

　　其次,以上四项任务呈现结构化的特征。第一项任务指向的是文本内容的理解,诸子思想内涵的把握;第二项任务指向的是文本艺术风格的体会,诸子散文艺术特色的把握;第三项任务指向的是先秦散文中文言虚词的整理,属于语言的积累;第四项任务指向的是写作,思考诸子思想在当今的价值与意义。可见,四个任务从文本内容到文本形式,再到语言积累,最后到写作任务,基本覆盖了语文学习的主要方面,形成了一个具有内在联系的结构。

最后,以上四项任务都具有比较明确的目标指向。上文提到,单元学习就是一种任务群学习,单元学习的目标指向的就是任务群的学习目标,那么以上四项单元研习任务也有清晰的目标指向。为方便论述起见,将单元研习任务的重点与任务群中"学习目标与内容"对照罗列于表 2 - 2 - 2 中。

表 2 - 2 - 2　单元研习任务与任务群"学习目标与内容"

任务序号	任务摘要	任务群"学习目标与内容"
单元研习任务一	梳理本单元各篇课文所讲的立身处世的道理	选择中国文化史上不同时期、不同类型的一些代表性作品进行精读,体会其精神内涵、审美追求和文化价值
	思考它们在当今社会生活中的现实意义,展开讨论	在特定的社会文化场景中考察传统文化经典作品,以客观、科学、礼敬的态度,认识作品对中国文化发展的贡献
单元研习任务二	总结概括其各自的风格特点	学习传统文化经典作品的表达艺术,提高自己的写作水平
单元研习任务三	整理、归纳各个虚词的意义和用法	梳理所学作品中常见的文言实词、虚词、特殊句式和文化常识,注意古今语言的异同
单元研习任务四	从下列语句中任选其一,也可以从本单元课文中另选一句,准确理解其思想内容,自选角度,自定立意,写一篇不少于 800 字的文章,阐述你的认识和思考,题目自拟	阅读作品应写出内容提要和阅读感受。选择一部(篇)作品,从一个或多个角度讨论分析,撰写评论

由上表可以看出,四个单元研习任务非常明确地指向该任务群"学习目标与内容"的五个方面,形成较为清晰的对应关系。

这样的话,文言篇目学习、单元学习(研习)任务、任务群学习之间的从属关系就非常明确了,我们也可以简单地以这样的图示加以说明。

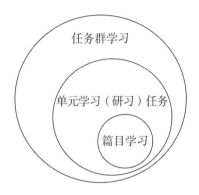

图 2-2-1 文言篇目学习、单元学习(研习)任务、任务群学习的关系

明确了这三者的关系,对于教师用好统编教材、教好文言文具有重要的指导作用。这也给我们一线语文教师一个提示:在统编教材的文言文教学中,我们要充分重视教材中的"单元学习任务"或"单元研习任务",不是简单地把它们视为课后作业,而是要利用这些具有整合性的、结构化的单元学习或研习任务,设计文言文的教学方案。

二、跨单元学习与任务群学习

在统编教材的文言文教学中,单元教学也并不是完全不可动、不可破的,同属一个任务群的单元之间是可以跨单元学习的,分属不同任务群的单元之间也未必不能"跨"。

同属一个任务群的单元之间可以联系起来学习,这比较容易理解。比如上文提到的"中华传统文化经典研习"任务群,此任务群在统编教材中设有三个单元:"先秦诸子散文单元""史传史论作品单元""古代经典散文单元"。在研习"古代经典散文单元"时,前面两个单元中的散文资源都是可以反复利用的。在

完成选择性必修下册"古代经典散文单元"的"单元研习任务二"时,我们可以将任务做一些调整,形成两个单元的贯通。如:

古代散文写法比较自由,句子可骈可散,结构可密可疏,但优秀的散文作品在语言、章法等方面都颇有讲究。细读本单元课文(并联系已学的古代散文作品),完成下列任务。

1. 古代散文多注重骈散结合,诵读《陈情表》《兰亭集序》和《种树郭橐驼传》(以及《过秦论》《五代史伶官传序》),感受它们不同的韵味。小组合作,选择其中一篇,说说文章是怎样通过骈句和散句的结合来表情达意的。各小组互相展示自己的学习成果,进行讨论。

2. 古人为文,讲究章法,重视文章的结构和内部联系,就连一些看似信笔写就的作品,也大都有章法可循。如《归去来兮辞(并序)》,虽然被誉为"不见有斧凿痕",但全文由"归程"写起,历"归舍""归园""归田",结于"归尽",章法严密。反复诵读本单元课文(并联系选择性必修中册第三单元所选文章),选择其中一篇(或几篇),理清其整体结构与各部分之间的联系(并尝试探究章法运用上的一些共同点),用你喜欢的形式加以展示。

3. 评点,是古人品析诗文的常用方法。学习评点,既能培养细读文章的能力,又能提高概括表达的水平,有助于研习古代诗文。从本单元所选的古代散文中选择一篇,试作评点,并与同学交流。①

这样的调整,一方面让前后所学的知识贯通起来,另一方面也让经典文章在反复利用、多次开发中更全面、深刻地呈现出其精神内涵与艺术魅力。经典是常读常新的,正如卡尔维诺所言,"经典是那些你经常听人家说'我正在重读……',而不是'我正在读……'的书"②。那么,我们这样的单元贯通也可以引导学生体会经典的丰富、深刻。现在语文教学界有一种担忧,认为任务群式语文教学让学生为完成某个任务而读文章,可能会遮蔽经典文本的丰富性,而出现浅表化的误读。以上所示的反复利用经典文本资源,可能是一条弥补之道。

---

① 括号内文字为笔者所加,以调整原来的单元研习任务。
② 伊塔洛·卡尔维诺.为什么读经典[M].黄灿然,李桂蜜,译.南京:译林出版社,2012:1.

相较而言,分属不同任务群的单元实现贯通,可能会更难让人理解一些,也会遭到诸如破坏教材设计意图的非议。其实这种贯通,不过只是资源的贯通或整合,只要分清楚单元的主次,明确服务的任务群目标就可以了。比如教学"中华传统文化经典研习"任务群中"史传史论作品单元",就可将必修阶段属于"思辨性阅读与表达"任务群中的篇目《鸿门宴》《六国论》引入进来,因为前一篇是非常经典的史传作品,后一篇是史论的经典。这些经典的引入对于帮助学生全面理解史传史论作品的特点是有益的。这个单元的"单元研习任务"也可以做一些类似上述方式的调整,如"单元研习任务三":

历史的画卷,往往异彩纷呈;历史的评说,有时见解不一。围绕"历史的评说"这一话题,从下列任务中任选一项完成。

1. 司马迁写《屈原列传》,在叙事中穿插议论,并在文末以"太史公曰"点题,直接发表对人物的看法和评价。借鉴这种写法,揣摩《苏武传》中班固对苏武的认识和评价,尝试以班固的视角,写一则人物短评(或尝试以"太史公曰"的笔法为《鸿门宴》写一则短评,然后再与《项羽本纪》中的"论赞"进行比较)。

2. 本单元的两篇史论(联系必修下册中苏洵的《六国论》,还有苏轼、苏辙的两篇《六国论》),分别探讨秦和后唐(六国)灭亡的历史教训。你是否认同作者的观点? 他们的论证是否有可商榷之处? 结合所学历史知识,参考相关资料,尝试写一篇短文,对两篇文章提出疑问或进行辩驳(对这些文章中史论和史实的关系进行探讨)。①

这样的调整使得经典得以复现,资源得以反复开发,使得经典育人的效应得到强化。虽然任务群之间打通了,然而主次是清晰的,目的是明确的,就是更好地落实"中华传统文化经典研习"任务群的"学习目标与内容"。

当然,依标而教,按照统编教材设计的方案、提供的资源进行教学,并不是排斥教材之外的资源,不是画地为牢,教材和课堂都具有开放性。正如上文提

---

① 括号内文字为笔者所加,以调整原来的单元研习任务。

及的学习苏洵的《六国论》，引入课外资源——苏轼的《六国论》、苏辙的《六国论》、李桢的《六国论》，形成群文阅读，这是很自然的做法。学习教材中的《归去来兮辞》，引入《归园田居》组诗、《饮酒》组诗等课外资源，在互文性中理解、体会陶渊明的思想境界，也是有效的处理方式。只不过，课外资源的引入，不能喧宾夺主，弃课程目标与内容不顾，而应该统摄在课程目标与内容之下，体现出教师的课程意识。

三、单元学习的一些特点

值得一提的是，2017 年版的高中语文新课标和统编高中教材非常强调学习任务设计的"情境性"以及学生学习的"自主性"。那么，在文言文教学设计中，这些特点也应该得到充分体现。

关于学生学习的"自主性"，新课标中有这样的阐述："学习任务群以自主、合作、探究性学习为主要学习方式，凸显学生学习语文的根本途径。"①王意如教授在评述"学习任务群"时也着意强调这一点："学习任务群既是创新，也是继承和发展。只要秉持学生主体的教育理念，以学习任务驱动，摆脱教师为主、文本为重、知识为本的惯性，就可以让学习任务群这条'学生学习语文的根本途径'通畅起来。"②另外，统编教材中也对此有很多提示，如在"单元学习（研习）任务"中，"展示""讨论""交流"等成为高频词汇，这些词汇的反复出现就在强调教学过程中学生学习的"自主性"问题。也就是说，尊重和保证学生学习的自主性是任务群学习或单元学习的应有之义。

需要指出的是，"自主性"并不仅仅体现在各种"语文活动单元"设计中，也并不是只有所谓的"语文活动"才能体现学生的学习自主性，即便在传统的语文课堂教学中，也要对学生自主性有充分的保护和尊重。比如文言文教学中最为常见的字词教学，我们就要充分尊重学生的自主性，可以让学生自主借助课下

---

① 中华人民共和国教育部.普通高中语文课程标准(2017 年版 2020 年修订)[S].北京：人民教育出版社,2020：8.

② 王意如.熟悉的陌生人——谈谈我对"学习任务群"的认识[J].中学语文教学参考,2020(16)：4 - 9.

注释和工具书完成文言文内容的初步理解，教师只在关键词句处稍加点拨，而不是采用逐字逐句讲解的方式将知识灌输给学生。再如在文言文教学过程中，要鼓励学生发现并提出阅读中的困惑，并引导学生通过小组讨论、团队合作等方式解决自己的困惑，教师只在关键节点指引方向或者搭设台阶。总而言之，教师需要克制自己讲授的欲望，在尊重学情的基础上，给予学生更多的信任与空间。

当然，强调学生的"自主性"并不是过高地估计学生的学习能力与水平，而是要激发学生学习的兴趣与动力，挖掘他们学习的内在潜能；更不是否定或消解教师在教学中的作用，让他们做甩手掌柜。教师是课堂教学的组织者、点拨者、引导者，依然扮演着重要的作用，只不过不能越俎代庖，而要各司其职。

关于教学中的"情境"问题，2017年版的高中语文新课标指出，"根据学生的发展需求，围绕学习任务群创设能够引导学生广泛、深度参与的学习情境。可通过多样的语文实践活动，融合听说读写，跨越古今中外，打通语文学科和其他学科、语文学习和学生的生活世界，运用优质的素材和范例，激发学生的学习兴趣和动力，提高语言文字运用能力"[①]。

自新课标中提出"情境"一词，学界已有大量的文章对此进行研究与探讨，大多数学者和研究者都认为"情境"应与"任务"相联系，或者说情境中应包含着问题，也就是常说的"情境任务"。然而，绝大多数对情境的研究和表述，还是针对普遍性的阅读教学而言的，很少专门论及文言文教学的情境。高中语文统编教材的单元学习任务似乎在情境设计上也显得不够清晰，需要教师在教学中根据学情、物质条件、教学时机等变化进行自我调整或重新设计。

从笔者的实践和观察来看，依据文言文的时代特点、文本特点，努力还原古人的文化生活是文言文教学中情境设计的重要方向。那么，如何创设贴近古人文化生活的情境任务，还原古人的文化生活？虽然这对我们一线语文教师具有挑战性，但是并不意味着我们无能为力，一线教师已然在实践中形成了不少成

---

① 中华人民共和国教育部.普通高中语文课程标准(2017年版2020年修订)[S].北京：人民教育出版社,2020：42.

功的案例,提炼了很多有益的经验。概而言之,我们可以抓住"时间""空间"两个点做一些尝试。

第一,要抓住合适的时机。比如要重视传统文化节日的利用。我们可以将教材的内容与传统文化节日结合起来进行单元设计,适度调整课文篇目的教学顺序,利用好传统文化节日来落实教材中传统经典作品的教学。比如《屈原列传》若能安排在端午节前后,《师说》若能安排在孔子诞辰日的前后,那么情境的设计就容易真实而有效。笔者曾经设计过一个"公众号七夕专题推文"项目学习案例,以"七夕节"为背景,要求学生在班级公众号上选编发布一组表达爱情的推文。① 反思这个案例,七夕节是一个很好的契机,然而笔者当时并没有对"七夕节"这个传统文化节日的物质要素进行充分挖掘。如果能引导学生模拟古人(比如杜甫、李商隐)过一次七夕节,搜索他们在七夕所写的诗歌,还原当时的场景,在仿真的场景中读诗写诗,感受古人抒发的情感,也许可以引发学生更大的读诗欲望、探究兴趣。当然,传统文化节日只是一种形式的时机,学生的兴趣、社会的热点与传统文化发生契合的某个时间点,也是很好的时机,这需要教师有敏感的意识。

第二,要重视任务实施的空间。我们可以引入一些古代物质文化资源,借助古人的日常生活器具(如酒器)、文化用品(如线装书籍),甚至当代人设计的仿古生活场景等帮助学生进入古人的生活。我们也可以鼓励学生完成某个项目,自主创设一些空间,在此过程中完成文言文的学习。比如学习苏轼的诗文,上海交通大学附属中学的张林老师创设了这样的情境任务:"学校有苏东坡诗文诵读传统,现在要建设一个东坡文化纪念馆。为加强东坡文化的传扬,请在校学生来设计纪念馆的展厅,并让学生担任纪念馆的主要讲解员。"②设计展厅、担任讲解员,这是鼓励学生创设空间,完成日常生活中会遭遇的真实情境任务。

---

① 樊新强.强化整合,深化言语实践活动——"公众号七夕专题推文"语文项目学习[J].语文学习,2020(2):31-36.

② 张林.激发主体参与的能动性——"东坡文化纪念馆设计"语文项目学习[J].语文学习,2020(4):34-37.

设计东坡文化馆展厅，首先，学生要熟悉并研究苏东坡的人生经历以及各个阶段的重要作品；其次，学生还要考虑当代受众的特点，关注观看展览与阅读文本的区别，努力打破古今的隔膜，以最佳的方式呈现苏轼的人生与文学。如此，设计东坡文化纪念馆展厅的任务，就自然地将苏东坡的文学、人生与当代学生的生活连接起来，学生阅读苏东坡作品的兴趣和欲望也就被调动起来，学习不再是被动地"要我读"，而是主动地"我要读"，而且是"我要深入地读"。

当然，还原古代的文化生活，不能止步于文本的研究，还要涉及古人的物质生活、风俗习惯等跨学科领域的研究。这会对学生、教师都提出很大的挑战，但也会极大地提升学生探究的兴趣与欲望，对教师而言也未必不是一种有趣的尝试与探索。

以上是文言文教学中创设情境任务的一些思考，具体操作方法当然还可以更为丰富多样。"还原古代"是其中的一种方法，"引古入今""古今对比"等也都可以成为教师创设情境的方向。创设情境，让学生的世界与古人的世界勾连起来，让他们亲近文言文、喜爱文言文，从而真正走进古人的心灵世界，这样努力的方向应该有更多的实践探索和经验总结。

总而言之，依标而教，是要按照课程标准的顶层设计和统编教材的设计方案进行文言文教学。依标而教，既是落实国家意志的必然需要，也是符合语文教学规律的内在需求，更是能够真正提升学生的人生境界和语文素养的重要路径。对教师而言，一方面要认真研习新的课程标准和统编教材，体会课标精神和教材意图；另一方面更要结合文言文的特点、学生的学情，创造性地落实课程标准提出的目标与要求。

第 三 章

依言而教：言语形式①

---

① 本章与下一章的内容乃据拙作《核心素养视域下文言文教学的四个意识》一文改写而成。此文发表于《语文学习》2020 年第 7 期。

在近百年的文言文教学实践中，虽历经多次语文课程教学改革，字字落实、句句翻译的串讲法始终在课堂中占有重要的一席之地。因为"言"的差别是造成阅读障碍的主要原因，那么解决语言的障碍就成为教师首先要解决的问题。然而，这种字字落实、句句翻译的串讲法让学生望而生畏甚至望而生厌，也让教师丧失了教学应有的乐趣与兴趣。因而，如何突破串讲法一直以来都是文言文教学的重要关注点。其实，串讲法抓住白话与文言在语体上的差别来施教，这并没有很大问题，甚至在很多时候是一种有效的方式，只不过当这种教法固化为一种模式的时候，文言文与白话文在其他方面的差别，文言文在"言"字上的其他区别性特征就被遮蔽了，文言文独特的魅力也就被消弭了。那么，文言文除了语体上与白话文不同之外，还有哪些区别性特征？也许在这些区别性特征上引导学生做些揣摩探究，学生就能更为深入地理解文言文这一特别的文本形态，也就能更自然地接受和传承语言所承载的中华文化及其精神。

在上一章中，我们着重论述了文言文教学要"依标而教"。"依标而教"是基本的原则和方向。而若要在单元学习（研习）任务之下，基于学习资源或具体课文分化出一个个合宜有效的小任务，就要关注文言文这一语体的特点与精神。换言之，要在"标"的基础之上，深入到"言"的挖掘，是为"依言而教"。

本章所论"依言而教"中的"言"，主要指文言文的言语形式。从言语形式上看，相比白话文，文言文呈现出富有音乐之美、注重建筑之美、蕴含凝练之美的"三美"特征。我们的文言文教学设计，就要关注这"三美"特征。基于这"三美"特征来设计学习任务，或许能激发学生的兴趣，也能教出文言文的韵味。

第一节　体验声律之韵

相较于白话文，文言文具有更为浓厚的音乐性。不管是字句工整的骈文，还是形式自由的散文，声律的铿锵和谐自古以来就是文人们一致的追求。中国中古时期的理论批评巨著《文心雕龙》专设了"声律"一章，强调文章的文辞要切合声韵。所谓"古之佩玉，左宫右徵，以节其步，声不失序。音以律文，其可忽哉"①，"音以律文"，用音韵使文章合律，这是非常明确的为文要求。在实践创作中，文人们也自觉地将声律、音韵、节奏作为表情达意的重要手段。历代的文章大家如韩愈、柳宗元、欧阳修、苏轼等都是个中好手。

一、以桐城派为代表的散文

称雄于清代文坛两百余年的"桐城派"非常注重文章的声律，他们发展出一套理解和创作文章的"因声求气"之说。"桐城三祖"之一的刘大櫆在这方面的影响最大，他在《论文偶记》中说：

音节高则神气必高，音节下则神气必下，故音节为神气之迹。一句之中，或多一字，或少一字；一字之中，或用平声，或用仄声；同一平字，或用阴平、阳平、上声、去声、入声；则音节迥异。②

在刘大櫆的论述中，音节的高下与文章的神气密切相关。而字的平仄安排、句中的节奏变化，都影响着音节的高下，进而影响着文章的神气。可见，重视声律，甚至利用声律来表达思想情感，传递气韵精神，是他们自觉的为文追求。

在桐城派的"因声求气"说中，不仅要求在创作中关注声律，在阅读时也要揣摩古文的音节字句，通过外在的音节字句去体会文章背后的情感内涵。如刘大櫆在《论文偶记》中反复强调诵读的重要性：

---

① 王运熙，周锋.文心雕龙译注［M］.上海：上海古籍出版社，2012：224-225.
② 陈引驰，韩可胜.谈诗论文［M］.广州：广东人民出版社，2019：412-413.

学者求神气而得之于音节，求音节而得之于字句，则思过半矣。其要只在读古人文字时，便设以此身代古人说话，一吞一吐，皆由彼而不由我。烂熟后，我之神气即古人之神气，古人之音节都在我喉吻间，合我喉吻者，便是与古人神气音节相似处，久之自然铿锵发金石。①

同为"桐城三祖"的姚鼐在《惜抱轩尺牍·与陈硕士》中说：

大抵学古文者，必要放声疾读，又缓读，只久之自悟；若但能默看，即终身作外行也。②

诗、古文，各要从声音证入，不知声音，总为门外汉耳。③

在此，姚鼐不仅强调了"从声音证入"的重要性，还提出了"疾读""缓读"的方法。姚鼐提出的这种方法又被晚清桐城派的大家曾国藩所继承。曾国藩在《谕纪泽》中说：

如"四书"《诗》《书》《易经》《左传》诸经，《昭明文选》，李杜韩苏之诗，韩欧曾王之文，非高声朗诵则不能得其雄伟之概，非密咏恬吟则不能探其深远之韵。④

曾纪泽是曾国藩的次子，《谕纪泽》是一封课子读书的家书。因而，这些话绝不会是玄虚的空谈，而是具有切身体会的经验之谈。接下来，我们不妨看看他们的文章。

我们可以先看姚鼐的文章，统编教材高中必修上册选了他的名篇《登泰山记》。该文第三段是全文的中心段落，写作者登上日观亭看日出的场景。此段不长，为便于分析，转引如下。

戊申晦，五鼓，与子颖坐日观亭，待日出。大风扬积雪击面。亭东自足下皆云漫。稍见云中白若樗蒱数十立者，山也。极天云一线异色，须臾成五采。日上，正赤如丹，下有红光动摇承之，或曰，此东海也。回视日观以西峰，或得日或否，绛皓驳色，而皆若偻。

---

① 陈引驰，韩可胜.谈诗论文[M].广州：广东人民出版社，2019：412－413.

② 丛书集成续编[M].台北：台北市新文丰出版公司，1988：945.

③ 同②964.

④ 曾国藩.曾国藩家书[M].赵焕祯，校注.武汉：崇文书局，2007：83.

短短一小段文字,作者将泰山日出时的壮丽景色和内心喜悦激动的心情表达得淋漓尽致。教学这篇文章时,教师就可以让学生诵读体验这段文字的声律音韵,从声律音韵节奏等变化中体会作者的情感。这段文字的平仄变化非常灵动,日出之前后,句末多用仄声字收尾,如"晦""鼓""出""面""漫""否""色""偻"等,而日出之时,特别太阳跃出海面那一刻,则多用平声字收尾,如"丹""之"等。而且写日出时之句,作者还有意无意地用"采""海"来押韵,这种开口度大的韵脚也有利于表达作者兴奋激动的心情。因而,全段不仅读来朗朗上口,铿锵悦耳,给人一种整齐又不乏灵动的美感,而且平仄韵律的使用与作者情感的变化有着不可忽视的联系。那么,在教学这篇文章的过程中,教师就可以引导学生反复诵读,感受文章平仄韵律的变化,以此帮助学生体会文章的韵律之美以及作者的情感变化。且姚鼐为文推崇"约其辞文,去其烦重",常常"字无可删",教师教学中若不能巧设台阶,学生很难体会看似简洁平淡的语言背后的深情。

再看看同样是"桐城三祖"之一的方苞的文章。沪教版高三语文下册、苏教版高二选修教材都曾选过方苞的名文《左忠毅公逸事》。此文记述了左光斗不为世人所知的几件逸事,赞美了左光斗知人善任、忠于国事的品格。其中写左光斗、史可法在狱中相见,左光斗怒斥史可法不识大体的一段文字,尤为正气凛然、动人心魄。方苞在记述这段话时,在音韵节奏安排上也是匠心独运。这段话也不长,转引如下。

一日,使史更敝衣,草屦,背筐,手长镵,为除不洁者,引入。微指左公处。则席地倚墙而坐,面额焦烂不可辨,左膝以下筋骨尽脱矣。史前跪抱公膝而呜咽。公辨其声,而目不可开,乃奋臂以指拨眦,目光如炬,怒曰:

"庸奴!此何地也,而汝来前!国家之事糜烂至此,老夫已矣,汝复轻身而昧大义,天下事谁可支拄者?不速去,无俟奸人构陷,吾今即扑杀汝!"

因摸地上刑械作投击势。史噤不敢发声,趋而出。①

————————

① 上海市中小学(幼儿园)课程改革委员会.高级中学课本 语文(三年级第二学期)[M].试用本.上海:华东师范大学出版社,2008:99-100.

这段话在写左光斗的愤怒之情时，用多个短句加快节奏，表达左光斗内心激烈的情绪。同时，虽然摹写的是人物的口头语①，然而作者在有意无意间使用了押韵的方法强化这种激动的情绪，如"地""事""此""矣""义"等，通押平水韵中的去声四置和上声四纸，再如"拄""去""汝"三字通押平水韵中的上声六语和七麌。这些仄声韵，使得这一段文字读来有一种掷地有声、斩钉截铁之感，凸显了左光斗为国事抛下私情的忠肝义胆和毅然决然，这也和后文写史可法"噤不敢发声，趋而出"相合。史可法之所以"噤不敢发声，趋而出"并不是为左光斗"摸地上刑械作投击势"的举动而吓倒，既然是"作投击势"，史可法当然明白左光斗不可能真正要"投击"；而是因为左光斗话语中斩钉截铁的忠肝义胆让他深受震动。因而，可以说，这段话中句尾仄声字的运用，对传情达意是非常有帮助的。教师在引导学生学习这篇文章时，经常会做一些角色扮演之类的语文活动，读一读、演一演，这显然对激发学生的语文学习兴趣是非常有益的。如果在活动中，教师还能够有意识地引导学生品一品，感受、体会这段话的音韵节奏，那么对他们理解左光斗的内心、史可法的情感是更有裨益的。

以上两例，大约已经能够让我们窥见桐城派作文、读文对声律节奏的关注。当然，重视声律，提倡"从声音证入"并不是桐城派的一家之学，而是具有普遍性的古代散文特点。瞿蜕园、周紫宜在《文言浅说》中有一段话描述姚鼐读韩愈文章的情形，非常生动地展现了韩愈文章的音韵节奏。不妨一看：

据说姚鼐读韩愈的《送董邵南序》，这篇文章开头一句是"燕赵古称多感慨悲歌之士"。燕赵二字一停，是不用说的。底下的九个字，古称二字一停，多字拖长，感慨悲歌四字连读，到歌字微吟不绝，之士二字每字都拖长，而士字更特别长，有余音袅袅之势。这一句文章就要反复咏叹到很久的时间，表明十一个字有不少层次的转折，因而将感慨悲歌的意味烘托出来。这并不为夸大，像《送

---

① 此处左光斗的怒斥之语，虽为直接引语，然而并非实录。虽然文末交代"狱中语"乃得之于史可法（"余宗老涂山，左公甥也，与先君子善，谓狱中语，乃亲得之于史公云"），然而几经辗转，再加上口语书面语的转化，恐已非"狱中语"原貌，是经过了作者方苞的艺术化处理。

董邵南序》这样的短文，本来就是靠音调传出层次的，没有深曲的层次就会毫无意味，所以诵读起来，决不能简单直率。①

二、以赋文为代表的韵文

散文如此，韵文对声律的运用就更为讲究。辞、赋、颂、赞、箴、铭、哀、诔等韵文都重视声律。既然是"韵文"，顾名思义，自然要重视"韵"，这似乎无须赘述。因颂、赞、箴、铭等文体在中学语文教材中出现较少，以下仅以赋文为例简要论述。

我们可以看看高中语文教材中的常客——苏轼的《赤壁赋》。这篇文章被人教版高中语文必修二、沪教版高二语文上册、统编版高中语文必修上册等多种教材所收录，是一篇经典的赋文和韵文。在阅读这篇文章的时候，我们能够明显地感受到有一条"乐—悲—喜"的情感变化线索。而在作者表达情感变化与流转时，声韵就起到很好的辅助作用。我们不妨看看文章的前两段。

壬戌之秋，七月既望，苏子与客泛舟游于赤壁之下。清风徐来，水波不兴。举酒属客，诵明月之诗，歌窈窕之章。少焉，月出于东山之上，徘徊于斗牛之间。白露横江，水光接天。纵一苇之所如，凌万顷之茫然。浩浩乎如冯虚御风，而不知其所止；飘飘乎如遗世独立，羽化而登仙。

于是饮酒乐甚，扣舷而歌之。歌曰："桂棹兮兰桨，击空明兮溯流光。渺渺兮予怀，望美人兮天一方。"客有吹洞箫者，倚歌而和之。其声呜呜然，如怨如慕，如泣如诉，余音袅袅，不绝如缕。舞幽壑之潜蛟，泣孤舟之嫠妇。

《赤壁赋》属于文赋，押韵相对比较自由。第一段中，"焉""天""然""仙"属于平水韵中的下平一先韵部，"间"字属于平水韵中上平十五删韵部，两韵部相邻，可以通押。这里所用的平声韵与娴静自由的意境、愉快轻松的情绪是相合的。第二段中，所用之韵转换为平水韵中的去声七遇，如韵脚"慕""诉""妇"，和

---

① 瞿蜕园，周紫宜.文言浅说[M].北京:当代中国出版社,2015:88-89.

上声七麌,如韵脚"缕"。这里用的开口度较小的仄声韵对传达沉重惆怅的情感也是有利的。由此可见,用韵的转化与情感的流转在有意无意之间形成了一种密切的联系。何满子在《〈赤壁赋〉赏析》中写了这样一段话:

在形式上,这篇赋既抛弃了通常作赋的架势,捐除了"若夫""尔乃""是以"等通常赋体中常用的转圆接笋的词语,使感情的流动转折十分畅遂;用韵都在有意无意之间,如出天籁,只在每节的结束数句稍加强调。如第 1 段的"天""然""仙",第 2 段的"慕""诉""缕""妇","客曰"一段的"鹿""属""粟"与"穷""终""风",以及下一段的"主""取"与"色""竭""适"等。全赋若无韵而有韵,字面上的韵含藏在全赋的感情节奏和叙述节奏之中,斧凿之痕全泯。①

因此,在教学《赤壁赋》这篇文章时,引导学生诵读,体会本文的用韵特点,有助于学生理解全文的情绪变化和感情节奏。2017 年版的高中语文新课标以及统编必修教材都将本文列为背诵篇目,不仅是考虑本文在内容和思想上的经典地位,同时也应该考虑到了本文具有音节婉转、便于记诵的特点。

基于以上所论,加强文言文的诵读,不管是韵文,还是散文,着意引导学生从声律中去感受文言文的音乐之美,进而理解文章背后流转的情感内涵,是文言文教学中不可忽视的手段。当然,这里要特别提醒的是,声律并不只是针对用韵而言的,还包括字词的平仄、语句的节奏等。也就是说,引导学生诵读,不仅要引导学生注意文章的用韵、字词的平仄,还要注意文句的节奏,有起有伏,有高有低,有快有慢。当代的很多语文名师在文言文教学中就比较重视诵读,我们不妨去品读一些著名的教学案例,体会他们的教学智慧。比如黄厚江老师在《阿房宫赋》的教学案例中有这样一个片段,可以参看。

师:下面我想通过诵读,请大家整体感受一下语言的美、语言的气势和文章所表现的阿房宫的特点。

(师配乐诵读全文。)

【这又是这堂课教学的一大亮点。教师敢于朗读,确实,黄老师的嗓音条件

---

① 上海辞书出版社文学鉴赏辞典编纂中心.古文鉴赏辞典:珍藏本:下[M].上海:上海辞书出版社,2012:1704-1705.

并不是很好,但是跟那些广播电台的播音主持相比,黄老师有着对文章内容的深刻理解,有着对赋体文风的准确把握,有着对古汉语的纤细敏感。这是我听到过的很不错的一次教师朗读示范,远胜过电台的主播。】

师:刚才老师诵读了全文,为了加强效果,配上了古典的音乐。现在同学们可以先自由诵读一下,有谁愿意尝试一下,选择一两个句子、一两个片段,能够在诵读中表现赋的特点? 有哪位同学主动试一下? (指名)你读一下第二小节。

【为什么选这一段要学生读? 因为这一段的虚词很典型,而文气主要是靠虚词传达的,更何况教师对六个"也"的作用理解独到,有话可讲,所以,选择朗读的语段也是大有讲究的。】

(生15读第二小节。)

师:总的来说不错,就是意味的表现稍微欠缺了一点。比如"而望幸焉"这里,可以稍微慢些,表现期盼、等了好久都等不到皇上的心理。当然读好这一段,关键在于虚词的处理,你们知道是哪一个?

【直言不讳,而且指出问题所在,指出关键所在。同时很自然地带出了"也"的表达效果的分析。】

生:(齐)也。

师:对,大家数一数,这里一共有几个"也"?

生:(齐)六个。

师:那你们体会一下,这六个"也"表达的效果是否一样? 有哪一个"也"和其他"也"作用是不同的? 有没有发现?

【第二个问题补充及时,降低了思考的难度,规定了思考的范围,否则,学生就要每一个都去细细斟酌了。有时候教学进程的散漫或者困难,就是这种细节不够注意造成的。】

生:(齐)最后一个。

师:对。前面五个"也"是表判断,而最后一个"也"更多的是强调。前面五个句子并列关系更为紧密,而最后一个句子要相对疏离一些。所以大家读的时候,最后"辘辘远听,杳不知其所之也",车远远地来了,官女心中就充满了希望,

"要到我这里来了",车又慢慢地远走了,心中的失望随着车声的远去而增强。皇帝看不见了,车声听不到了……我们要读出一个效果来,让我们觉得宫女仍然在翘首盼望。下面同学们集体把这一段再读一下。(生集体读)

【指导得法,入理。教师是从三个方面点拨的:一是从"也"所表达的语气来讲,有表判断和表强调的不同;二是从句子结构来讲,前五句是紧密的并列结构,后一句的结构稍有不同;三是从宫女的心理来讲,最后一句读得应该与前几句不同。一个"也"的指导,把内容、结构、虚词语法、词语修辞都串起来了。】

师:"杳"字还是读得太急了,同学们课后再仔细琢磨一下。"辘辘远听,杳——不知其所之也",不要太急。

【学生有时候并不能一步到位,就是指导以后也不一定就能达到教师的期望。实事求是,下课再琢磨吧。限于时间,教学要进行到下一个环节了,这是教学的机智,也是公开课的无奈。】①

在这个片段中,黄厚江老师正是通过教师范读、学生试读来引导学生感受赋体文章的特点,深入体会文章中作者流露的情感。关于这一点,方头括号内褚树荣老师的点评也有较明确的体现。

波兰学者罗曼·英伽登(又译英加登)指出:"当我们充分掌握某种语言并在日常生活中使用它时,我们不仅把语词声音理解为纯粹的声音模式,而且还应认为它传达或能够传达某种情感性质。"②而利用"语词声音"传达情感,显然是不少中国古代文人主动的自觉的追求。当然,当我们列举了这些名家名篇的作品,表明他们在有意识地利用声韵、节奏来传达情感,我们也看到名师在教学中引导学生通过声韵感受、体会文章情感的做法。然而我们却不能将声韵与情感的正向关系理解得过于绝对,或者说过于僵化,并不是每一篇古代文学作品中,特别是散文作品中都有如此精致甚至是刻意的安排,大多时候只是一种有

---

① 郑桂华,王荣生.语文教育研究大系(1978—2005):中学教学卷[M].上海:上海教育出版社,2007:480-495.

② 罗曼·英加登.对文学的艺术作品的认识[M].陈燕谷,晓未,译.北京:中国文联出版社,1988:17-19.

意无意间自由的安排。因此,在文言文教学中,如果对每一篇作品的阅读,我们都试图追求声韵和情感之间的密切关系,那么难免也会犯下胶柱鼓瑟的毛病。

另外还有一种现象也值得警惕。在现有的文言文教学中,有教师比较重视吟诵教学法。这种教学法关注到古文的音乐性,希望引导学生"从声音证入",这自然是非常有意义的方式。然而,如果把吟诵的形式定为一格,忽略阅读者的个性和文本自身的独特性,那么一种有意义的教学方式也可能滑为一种无意义的群体表演,堕入了形式主义的泥淖。

综上而论,在文言文教学中比较适宜的做法是,设计一些诵读任务,有意识地引导学生多加朗读,感受文言文的音韵节奏之美。如若作者在音韵和情感之间有明确的追求,那么朗读显然还能够帮助学生领会文本的深层意蕴、进入作者的情感世界;即使文章的音韵和文意、情感之间的联系不紧密,铿锵悦耳的音调也能帮助学生体会文言之美。不管如何,重视文言文的声韵之美,重视文言文教学中"由声入情"的方法,这是毋庸置疑的。

第二节　欣赏建筑之美

20 世纪初"新格律派"的新诗主将闻一多在《诗的格律》中说："诗的实力不独包括音乐的美（音节），绘画的美（辞藻），而且还包括建筑的美（节的匀称和句的匀齐）。"①闻一多汲取了中国古典诗歌的营养，将之注入新诗的创作之中，取得了很高的成就。其实，不只是古典诗歌具有音乐美、建筑美，中国古代的文章同样具有这样的特点。上文我们谈到了文言文的音乐美，本节将着重谈一谈文言文的"建筑美"，这也是文言文区别于白话文的重要特点。

一、骈文对建筑美的追求

说起文章的建筑之美，当首推骈文。骈文这种文体，开始于汉魏、盛行于六朝。后来有的骈文多用四字六字成句，也称为四六文。这种体裁的文章通篇使用骈偶句，特别讲究上下句的对偶。《文心雕龙》的"丽辞"篇就专门论述了"丽辞"，也就是骈偶句在文章中的运用。刘勰在此篇开头论述了文章中骈偶的必要性：

造化赋形，支体必双，神理为用，事不孤立。夫心生文辞，运裁百虑，高下相须，自然成对。唐虞之世，辞未极文，而皋陶赞云："罪疑惟轻，功疑惟重。"益陈谟云："满招损，谦受益。"岂营丽辞，率然对尔。《易》之《文》《系》，圣人之妙思也。序《乾》四德，则句句相衔；龙虎类感，则字字相俪；乾坤易简，则宛转相承；日月往来，则隔行悬合：虽句字或殊，而偶意一也。至于诗人偶章，大夫联辞，奇偶适变，不劳经营。自扬马张蔡，崇盛丽辞，如宋画吴冶，刻形镂法，丽句与深采

---

① 闻一多.闻一多精选集[M].北京:北京燕山出版社,2016:263.

并流,偶意共逸韵俱发。至魏晋群才,析句弥密,联字合趣,割毫析厘。①

　　这段用骈偶句写成的文章从理论的高度和历史的演变论述了文章中巧用对偶的必要性。魏晋南北朝时期是骈文发达的时代,受时代风气的影响,刘勰是骈文的积极拥护者和实践者。从如今的观点来看,如此高度评价骈偶,不免显得夸张,有其历史局限性,然而骈偶的巧用、字句的雕琢确实是中国古代文章的一大重要特点,也是骈文对古代文章学的一大贡献。正如谢无量在《骈文指南》中说:"中国字皆单音,其美文之至者,莫不准音署字,修短相均,故骈文律诗,实世界美文所不能逮。"②

　　中学语文教材的选文之中,比较经典的骈文是吴均的《与朱元思书》、陶渊明的《归去来兮辞(并序)》、王羲之的《兰亭集序》、王勃的《滕王阁序》。教学这些文章的过程中,教师应该关注骈文的文体特色。王瑶先生指出骈文有四种特征,裁对、隶事、敷藻和调声③。其实不管是哪一种特征,背后都是作者对文章字句的精心雕琢。孙德谦在《六朝丽指》中说:"六朝工于炼字……凡其善于炼字者,必深通字义,倘字义不明,敢轻下一字乎?"④可以说,作家为了追求骈偶的形式之美,在字句雕琢上花费了大量的心血,甚至可以说是苦心孤诣之果。那么,教学这些文章,设计学习任务时,注重引领学生体会作家雕琢字词的过程是很有必要的。比如统编教材选择性必修下册选入的陶渊明的《归去来兮辞(并

---

　　① 王运熙,周锋.文心雕龙译注[M].上海:上海古籍出版社,2012:235.
　　为方便读者理解,附上书中译文如下:自然所赋予人和万物的形体,肢体必然成双作对,这种神明的自然之理所起的作用,使得事物不会单独形成。发自内心的文辞,经过运思来表现内心的各种想法,上下前后相互衔接配合,自然形成对偶的句式。唐尧、虞舜的时代,言辞还未讲究文采,可皋陶辅佐舜时说:"罪行有可疑之处就从轻判罚,功劳有可疑之处则从重行商。"益也向禹陈述谋议说:"自满会招致损害,自谦可得到益处。"这些难道是有意使字句相对吗?不过是不经意地成为偶句罢了。《易传》的《文言》《系辞》,出自圣人的精妙之思。《文言》依次阐述《乾卦》的四德,行文句句对偶;又讲说云龙风虎之同类相感,行文字字相对;《系辞上》说天地之道平易简要,文字委婉地相承相对;《系辞下》说到日月寒暑往来变化,则隔句相对:这些文中的句子字词虽然不同,而对偶的用意是一致的。至于《诗经》作者所作的篇章,春秋大夫所用的辞令,散句与偶句根据情况变化运用,并不刻意追求对偶。自从扬雄、司马相如、张衡、蔡邕等人崇尚文辞对偶,就如宋人绘画、吴人铸剑那样雕镂刻画,骈俪的字句和浓重的辞采共同闪耀,对偶的意义和飘逸的韵味一起显扬。到魏晋时期的众多作者,偶句更加精密,对字句合于情趣,辨析细致入微。
　　② 谢无量.谢无量文集:第七卷[M].北京:中国人民大学出版社,2011:172.
　　③ 王瑶.中古文学史论[M].北京:商务印书馆,2011:319-346.
　　④ 王水照.历代文话:第九册[M].上海:复旦大学出版社,2007:8478.

序)》，就运用了整饬优美的骈偶句写他回归田园之后的宁静闲适的田园生活。其中一些字词的选择、安排，看似无意为之、浑然天成，其实都是精心雕琢而成。以下是《归去来兮辞(并序)》中写回归田园的第二段：

乃瞻衡宇，载欣载奔。僮仆欢迎，稚子候门。三径就荒，松菊犹存。携幼入室，有酒盈樽。引壶觞以自酌，眄庭柯以怡颜。倚南窗以寄傲，审容膝之易安。园日涉以成趣，门虽设而常关。策扶老以流憩，时矫首而遐观。云无心以出岫，鸟倦飞而知还。景翳翳以将入，抚孤松而盘桓。

这段文字看似平常，然而细细品味，不管是叠词的使用、动词的调遣、副词的安排都极具匠心，非常巧妙地传达出作者回归田园过程中心境的变化。比如"僮仆欢迎，稚子候门"，"欢迎"和"候门"的使用就很讲究，试想我们能不能将两者调换，改成"僮仆候门，稚子欢迎"呢？显然是不可以的。"候门"看似内敛，其实写出了孩子对父亲回来等候时间之久、内心的期盼之切，恐怕还有一些长久不见父亲的"情怯"，突显出父子之间的真实而又复杂的情感；而对陶渊明的归来，童仆的情绪则显得简单得多，看似热烈，更多的却是礼节性的表达。有意思的是，南朝梁刘孝仪有一篇文章《北使还与永丰侯书》，也是一篇文辞精美的骈文，叙写作者出使西魏归来的场景。

北使还与永丰侯书

刘孝仪

足践寒地，身犯朔风。暮宿客亭，晨炊谒舍。飘飘辛苦，迨届毡乡。杂种覃化，颇慕中国。兵传李绪之法，楼拟卫律所治，而毡幕难淹，酪浆易厌。

王程有限，时及玉关。射鹿胡奴，乃共归国；刻龙汉节，还持入塞。马衔苜蓿，嘶立故墟；人获蒲萄，归种旧里。稚子出迎，善邻相劳。倦握蟹螯，亟覆虾碗。未改朱颜，略多白醉。用此终日，亦以自娱。①

此文中"稚子出迎，善邻相劳"两句与陶渊明的"僮仆欢迎，稚子候门"很接近。然而，"出迎"两字就不如陶渊明文中"候门"两字动人心魄，更不如"候门"

---

① 许梿.六朝文絜译注[M].曹明纲,撰.上海:上海古籍出版社,1999:157-158.

在传递小孩子内心世界上的丰富准确。

再如"引壶觞以自酌,眄庭柯以怡颜"两句中,"引"和"眄"两字也锤炼得非常精到。"引"字不用"持"或"把",更能表现出陶渊明高举酒壶自酌自饮的怡然之态;"眄"字本义斜视,用在这里写陶渊明随意自足的情态也非常贴切。

再看骈文中名篇,陶弘景的《答谢中书书》。这篇骈文很短,中学语文教学中经常引作阅读材料,初中语文统编教材八年级上册收录了此文。为了方便分析,引录如下。

答谢中书书

山川之美,古来共谈。高峰入云,清流见底。两岸石壁,五色交辉。青林翠竹,四时俱备。晓雾将歇,猿鸟乱鸣;夕日欲颓,沉鳞竞跃。实是欲界之仙都。自康乐以来,未复有能与其奇者。

这是陶弘景写给友人谈论山水之美的信笺,全文多用四字对句,形式非常整饬,犹如一首诗。书信本是很随意很私密的文体,然而这里的对句却锤炼得异常精美,可见彼时的文人生活之艺术化。其中"晓雾将歇,猿鸟乱鸣;夕日欲颓,沉鳞竞跃"四句尤为后人称道。这四句抓住了早晚两个极富张力和孕育性的时刻,巧妙地利用两个虚词将之绘声绘色地展现在读者眼前。一个"将"字和一个"欲"字,把"歇"和"鸣"、"颓"和"跃"动静转化、动静相融的那一刻捕捉出来,形成了一幅我们日常生活极难关注到的图画。正是如此,作者在文末感慨"自康乐以来,未复有能与其奇者",这个"奇"字就有了着落。

可见,这样一些骈句乃是作者精心锤炼而成。因而在教学中,当教师设计任务,引导学生关注这些骈句时,不仅能够让学生体会到文言文形式上的建筑美感,而且也能使学生关注到作者对字词的锤炼,从而更深入地理解作者的情感与思考。

二、散文对建筑美的坚持

骈文因其过于注重形式之美,加上字句出现模式化的倾向,经常导致作者内心的真实情感被遮蔽,出现了以辞害意的情况。这样,这种文体就不可避免地衰落了,虽然后代仍有创作者,也有不少名篇佳作,然而自唐代古文运动开始,骈文的时代就过去了。古文运动的兴起,文坛上开始倡导散文的创作,以韩愈、柳宗元为首的唐宋八大家就是明诏大号者,也是身体力行者。然而,骈文的衰落,并不代表骈偶句的弃用,更不代表锤炼文字的放弃。在后来的散文创作中,骈偶句的使用、对称形式的追求依然是常态,可以说骈文的时代虽然过去了,然而骈文的影响却早已深入中国文人的骨髓血液之中,不可磨灭了。

以古文运动的倡导者柳宗元的文章为例,就能有清晰的感受。柳宗元的《小石潭记》是多个版本语文教材包括统编教材青睐的对象。以下是文章的第一段。

从小丘西行百二十步,隔篁竹,闻水声,如鸣珮环,心乐之。伐竹取道,下见小潭,水尤清冽。全石以为底,近岸,卷石底以出,为坻,为屿,为嵁,为岩。青树翠蔓,蒙络摇缀,参差披拂。

这显然是句式灵活多变的散文了,然而对句、整句依然俯拾皆是,如"隔篁竹,闻水声""为坻,为屿,为嵁,为岩""青树翠蔓,蒙络摇缀,参差披拂"等。这些句子都是作者精心锤炼而出,骈散结合,显得摇曳生姿。

再看他的《种树郭橐驼传》,他写郭橐驼种树的秘诀以及"他植者"的错误方法:

橐驼非能使木寿且孳也,能顺木之天,以致其性焉尔。凡植木之性,其本欲舒,其培欲平,其土欲故,其筑欲密。既然已,勿动勿虑,去不复顾。其莳也若子,其置也若弃,则其天者全而其性得矣。故吾不害其长而已,非有能硕茂之也;不抑耗其实而已,非有能早而蕃之也。他植者则不然,根拳而土易,其培之也,若不过焉则不及。苟有能反是者,则又爱之太恩,忧之太勤。旦视而暮抚,已去而复顾。甚者,爪其肤以验其生枯,摇其本以观其疏密,而木之性日以离矣。虽曰爱之,其实害之;虽曰忧之,其实仇之;故不我若也。吾又何能为哉!

在这段文字中,作者也是大量使用整齐的句子来强化表达效果,因而虽然是散文，然而正如包世臣所说的"势虽散，必有偶以植其骨"①。

再如上文提及的苏轼的《赤壁赋》，虽然不是骈文，然而大量使用骈偶句，骈散相间，整齐有致，而又不板不滞，如行云流水一般。正如欧阳修在《论尹师鲁墓志》中说："偶俪之文，苟合于理，未必为非，故不是此而非彼也。"②钱锺书先生在《管锥编》中也说："骈体文不必是，而骈偶语未可非。"③这都是极为精到中肯之语。

王运熙先生在《唐宋古文对汉魏六朝文章的吸取与改造》中指出：

古文家虽反对骈文，但其古文中也常出现骈句。如柳宗元《钴鉧潭西小丘记》有曰："其嵚然相累而下者，若牛马之饮于溪；其冲然角列而上者，若熊罴之登于山。"欧阳修《醉翁亭记》有曰："日出而林霏开，云归而岩穴暝。"此种骈句，各家各体古文中常见；只是不像过去骈文那样常用四字、六字句，不追求辞藻、声律之华美、严密，又参用虚字（虚字不避重复），因而文辞显得灵活疏宕。④

因此，不管是教学骈文，还是散文，特别是面对一些善用骈偶句、注重辞藻的文章，可以设计学习任务，引导学生关注文言文的建筑形式之美，从形式的层面体会文言文之美，进而也能深入领会文章的思想情感之蕴。

---

① 包世臣.文谱［M］//张文治.国学治要：集部.北京：北京理工大学出版社，2014：1732-1733.
② 郭绍虞.中国历代文论选：第2册［M］.上海：上海古籍出版社，2001：261
③ 钱锺书.管锥编［M］.北京：中华书局，1986：1474.
④ 王运熙.望海楼笔记［M］.上海：上海古籍出版社，2014：368.

第三节　体会凝练之蕴

相较于白话文,文言文常用骈偶的对句,追求对称的形式,形成了上一节所说的建筑之美。在追求建筑之美时,古代的作家们都非常注重锤炼字词。其实,文字锤炼的背后,还有一层古代作家的追求,那就是凝练的意蕴。虽然优秀的白话文,也追求用语的简洁凝练,但是文言文在这点上的追求显然更为突出。

上文我们曾提及,在文言文教学中,字字翻译、句句落实的串讲法需要突破。为什么要突破,一方面是因为翻译过来的白话文,丢掉了音韵之美、建筑之美,另一方面翻译过来的白话文往往啰啰唆唆,丧失了简洁凝练之美。朱自清先生曾在《古文学欣赏》里谈到过古文的翻译与讲解,他说:"此外还有将《诗经》《楚辞》和《论语》作为文学来今译的,都是有意义的尝试。这种翻译的难处在乎译者的修养,他要能够了解古文学,批判古文学,还要能够照他所了解与批判的译成艺术性的或有风格的白话。"① 朱先生认为译成艺术性的白话文还是可能的,他和同时代的很多学者都曾提倡将文言文译成白话文以减少读者阅读的难度,但是这需要译者有非常高的文化和文字修养,能够精通古文学,又能熟练运用白话文。作为读物的译本尚且很难,在文言文教学中,教师的串讲若要体现文言文的简洁凝练,那就更是难上加难了。当然,如果教师有意识地在串讲过程中,将文言原文与白话译文之间进行对照,以帮助学生体会文言文的凝练之美,那倒也不失为一种巧妙的办法。不管怎么处理,文言文教学过程中,教师应该适时地设计任务引导学生感受文章的简洁凝练之美,体会简洁凝练背后的意蕴。

---

① 朱自清.经典常谈·文艺常谈[M].北京:民主与建设出版社,2015:172.

一、凝练背后有深意

文言文的简洁凝练，一方面与受限的物质条件有关。古代的书写条件比较艰苦，写作者需要用极精练的语言表达尽可能多的意蕴内涵。另一方面也与中国写作者的文学追求、哲学思维有关。苏轼的说法"言有尽而意无穷者，天下之至言也"，可以说是具有代表性的为文追求；欧阳修所谓"逸马杀犬于道"的典故，也广为人知。

中学语文教材中入选的文言文大多数都是语言简洁凝练的名篇，在教学中，教师不妨引导学生细细体会凝练的文字背后深藏的意蕴。比如《论语》的语言以简洁凝练著称，书中记录的一些生活片段可以说是言约义丰的典范。高中统编教材必修下册选了著名的《子路、曾皙、冉有、公西华侍坐》一篇。此篇虽为《论语》中篇幅最长的片段，其实仍属短章。引录如下，以备分析。

子路、曾皙、冉有、公西华侍坐。

子曰："以吾一日长乎尔，毋吾以也。居则曰：'不吾知也！'如或知尔，则何以哉？"

子路率尔而对曰："千乘之国，摄乎大国之间，加之以师旅，因之以饥馑；由也为之，比及三年，可使有勇，且知方也。"

夫子哂之。

"求！尔何知？"

对曰："方六七十，如五六十，求也为之，比及三年，可使足民。如其礼乐，以俟君子。"

"赤！尔何如？"

对曰："非曰能之，愿学焉。宗庙之事，如会同，端章甫，愿为小相焉。"

"点！尔何如？"

鼓瑟希，铿尔，舍瑟而作，对曰："异乎三子者之撰。"

子曰："何伤乎？亦各言其志也。"

曰："莫春者，春服既成，冠者五六人，童子六七人，浴乎沂，风乎舞雩，咏而归。"

夫子喟然叹曰:"吾与点也!"

三子者出,曾皙后。曾皙曰:"夫三子者之言何如?"

子曰:"亦各言其志也已矣。"

曰:"夫子何哂由也?"

曰:"为国以礼,其言不让,是故哂之。"

"唯求则非邦也与?"

"安见方六七十如五六十而非邦也者?"

"唯赤则非邦也与?"

"宗庙会同,非诸侯而何?赤也为之小,孰能为之大?"①

这篇文章记述了孔子与几位弟子谈论志向的场景,每个人不过是用寥寥数语来表达人生追求。然而就是这寥寥数语,将每一个人的性格、心理凸显得如在目前。子路的率直鲁莽在他抢先回答的举动和自信的表述中流露无遗,冉有和公西华的谦逊好礼在他们"如其礼乐,以俟君子""非曰能之,愿学焉"等简短的话语中也凸显出来。不仅如此,孔子的态度更是在似有似无之间细腻地呈现出来。对子路的回答,孔子"哂之";对冉有和公西华的回答,孔子不着一字;对曾皙的回答,孔子喟然而叹。然而正是在这似有似无之间,孔子的为政为人主张都透露出了丰富的信息。

另外,孔子先说"吾与点也",而后又肯定子路、冉有、公西华的政治抱负。这也是以极其含蓄凝练的笔墨在书写孔子的处境与心境。南宋黄震有一段话很有见地,可供参考。

四子侍坐,而夫子启以"如或知尔,则何以哉",盖试言其用于世当如何也。三子言为国之事,皆答问之正也。曾皙,孔门之狂者也,无意于世者也,故自言其潇洒之趣,此非答问之正也。夫子以行道救世为心,而时不我与。方与二三子私相将明于寂寞之滨,乃忽闻曾皙浴沂归咏之言,若有得其浮海居夷之意,故

---

① 最后一部分的标点,统编教材依据的是朱熹集注里的看法。皇侃《论语义疏》则认为"唯求则非邦也与"和"唯赤则非邦也与"两句都是孔子的自问,此说似更通。

不觉喟然而叹,盖其所感者深矣。所与虽点,而所以叹者岂唯与点哉!继答曾晳之问,则力道三子之美,夫子岂以忘世自乐为贤,独与点而不与三子者哉?①

　　还可以多说一说文中的曾晳。文中对他的描写是很有意思的。当前面三位同学在述志的时候,他在边上"鼓瑟",而当孔子点到他回答时,他才"舍瑟而作"。虽然沉浸在音乐的世界里,然而他对周围发生的事情,包括三位同学的发言(他说"异乎三子者之撰")、孔子对他们的态度(他在讨论结束后留下来问孔子"夫子何哂由也")却了如指掌。这短短几字,前后相连,犹如书法中的"牵丝映带"的技法,将曾晳深沉细致的形象就描绘出来了,显得含蓄而又隽永。

　　如果有人以为《论语》是先秦的语录体散文,简洁凝练的风格更多地受先秦物质条件以及特殊的文体风格影响,那么,不妨体会一下明代归有光的《项脊轩志》。以下是这篇志的第二部分。

　　余既为此志,后五年,吾妻来归,时至轩中,从余问古事,或凭几学书。吾妻归宁,述诸小妹语曰:"闻姊家有阁子,且何谓阁子也?"其后六年,吾妻死,室坏不修。其后二年,余久卧病无聊,乃使人复葺南阁子,其制稍异于前。然自后余多在外,不常居。

　　庭有枇杷树,吾妻死之年所手植也,今已亭亭如盖矣。

　　这一部分是作者写作完成多年之后补记的部分,笔调简约却含蓄隽永,让人吟咏不尽。笔者在教学这篇文章时,有学生对两处文字提出疑问:其一,为什么作者写妻子转述诸小妹的那番话,用意何在? 其二,"吾妻死之年所手植也",这枇杷树到底是谁种的,"我"亲手种的,还是"妻子"亲手种的?

　　帮助学生解决这两个问题,也是引导学生体会作者凝练文风的过程。首先,作者写妻子转述诸小妹那番话,并非一般的闲笔,而是藏有深意的。试想,妻子归宁之后,与姐妹们谈论什么话题呢? 妻子似乎在娘家与姐妹们谈论的都是归有光的点点滴滴,特别是归有光的读书生活。她对丈夫归有光的敬慕、期待就暗藏其中了。这与后文写妻子英年早逝、自己功名不成联系起来,前后的

----

　　① 程树德.论语集释[M].北京:中华书局,1990:812.

反差不免让人感慨,因而作者对生命的无奈、慨叹也就暗暗地流露出来了。

其次,"吾妻死之年所手植也"到底是谁亲手种的? 如果只需强调种树的时间,那么句中的"手"字是不需要的,直接可说"吾妻死之年所植也",这与后句"今已亭亭如盖矣",也能形成"睹物思人,人何以堪"①的感慨。而加了这个"手"字,必然强调种树之人,而这个需要强调的人是"我"还是"妻子"呢? 当然是妻子。只有这样,手"植"已盛,斯人已去的感慨才会更为深刻、动人。可见,一个"手"字包藏了丰富的信息,不可轻忽,教师引导学生探讨这"一字风流"也是极具兴味的事情。

再看清代散文家方苞的文章,可能会对作者主动追求简洁凝练的语言风格有更清晰的感受。上文我们探讨过沪教版教材选过的《左忠毅公逸事》,以下再以此文为例进行讨论。在教学这篇文章时,学生提出了一个有意思的问题:"左光斗主持考试,对史可法的试卷'面署第一'是否显得过于草率了?"也有教师写了《左光斗"目中无人"》一文,对此提出相似的质疑。只不过教师的语气似乎比学生的口气更加坚定。这位老师在文中写道:"……类似的还有下文的'及试,吏呼名至史公,公瞿然注视,呈卷,即面署第一'一句,这里写到左公'再见'史公,'瞿然注视'不难理解,但'呈卷,即面署第一'却颇费解:纵然先入为主,也不太可能'呈卷''即面署第一'吧? 如此评卷,岂不太草率太随意太专断太有失公允? 如此目中无人(众童生),不是有点太离谱了吗? 我们宁愿相信,此只是为文的不严密,而非历史的真实。"

那么,"面署第一"真的是左公草率随意之举吗,或者真的是方苞为文不严密吗? 如果我们细细梳理文本,以联系的、系统的眼光来观照这个细节,就能读出文本深处隐藏着的信息。我们就会发现这个细节绝不是左光斗的草率之举,而又正是方苞为文凝练而严密之处。

《左忠毅公逸事》第一段并不长,引录于下以备梳理。

先君子尝言,乡先辈左忠毅公视学京畿,一日,风雪严寒,从数骑出,微行入

---

① 吴小如.古文精读举隅[M].天津:天津古籍出版社,2002:327-332.

古寺。庑下一生伏案卧，文方成草。公阅毕，即解貂覆生，为掩户。叩之寺僧，则史公可法也。及试，吏呼名至史公，公瞿然注视，呈卷，即面署第一。召入，使拜夫人，曰："吾诸儿碌碌，他日继吾志事，惟此生耳。"①

左光斗任职京畿学政，负责一地的人才选拔。方苞以极精省的笔墨写出了左光斗为国选才的殚精竭虑，巧妙地突出了文题中的一个"忠"字。何以见得是极为精省的笔墨？请看，"风雪严寒"四字，不仅仅是交代天气状况，而且是写出了左光斗的忠于职守、求贤若渴。试想"风雪严寒日"尚在努力发现人才，更何况"风和日丽时"呢？再看，"微行入古寺"，左光斗深入偏僻的寺院，考察那些寄居在寺庙里的贫寒的读书人。试想连僻静的古寺都有了左光斗的行踪，更何况那些聚集着众多学子的学馆呢？因而，我们就可以推知学政左光斗在院试之前已经对京畿地区的读书人有了比较广泛和深入的了解了。这也可以说是左光斗敢于"面署第一"的基础。其实，在左宰编的《左忠毅公年谱》中就写到左光斗任学政期间"每阅卷，燃香，矢日一丝不苟……爱之者劝以节劳"；在马其昶的《左忠毅公年谱定本》中也记有：公校阅文艺，必亲必慎，或劝以少休。公曰：吾未遇时，习知其苦，贫士进院一番，作馆亦有生色，今忍忘耶？"因而可知，左光斗考察人才可谓鞠躬尽瘁、慎重有加。既然这样，左光斗选拔人才怎么会是草率而随意的呢？而方苞以仅仅十数字，从时间和空间两个层面写出了左光斗的尽心职守，可谓言极简而意极丰。这样的笔墨怎么能说失之严密呢？只不过方苞作为"桐城派"的领袖人物，为文注重"雅洁"，这个"洁"字就是行文尽可能简练，起到以简胜繁、以少胜多之效。这也是方苞对《史记》"于序事中寓论断"的写法的借鉴与继承。当然，这样的文章对阅读者是提出挑战的，需要细品文心才能领略其妙处。

有此基础之后，左光斗"面署第一"的主因还是史可法文章的超拔不群。文中写了左光斗两次读史可法的文章，可以说都为之拍案叫绝。第一次在古寺中，左光斗阅后，"即解貂覆生，为掩户"，惜才之意溢于言表；第二次在院试时，

---

① 上海市中小学（幼儿园）课程改革委员会.高级中学课本 语文（三年级第二学期）[M].试用本.上海：华东师范大学出版社，2008：99.

左光斗读后，"即面署第一"，赏识之心颇可推想。两个"即"字，侧面写出了史可法文章的超拔不俗，深得左光斗之心，同时也将左光斗爱才惜才之心表现得淋漓尽致。特别是第二个"即"字，绝不说明左光斗行为之随意草率，而是表现出左光斗为国得一良才后的激动喜悦。这第二个"即"字，也不能说明"面署第一"之举是左光斗的一时兴起，而显示的恰恰是理性判断。因为正如前文所说，院试之前左光斗对京畿地区的人才已经有了比较深入的了解，因而两次阅读史可法的文章之后，他基本可以判定京畿地区已经无出其右，于是果断地做出了"第一"的决定。而且，后文"内室召见"，左光斗言"继吾志事，惟此生耳"，特别是一个"惟"字也再次补证了左光斗考场判断（"面署第一"）的准确。另外，我们需要注意的是左光斗评判文章的标准，他绝不会以艺术技巧为第一标准，而应以作者的志向见识为取向。在"继吾志事，惟此生耳"一语中，左光斗强调"志事"即可看出。这在现存的《左忠毅公集》中也可见一斑，左公留下来的诗文中，留心经世致用之说、国计民生之策，饱含爱国忧民之志，对后世"桐城派"有深刻影响。

总之，"面署第一"这一举动，有左光斗对人才深入广泛的考察为基础，有两次读史可法文章深得其心为主因，有考后左光斗"惟此生耳"的判断为补充。因而，这绝不是左光斗专断草率之举，同时也不是方苞为文有失严密之处；相反这正是方苞文章雅洁凝练之美的所在，这里既有语言的简练含蓄，也有剪裁的得当合宜。①

然而学生之所以产生如此疑惑，主要还是对中国古代文章简约凝练的特点不够熟悉，对文章字句的涵泳品味还不够到位。正如德国著名作家赫尔曼·黑塞在《获得教养的途径》中所说的："我们先得向杰作表明自己的价值，才会发现杰作的真正价值。"②对于阅读中国古代杰作而言，我们也要先向古典杰作展示我们涵泳文字的能力，才能打开杰作的世界。那么，在教学文言文时，教师可以在学生疑惑的基础之上，引导学生沉浸文本，深入涵泳，体会文言文凝练的语言

① 樊新强.困教录——学情视野下的名篇细读[M].上海：上海教育出版社，2018：80-84.
② 黎先耀.读书美谈：上[M].4版.重庆：重庆出版社，2010：42.

之美,走进凝练背后深广的思想空间。钱梦龙先生有一个《左忠毅公逸事》的课堂教学案例,正是引导学生探究这一疑惑的,我们可以看一看。

师:那么,我们现在进一步讨论大家在自读理解过程中提出来的许多涉及思想内容、文章结构、选材组材方面的问题。这次共收到 160 多个问题,把相同的归并一下共 36 个问题。其中一部分已在刚才的讨论中解决了,余下的 10 多个问题,都是你们经过深思以后提出来的,质量很高,很有讨论价值。这些问题有三个特点:第一是同学们很善于揆情度理。(板书:揆情度理)"揆"是什么意思?

(稍等,有些同学在查字典。)

生:推测,揣度;"揆情度理"就是推测其本意,揣度其义理。

师:对。比如说,有些同学提出:左光斗仅看到史可法的一篇文章,考试时竟连考卷都不看,即"面署第一",是否处事太轻率了? 有的同学说,左、史在古寺里有过一面之交,不免有徇私舞弊的嫌疑。

生:(插嘴)在古寺里又没见过面,半面之交也没有……

生:只能算四分之一面交……(众笑)

师:还有同学提出,史可法冒险探监,左光斗却骂他"庸奴",还要拿起刑械扑击史可法,好像不近情理。这些都说明同学们在自读中很善于揆情度理。第二是同学们读文章能做到瞻前顾后,然后提出一些问题来。比如,有同学说,左光斗初见史可法时曾说史可法"他日继吾志事,惟此生耳",而后在狱中又大骂史可法是"庸奴",前后自相矛盾。又,前文有"解貂覆生"之句,显得对史可法很有爱才之心,而后文中竟欲以刑械扑杀史可法,显得毫无师生之谊,似乎变化太大了。尽管这些问题,我们需要进一步研究,但总的说明你们读文章能做到瞻前顾后。第三点是同学们敢于质疑求疵。(板书:质疑求疵)"疵"怎么解释?

生:疵,病。

师:此文的确有疵,不必故意吹毛。(众笑)很多同学敢于对桐城派的鼻祖——方苞的文章质疑,并能找出文章的毛病来,这说明我们有勇气,有眼力。总之,我们同学很会动脑筋,不仅能读懂这篇文章,而且能揆情度理、瞻前顾后地提出问题,更可贵的是还敢于质疑求疵,找出文章的毛病来。下面我就同学们提出的重要的 10 多个问题展开讨论。大家先看第一段,我从同学提的问题中选了四个(依次宣布四个提问学生的姓名),现在就请他们把问题提出来。

生 1:课文的第一段中"风雪严寒"这四个字,似乎可以省略,作者为什么要这样写?

生 2:为什么左光斗要微服私行,跑到古寺里去?

生 3:这一段的叙事,是为了突出左公的为人呢,还是为了突出史可法的勤奋?

生 4:左光斗仅在古寺里看了史可法的一篇文章,考试时,也未仔细看史可法的试卷,即"面署第一",左光斗处事是否过于轻率?

师:这四个问题提得好,抓住了理解文章的关键。现在请大家考虑第一个问题:文章一开头先交代"风雪严寒"的天气有什么必要? 这四个字去掉好不好?

生:这是为下文"解貂覆生,为掩户"做铺垫。

生:这四个字不能去掉,仅四个字,就把当时的环境、气氛写了出来,又为下文做了情节上的铺垫。

生:除了这些以外,我还想补充一点:这四个字突出了左光斗不怕艰辛,在这么冷的天气里也四处访贤求才的精神。

师:我欣赏你的观点,请再说一遍。(生复说上面的话)

师:说得真好! 这么冷的天,左光斗还微服私行去访贤求才,风和日丽的日子就更不用说了。他当时担任学政,是一个掌管考核选拔人才的官,他不但看考生的试卷,而且还能深入民间去察访,去发现真正的人才。作为一个封建官吏,能这样做确实是难能可贵的。还有前面两位同学说的铺垫,也是很有道理的。可见这四个字省掉了不好。下面讨论第二个问题:左光斗为什么"微行入古寺"? 对他的这个行动应怎样理解?

生:有些贫寒的书生,住不起客店,常在古寺里借宿,所以左光斗要到古寺里去察访。

生：左光斗连古寺都走到了，那么，大的客店一定也去过，这就不言而喻了。

师："不言而喻"，说得好！"深山藏古寺"，古寺很多不在闹市里。连偏远的古寺都去察访了，没有遗漏，察访其他地方也就"不言而喻"了。从上面的讨论可以看出，"风雪严寒"是从时间上曲折地写出左光斗出访的频繁，"入古寺"则是从地点上暗示他出访的范围之广。这两个问题提得好，解决得更是令人满意。我们再讨论第三个问题：这一段究竟要突出左光斗还是史可法？

生：写左光斗爱惜人才，当然要写到人才本身。这一段写史可法的勤奋好学，正是为了突出左光斗的爱才之心、惜才之意。从行文看，作者写了左光斗的"入寺""阅文""解貂""掩户""叩僧"一连串爱才惜才的行动，重点在写谁，是十分清楚的。

生：补充一点，下面的"瞿然注视"，跟这一连串行动相照应。（师追问：什么叫"瞿然"？）"瞿然"就是惊喜的样子。

师：为什么要惊喜？联系前文具体说明一下，能不能？

生：前面写到左光斗"解貂覆生"，心爱其才，但未识其面，现在看到了史可法，自然就有惊喜的神态。这是为自己终于发现了人才而惊喜。

师：分析得很有道理。那么，"呈卷，即面署第一"这个行动是否轻率呢？我们的讨论自然过渡到了第四个问题。

生：左光斗在古寺中看了史可法的文章，"解貂覆生"，说明史可法的文才已受到左公的赞赏。又从刚才的讨论可知，左公出访次数很多，范围极广，可见他已经广泛、深入地了解过其他考生的情况了，所以，"呈卷，即面署第一"就不轻率了。

师：你很会读文章。联系上文细细揣摩，我十分赞同你得到的结论。我们是否再联系下文来思考一下呢？

生：下文写左光斗特地召见史可法，并让他拜见夫人，足见对史可法是另眼相看的。"吾诸儿碌碌，他日继吾志事，惟此生耳。"把史可法和自己的儿子比，更突出了对史可法的赏识。

师：讲得好！这句中有两个虚词很重要，请找出来做一些说明，好吗？

生：一个"惟"，一个"耳"，表示限制，说明将来能继承自己志向和事业的，只有史可法一人罢了。这是很高的评价。

师：再从下文看，史可法有没有辜负老师的期望？（学生在座位上轻声回答：没有）可见左光斗"面署第一"，署得有理，署得准确，并不轻率，是经过深入察访、郑重考虑的。这叫"慧眼识英才"。①

以上钱梦龙先生的课堂实录，就比较完整地展现了教师利用学生的疑惑，引导学生走进文本，体会文言文凝练简洁而内蕴丰厚的语言特点，展现了钱先生高超的课堂教学艺术。

最后，还可以举姚鼐的《登泰山记》作为补充。高中统编教材必修上册所选的《登泰山记》中有一段文字写得很简洁，但很有意味，不留心读，就会错失文章的精彩之处。这是文章的第四段：

亭西有岱祠，又有碧霞元君祠。皇帝行宫在碧霞元君祠东。是日观道中石刻，自唐显庆以来；其远古刻尽漫失。僻不当道者，皆不及往。

这一段写泰山的人文景观，笔墨极为简洁，一共四句话。第一句提及"岱祠"和"碧霞元君祠"，显示泰山的道教渊源。第二句点出"皇帝行宫"，显示其在世俗权力中的地位。第三句叙及"石刻"，凸显其在文人世界中的影响。其中"自唐显庆以来"几字尤值得注意：一则显示姚鼐的观察极为细致，此处游览极为投入，文字的简省与游览时间悠长形成一种有意思的张力，让人涵泳不尽；二则透露出姚鼐对泰山的舆地非常熟稔，这与他写文章注重"义理、考证、辞章"统一也相合。第四句点出石刻之多，再次强化泰山的文化内涵。短短四句话，似乎是作者的闲笔，其实隐藏着作者细密的文心，值得细细品味。

二、凝练不能以文字的多寡而论

当然，我们说文言文的语言简洁凝练，并不只是说文字少而已，一味地尚简也可能损害文章的情味。正如周先慎先生在《简笔与繁笔》一文中所说的"文章

的繁简又不可单以文字的多寡论","字面上的简不等于精练,艺术表现上的繁笔,也有别于通常所说的啰唆"。文言文的凝练之美,是言简意赅,以简约之笔蕴藏丰富的意蕴。另外,文言文语言的简洁凝练,与艺术手法上特意追求繁笔,如传统赋文"铺采摛文,体物写志"的写法,如作家"波澜荡漾,往复萦回"的艺术追求等,是两回事,不能绝对化,也不能混为一谈。马茂元先生就批评过方苞"一味地追求雅洁,一味地尚简,就不免损害了作家的语言特色",他举了方苞删改欧阳修《岘山亭记》的例子。

岘山临汉上,望之隐然,盖诸山之小者,而其名特著于荆州者,岂非以其人哉!其人谓谁?羊祜叔子、杜预元凯是已。方晋与吴以兵争,常倚荆州以为重,而二子相继于此,遂以平吴而成晋业,其功烈已盖于当世矣。

方苞删去了"其人谓谁?羊祜叔子、杜预元凯是已"两句,而将"而二子相继于此"改为"而羊祜叔子、杜预元凯相继于此"。可看改稿如下。

岘山临汉上,望之隐然,盖诸山之小者,而其名特著于荆州者,岂非以其人哉!方晋与吴以兵争,常倚荆州以为重,而羊祜叔子、杜预元凯相继于此,遂以平吴而成晋业,其功烈已盖于当世矣。

马茂元先生认为"这样,就比原文简洁,达到了'文省而义见'的效果。……可是从另一方面来说,波澜荡漾,往复萦回,从唱叹中见情致,乃是欧阳修散文独有的艺术风格",[①]这样就损害了作家自有的语言特色。

再如,高中统编教材必修下册选有林觉民的《与妻书》,试看第一段:

意映卿卿如晤,吾今以此书与汝永别矣!吾作此书时,尚是世中一人;汝看此书时,吾已成为阴间一鬼。吾作此书,泪珠和笔墨齐下,不能竟书而欲搁笔,又恐汝不察吾衷,谓吾忍舍汝而死,谓吾不知汝之不欲吾死也,故遂忍悲为汝言之。

这一段文字,若单以简洁而论的话,似不必写得如此繁复。若删去几句,改成:

---

① 马茂元.晚照楼论文集[M].北京:商务印书馆,2015:266-267.

意映卿卿如晤，吾今以此书与汝永别矣！吾作此书，悲伤欲绝，又恐汝不察吾衷，故遂忍悲为汝言之。

从表意的角度而言，这样似乎也能大致传递信息；但是这样简化，作者在家国之间抉择两难的境地，夫妻之间生死别离的无限衷情等就不能准确地表达。因而，这种繁笔，是一种情之所至的必然，也是一种自然而然的表情手法。

因此，本节讨论的主要在语言层面，而非手法层面；是大体而言，不能绝对化。教师引导学生体会文言文凝练的意蕴，也当作如是观。

第 四 章

依言而教:文本形态

上一章着重从言语形式的层面来论述"依言而教"。本章将着重从文本形态的角度来论述"依言而教"。

文言文，除去言语形式上与白话文有诸多的区别，呈现出鲜明的特色；在文本的形态上也有其不同之处。其中比较突出的有以下三点：

第一，中国的古书大多数是没有标点的，更没有现代的标点符号。古时读书人往往依靠先生口授的方式学习句读，或者通过自主句读提升阅读经典的能力；现在读书人读的古籍多是现代学者做的古籍点校本，中学语文教材的文言文选文往往依据的就是这些点校本。点校可以说是二手加工，体现了点校者对文本的理解，虽说点校者多是专业领域的名家，但是与原作者的意思是否完全一致，可能还存在着讨论的空间。

第二，中国的古书因为流传时间比较久、传抄刊刻的途径比较复杂，往往会形成众多的版本。这些版本良莠不齐，有优有劣，优者经过名家精心的校勘刻印，劣者会产生衍、脱、倒、误、坏等各种状况。当然，中学教材所选的都是经过名家点校的优质版本，然而在某些字句的选择上仍或有可以商榷讨论的地方，是课堂教学中珍贵的教学资源。

第三，中国的古书文本形成比较复杂，有的文本因为时代、历史、环境等各种原因保存不善，只留下短章残简，成为"孤本"；有的文本因为世代累积，不断增删内容，已经与原貌迥然相异。这些文章的教学，如果不把它们放在历史演进的系统中去观照的话，可能就会产生视野狭隘或者观点偏激的弊病。

以上三点，可能是文言文在文本形态上较为显著的特征。在以往的文言文教学中，教师们也会关注这些点，比如让学生自主句读一段文言文，让学生比较一下不同版本字词的优劣等，在后文的论述中也引入了一些名师的相关案例。然而这毕竟还没有成为一种文言文教学的自觉意识，因而有必要专章着重加以论述。

第一节　关注自主句读

相较于白话文,古书中的文言文文本有一个重要特点,就是没有现代西式标点,句读一般也是不呈现出来的。韩愈《师说》里说"句读之不知,惑之不解,或师焉,或不焉",可见唐之前经典书籍的句读是老师们口耳相传的。到了宋代活字印刷术流行之后,书籍印刷虽然更为方便了,但书籍中一般也无断句呈现。即便有,也是一些简单的圈点,正如胡适所说:"国中古籍率无圈点,即有之矣,其所用符号,又不完备;或有圈而无点,有句而无读。其圈点又不依文法构造,但截长为短,以便口齿而已。"[①]这种情况一直延续到 20 世纪初的"白话文运动",西式标点开始引入并大量应用在印刷文本之中。可以说,西式标点符号是和"白话文运动"相伴而生的,也是文言文文本和白话文文本一个重要的区别。当然,现在中学语文教材中所选用的文言文本都是标点过的,少数为教材编者点校,而大多数则选自当代的一些可靠的点校本,为专门的研究者所点。这当然方便了读者,特别是文言功底相对还比较薄弱的中学生。然而,给古书句读标点是一件非常复杂也非常艰难的事情,古人也时常会发生句读错误之例,如近人杨树达先生专撰一书《古书句读释例》,指出前人句读失误的多种类型。杨先生在《古书句读释例》的"叙论"中这么说:

句读之事,视之若甚浅,而实则颇难。《后汉书·班昭传》云:"《汉书》始出,多未能通者;同郡马融伏于阁下,从昭受读。"何休《公羊传序》云:"讲诵师言,至于百万。犹有不解,时加酿嘲辞,援引他经,失其句读,以无为有,甚可闵笑者,不可胜记也。"观此二事,句读之不易,可以推知矣。[②]

古代学者的句读尚且有诸多问题,现代人的标点恐怕也不能太过于乐观。因而,不可避免地,教材中所选文言文本也会发生一些关于句读标点的争议。

---

① 胡适.论句读及文字符号[J].科学,1916(1):9-10.
② 杨树达.古书句读释例[M].北京:中华书局,2003:2-3.

这样的争议看上去可能给教师带来一些干扰,其实恰恰是教学中很好的资源。教师可以利用这些争议,引导学生自主句读,探究争议问题,从而深入理解文本中作者的思想和情感。另外,引导学生自主句读,让如今的读者体验古人的读书方式,从教学法上讲是创设真实而有趣的情境,这不仅有利于激发学生的阅读兴趣,也有利于学生亲近中国古典文化。

一、课内句读资源的适时引入

苏轼的名文《石钟山记》入选过很多古文选本和中学语文教材,高中统编教材选择性必修下册也收录了这篇文章。笔者教学这篇文章时,有个学生提出了一个疑问:文章记游石钟山并考证了石钟山得名的缘由,由此阐发了"事不目见耳闻,而臆断其有无,可乎"的人生哲理;但是李渤乃至寺中小童都有亲身实践,可谓"目见耳闻"了,怎么能说他们是臆断呢? 这是一个很好的问题,实际就涉及选文的句读争议。为方便分析起见,引录统编版教材选文如下:

石 钟 山 记

《水经》云:"彭蠡之口有石钟山焉。"郦元以为下临深潭,微风鼓浪,水石相搏,声如洪钟。是说也,人常疑之。今以钟磬置水中,虽大风浪不能鸣也,而况石乎! 至唐李渤始访其遗踪,得双石于潭上,扣而聆之,南声函胡,北音清越,桴止响腾,余韵徐歇。自以为得之矣。然是说也,余尤疑之。石之铿然有声者,所在皆是也,而此独以钟名,何哉?

元丰七年六月丁丑,余自齐安舟行适临汝,而长子迈将赴饶之德兴尉,送之至湖口,因得观所谓石钟者。寺僧使小童持斧,于乱石间择其一二扣之,硿硿焉。余固笑而不信也。至暮夜月明,独与迈乘小舟,至绝壁下。大石侧立千尺,如猛兽奇鬼,森然欲搏人;而山上栖鹘,闻人声亦惊起,磔磔云霄间;又有若老人咳且笑于山谷中者,或曰此鹳鹤也。余方心动欲还,而大声发于水上,噌吰如钟鼓不绝。舟人大恐。徐而察之,则山下皆石穴罅,不知其浅深,微波入焉,涵澹澎湃而为此也。舟回至两山间,将入港口,有大石当中流,可坐百人,空中而多窍，与风水相吞吐，有窾坎镗鞳之声，与向之噌吰者相应，如乐作焉。因笑谓迈曰："汝识之乎？噌吰者，周景王之无射也；窾坎镗鞳者，魏庄子之歌钟也。古之人不余欺也！"

事不目见耳闻，而臆断其有无，可乎？郦元之所见闻，殆与余同，而言之不详；士大夫终不肯以小舟夜泊绝壁之下，故莫能知；而渔工水师虽知而不能言。此世所以不传也。而陋者乃以斧斤考击而求之，自以为得其实。余是以记之，盖叹郦元之简，而笑李渤之陋也。

统编版教材的选文中，将"事不目见耳闻，而臆断其有无，可乎"一句置于全文第三段之首，似乎总领第三段的内容。这段的后面部分具体阐述了石钟山得名缘由不传的种种原因：郦道元的记述太简单，士大夫不肯夜泊绝壁之下故而不知，渔工水师不能用文字表述，还有陋者"以斧斤考击而求之"而不能得到事情的真相。粗看起来，这前后应该是总分关系。但细细推敲，就会产生和学生一样的疑惑，其实不管是李渤、寺中小童，还是渔工水师，甚至是士大夫都有"目见耳闻"，怎么能说他们是臆断呢？

翻阅其他的点校本，我们发现关于"事不目见耳闻，而臆断其有无，可乎"这一句的句读存在着不同的处理。王水照先生的《宋代散文选注》（上海古籍出版社1978年版，第101—103页）中的选文句读与统编教材所采用的句读是一致的，都将此句列入文章第三段的开首。袁行霈先生主编的《历代名篇赏析集成》选用的文本也做如此的句读处理，文后还附有白化文先生据此文本写的赏析文字。白先生的赏析文字中有一段话值得注意，附录于下。

这是全文的结尾部分，以议论结束。首先设问："事不目见耳闻，而臆断其有无，可乎？"然后议论生发，说明身历其境调查研究之重要。这句设问实为全文主干，苏轼写此文的用意全在于此。其中隐含有对当时高坐庙堂的新党的批评，主观臆断，不作调查研究，不了解实际情况，那是不行的。不过这层投影极为淡薄，不十分了解当时政治情况和苏轼当时处境的人是不易察觉到的。[1]

---

① 袁行霈.历代名篇赏析集成[M].北京:中国文联出版社,1988:1513-1516.

可见,白化文先生认为这一句是第三段的主干,后面的议论是由此生发的。更进一步,白先生还认为这一句"实为全文主干",是寄托作者对时政批评之意的。

曾枣庄先生在《苏轼和〈石钟山记〉》中也持相同的看法:

第三段分析了世人不能准确知道石钟山山名由来的四种原因,说明了作者的写作意图。这段可以分为三层:

"事不目见耳闻,而臆断其有无,可乎?"为第一层。这是一个反问句,反问句是以问句的形式表达非常肯定的意思,语气比陈述句"事不目见耳闻而臆断其有无是不行的"还要强烈。这句是全篇的主旨,是他亲访石钟山后得到的最重要的结论。……①

然而,有意思的是,王运熙先生主编,王水照、聂安福两位先生选注的《苏轼散文精选》(东方出版中心1998年版)却将"事不目见耳闻,而臆断其有无,可乎"一句点入苏轼对苏迈说的话之中,置于第三段之首。② 中华书局1986年版由孔凡礼先生点校的《苏轼文集》中的《石钟山记》,句读处理与此相同。为方便理解,抄录这个版本的第三段如下。

因笑谓迈曰:"汝识之乎?噌吰者,周景王之无射也。窾坎镗鞳者,魏庄子之歌钟也。古之人不余欺也。事不目见耳闻,而臆断其有无,可乎?"郦元之所见闻,殆与余同,而言之不详。士大夫终不肯以小舟夜泊绝壁之下,故莫能知。而渔工水师虽知而不能言。此世所以不传也。而陋者乃以斧斤考击而求之,自以为得其实。余是以记之,盖叹郦元之简,而笑李渤之陋也。③

那么,哪种句读处理更为合理呢?《古文观止》的编者吴楚材、吴调侯对"事不目见耳闻,而臆断其有无,可乎"一句的批注值得注意:"人谓石置水中不能鸣,盖臆断耳。"④吴氏叔侄认为这一句是呼应第一段中"是说也,人常疑之"。第

---

① 曾枣庄.苏轼和《石钟山记》[J].四川师范学院学报(社会科学版),1978(1):75-81.

② 王水照先生选注的两书中,《石钟山记》的分段和标点有所不同,《宋代散文选注》为1978年出版,《苏轼散文精选》为1998年出版。可见,王先生的观点也有调整与发展。

③ 王水照,聂安福.苏轼散文精选[M].上海:东方出版中心,1998:160-163.

④ 吴楚材,吴调侯.古文观止[M].北京:中华书局,1959:498.

一段中提到有人怀疑：把钟磬放在水中，即使是大风浪也不能使之发出声音，更何况是石头呢？那么，苏轼就用自己的亲身实践和"目见耳闻"破除了这种怀疑，指出这些怀疑郦道元说法的人列出的理由不过是"臆断"而已。可见，这样理解"臆断"一句更符合上下文的语境，吴氏的说法更符合文本逻辑。

如果将吴氏的说法再做些拓展，那么我们会发现"事不目见耳闻，而臆断其有无，可乎"一句，其实紧承着"古之人不余欺也"。因为此句中的"古之人"明显指的是"郦道元"，表明作者经过一番考证之后赞同郦道元的说法，这是呼应第一段中的"郦元以为下临深潭，微风鼓浪，水石相搏，声如洪钟"之句。因而，"古之人不余欺也"和"事不目见耳闻，而臆断其有无，可乎"两句是不可分离地紧密相连着，也是严密地呼应着文章的开头部分。这样看来，"事不目见耳闻，而臆断其有无，可乎"一句应是苏轼"笑谓迈曰"话语中的一部分。

其实，这个问题不仅关乎以上两句话之间的意脉，也关乎对全文的结构和主旨的理解，因而不能忽视。以全文结构而言，文章第一部分中作者记述了郦道元和李渤的两种说法，并分别分析了其中的疑点所在。值得注意的是，对这两种说法的怀疑，作者分别用"人常疑之"和"余尤疑之"来表述。在"常"和"尤"的用词的区别上，我们也能隐约感受到作者的态度。对这两"疑"，作者在第二部分中分别用两"笑"来释疑。首先是"余固笑而不信也"，对李渤的说法进行证伪，照应第一部分中的"余尤疑之"。前句"寺僧使小童持斧，于乱石间择其一二扣之，硿硿焉"，正是用自己的亲身经历证实自己的怀疑"石之铿然有声者，所在皆是也"。这样，作者用一笑就消解了一疑。随后作者夜游石钟山，对石钟山进行了一番深入的考察，得出了与郦道元相似的看法。此时作者用"因笑谓迈曰"，破除了"人常疑之"。其中"噌吰者，周景王之无射也；窾坎镗鞳者，魏庄子之歌钟也。古之人不余欺也"，正是回应了第一段郦道元"水石相搏，声如洪钟"的说法，而"事不目见耳闻，而臆断其有无，可乎"回应了"是说也，人常疑之"，指出了"人"的怀疑只不过是"臆断"罢了，并没有根据。这样，作者用第二笑消解了第二疑，证实了《水经注》的说法。由此看来，"两笑"破"两疑"，作者的文笔看似一路迤逦，行止自然，但是却有草蛇灰线，甚至一一对应，极为严密。因而"事不目见耳闻,而臆断其有无,可乎"一句应该说是"第二笑"中极为重要的一环,应该归入苏轼对儿子苏迈的话语中去。

既然"事不目见耳闻,而臆断其有无,可乎"一句只是"第二笑"中的一环,那么它在全文中的地位就要比我们原以为的大大地减弱了。虽然作者从这次石钟山夜游中流露出了要"目见耳闻"、不可臆断的看法,但是这并不是全文所主要表达的思考。以往的教学中,根据教材中此句的特殊位置,我们往往会以为,这一段是在上面记游考证的基础上说理,提出要"目见耳闻,不可臆断"的看法,甚至将此句作为全文的主旨句来看待,现在看来这种理解是值得怀疑的。①

由此看来,学生的疑惑来自选文的句读,教师就可以让学生自行句读文本,或者搜寻其他研究者的句读,再与教材选本比较分析。正是在这样的辨析之中,学生更为深入地理解了文本的结构之精妙,内涵之丰厚。

而且,从统编教材的编写来看,《石钟山记》入选的是选择性必修下册第三单元,这个单元隶属 2017 年版新课标中的"中华传统文化经典研习"任务群。所谓"研习",就是要突出学习的探究性、自主性。正如统编教材总主编温儒敏先生所说的:"高二转向'专题研习'了,更加突出探究性学习,是带有一定研究意义的学习。"②如何突出探究性学习,设计一些辨析句读处理的小任务,引导学生做一些具有学术研究意味的工作,未尝不是一条可行的路径。

再如王安石的《游褒禅山记》,也被多种古文选本和语文教材选录。现以华东师范大学出版社 2007 年出版的沪教版教材为例做一番讨论。在沪教版教材中,此文第四段中的一处句读安排也是很好的教学资源。第四段文字不多,转引如下:

余于仆碑,又以悲夫古书之不存,后世之谬其传而莫能名者,何可胜道也哉! 此所以学者不可以不深思而慎取之也。③

---

① 樊新强.困教录——学情视野下的名篇细读[M].上海:上海教育出版社,2018:40-45.
② 温儒敏."学习"与"研习"——谈谈高中语文"选择性必修"的编写意图和使用建议[J].中学语文教学,2020(8):4-12.
③ 上海市中小学(幼儿园)课程改革委员会.高级中学课本 语文(二年级第一学期)[M].试用本.上海:华东师范大学出版社,2007:70.

对于此段第一句的另一种可能的句读是这样的:

余于仆碑又以悲。夫古书之不存,后世之谬其传而莫能名者,何可胜道也哉！此所以学者不可以不深思而慎取之也。①

教学此文时,教师可让学生讨论辨析以上两种句读方法。在辨析之中,学生会发现:第一种点法当然也可使文义畅通,通行的点校本都作如是处理;而第二种点法也未必没有道理,这样句读不仅文意通顺,还和第三段中第一句"于是余有叹焉"相对应。虽然这样的讨论未必一定要得出确定的结论,但是学生在句读处理的辨析之中确实深入文本涵泳品味了,而这个过程恰恰是最为重要的。

又如统编教材高中语文必修上册收录了韩愈的名篇《师说》。文章第二段是这样的:

嗟乎！师道之不传也久矣！欲人之无惑也难矣！古之圣人,其出人也远矣,犹且从师而问焉;今之众人,其下圣人也亦远矣,而耻学于师。是故圣益圣,愚益愚。圣人之所以为圣,愚人之所以为愚,其皆出于此乎？爱其子,择师而教之;于其身也,则耻师焉,惑矣。彼童子之师,授之书而习其句读者,非吾所谓传其道解其惑者也。句读之不知,惑之不解,或师焉,或不焉,小学而大遗,吾未见其明也。巫医乐师百工之人,不耻相师。士大夫之族,曰师曰弟子云者,则群聚而笑之。问之,则曰:"彼与彼年相若也,道相似也,位卑则足羞,官盛则近谀。"呜呼！师道之不复,可知矣。巫医乐师百工之人,君子不齿,今其智乃反不能及,其可怪也欤！

这一段中关于"位卑则足羞,官盛则近谀"一处的句读也是有争议的。教材选文选自上海古籍出版社 1986 年版的《韩昌黎文集校注》,这种句读法也是我们通常见到的版本。然而也有学者认为"位卑则足羞,官盛则近谀"一句应是韩愈的评议,不当归入"士大夫"的话语之中。

如王运熙先生在《略谈韩愈的〈师说〉》一文中有这样一番话:

---

① 华东师范大学中文系陈明洁老师有此一说。陈老师认为,姚鼐《古文辞类纂》诸版本,如康绍镛刻本、求要堂校刻本,"又以悲"中的"以"作"有"字,据此可见"又以悲"属上似乎更为妥当。

再如"巫医乐师百工之人"小段中,以"彼与彼,年相若也,道相似也"的直接口吻来描绘士大夫之族在从师问题上计较年岁,底下"位卑"两句则用作者口吻来叙述他们计较贵贱,也是善于变化的一例。[①]

再如吴文治先生在《韩愈〈师说〉讲解》一文中也持相同的观点:

"彼与彼,年相若也,道相似也。"直接采用士大夫们对话的口吻来写,它不仅表明了士大夫们对从师计较年龄地位的错误态度,而且从这里可以看到他们的神情。文章直接引用他们的原话以后,紧接着"位卑则足羞,官盛则近谀"两句,便立刻改用作者对士大夫们的言行进行评述的口吻来写,使两种不同的态度,针锋相对。这也是本文运用语言善于错综变化的很好的例子。[②]

两位学者从韩愈语言善于变化的角度做了精彩的分析,具有说服力。那么,教师在教学此文时,可以将学界的一些不同的看法展示给学生,设计相应的学习任务,让他们进行辨析研究,结论未必需要统一,但是这个过程既会激发他们研究的兴趣,也能使学生对韩愈语言善于变化的特点有更深入的体会。

笔者曾经在任教的班级让学生讨论这两种意见,确实也分为两派。一派学生认可王运熙、吴文治先生的看法,认为"位卑则足羞,官盛则近谀"这样的骈句,显然不是口语,不应该点入引号之内;而另一派学生则赞成教材所用版本的句读方式,他们认为假如以"彼与彼,年相若也,道相似也"结句,似乎文气有强行割断的感觉,只陈述了"年相若""道相似"的现象,而"群聚而笑之"的原因还没有说出来。应该说,两派观点都有一定道理。笔者在课堂中也没有确定最终的结论,不过这个辨析的过程还是很有意义的,明显能提升学生深入文本解读的兴趣。

二、课外句读资源的适当引入

教材内断句的争议并不是设计此类任务的必要条件,在课堂教学中适时引入一些拓展资源的断句任务,也能起到不错的教学效果。如钱梦龙先生在教学《大铁椎传》时就利用课外资源的断句任务,来帮助学生理解文章的写作意图。

---

① 王运熙.汉魏六朝唐代文学论丛[M].上海:上海古籍出版社,2014:246.
② 中央人民广播电台文艺部.唐宋八大家散文[M].天津:百花文艺出版社,1983:22.

以下为钱梦龙先生《大铁椎传》的课堂实录节选:

师:下面我想再研究一个问题:作者为什么要写这么一个人?我发给大家一份资料,如果你们看懂了,一定能回答这个问题。好,大家试试看。(下发材料)

大铁椎不知何许人听其语音则楚产[1]也人亦不知其姓字以其所用兵器为一大铁椎遂以大铁椎呼之其人健啖而貌寝与人罕言语观其所为皆不类常人盖英雄志士之隐[2]于草莽[3]者也大铁椎传作者魏禧字冰叔明末清初人也既入清抗节[4]不仕躬耕自食为文多表彰忠贞节烈之士以寓其抗清复明之思然则作者之传大铁椎其寓意亦良深矣

[1][产]出生。

[2][隐]隐伏,隐居。

[3][草莽]野地,指民间,与"朝廷"相对。

[4][抗节]坚持高尚节操。

(以下依次叫学生解释带点的字。大多对,只有"盖""仕""然则"等词语,学生经教师指点后才确切了解。)

师:你们看看这段话都懂了吗?都懂了?谁来加标点?好,你来。

(一女同学起身讲如何加标点)

师:都对吗?哎,她都点对了,没有错。我们请一位同学读读看,班长来读吧。

(班长读一遍)

师:最后一句话谁来解释一下?好,就请加标点的同学解释一下,好吗?

生:既然这样,那么作者为"大铁椎"写传,他的用意也是很深的了。

师:哦,作者用意是很深的。哪位同学再告诉我他的用意深在什么地方?要结合材料,也要根据作者魏禧一生的为人来说明。(学生沉默)你们先告诉我,魏禧这个人为人怎么样?好,你来说。

生:为人正直。

师:哦,"为人正直"。哪里可以看出他为人正直?

生:"抗节不仕,躬耕自食"。

师:对,他为什么"躬耕自食"? 你知道吗?

生:(不语)

师:看看上句,什么叫"抗节不仕"?

生:(仍不语)

师:好好想想,我相信你能回答出来。

生:坚持民族气节,不做官。

师:对,他就是坚持民族气节,不给清朝做官。那么他靠什么来养活自己呀?

生:"躬耕自食",种地养活自己。

师:你们看,作者为人很有节操的。他写文章专门表彰忠贞节烈之士,为什么啊?

生:寄托他抗清复明的思想。

师:对,好。哪一个字是寄托的意思?

生:"寓"。

师:对,"寓"字,坐下。既然这样,他为"大铁椎"立传,用意是很深的了,深在什么地方?

生:他坚持民族气节。

师:对,这是立场。那么他塑造这个形象,作用是什么呢? 再进一步想下去就对了。

生:为了表彰节烈之士。

师:你再向前跨一步,就可以得到一个更高的结论了。

生:(不语)

师:行吗? 实在不行,我们请别的同学说好吗? 你答对了80分,坐下。请哪位同学补充一下。

生:寄托他抗清复明的大志。

师:哦,补充得好! 完全对了。他写"大铁椎"这个形象,就是希望这样的人能够怎么样啊?——不是埋没民间,无所作为,而是起来抗清复明。所以,作者写这个形象,是有深意的。这段话,同学们都懂了,标点也加得很对。这个问题同学们若有兴趣,课后还可以研究一下。①

在以上这个案例中,钱先生就设计了一个句读的任务,帮助学生深入文本,理解文章的创作意图。值得一提的是,这个未加标点的语段,是钱先生自编的文言语段,可以说是一个创新之举,形式显得活泼,内容又非常扎实。

这样的设计不仅可以安排在课堂教学中,也可以放在课堂教学之前,设计为预习作业。叶圣陶先生曾经有过这样的设想:

理想的办法,国文教材要有两种本子:一种是不分段落的,不加标点的,供学生预习用;一种是分段落,加标点的,待预习过后才拿出来对勘。这当然办不到。可是,不用现成教本而用油印教材的,那就可以在印发的教材上不给分段落,也不给加标点,令学生在预习时候自己用铅笔画分段落,加上标点。到上课的时候,由教师或几个学生通读,全班学生静听,各自拿自己预习的成绩来对勘;如果自己有错误,就用墨笔订正。这样,一份油印本就有了两种本子的功用了。现在的书籍报刊都分段落,加标点,从著者方面说,在表达的明确上很有帮助;从读者方面说,阅读起来可以便捷不少。可是,练习精读,这样的本子反而把学者的注意力减轻了。既已分了段落,加了标点,就随便看下去,不再问为什么要这样分,这样点,这是人之常情。在这种常情里,恰恰错过了很重要的练习机会。若要不放过这个机会,惟有令学生用一种只有文字的本子去预习,在怎样分段、怎样标点上用一番心思。预习的成绩当然不免有错误,然而不足为病。除了错误之外,凡是不错误的地方都是细心咬嚼过来的,这将是终身的受用。②

叶先生提倡用"不给分段落、也不给加标点"的油印材料,给学生做预习,然后上课做校勘。这种做法在如今恐怕也不够现实,因为学生手中都有统一的教材,然而,叶先生重视学生自行句读的思想却值得我们关注,并值得我们创制新办法来实现这种思路。

---

① 钱梦龙.钱梦龙经典课例品读[M].彭尚炯,编选.上海:华东师范大学出版社,2015:253-255.
② 中央教育科学研究所.叶圣陶语文教育论集[M].北京:教育科学出版社,1980:5.

　　笔者在教学林觉民的《与妻书》时布置过这样的预习作业:给林觉民写给他父亲的绝笔书(原件复印件)点句读。

　　以下为《禀父书》原文:

　　不孝儿觉民叩禀父亲大人儿死矣惟累大人吃苦弟妹缺衣食耳然大有补于全国同胞也大罪乞恕之

　　这项作业的本意在于引入《禀父书》,与课内的《与妻书》形成对比,让学生感受书信因对象不同而产生的巨大的差异,诸如文字篇幅、诀别内容、语气口吻等。出人意料的是,课堂中讨论句读时,学生对书信的格式产生了兴趣,他们发现林觉民在提到父亲的时候,格式上总会做一些特殊的处理。第二行提到父亲,"父亲"两字换了一行,并且往上提了一格;第三行提到父亲,"大人"上面空了一格。这其实是

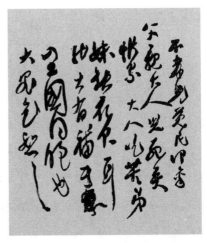

图4-1-1　林觉民给他父亲的绝笔书

古人给长辈写信时所恪守的规矩,叫作"提行"。前者叫"单提"(高出一格。也有高出两格,叫"双提"),后者叫"暗提"(空一格),都是对长辈表示尊重的做法。这次句读作业,一方面让学生感受到儿子对父亲的愧疚与信任,另一方面也能感受到儿子对父亲的尊敬。假如不能看到信的原件,只看当代的排印本,"提行""吊脚"之类的处理是看不到的,那么对林觉民临别心境的理解是不完整的,对中国传统的父子关系也失去了一次直观了解的机会。

　　总而言之,教师在日常教学中既可以多关注相关的学术成果,如文言文文本的不同句读方式,并适时地将其引进教学之中,设计为学习任务,供学生讨论、探究;也可以适当引入课外文言资源,让学生自主句读,锻炼其文言基本功,形成对课内文本的深度理解。

第二节 借助版本资源

上一节中提到,古代书籍一般没有句读,现代的点校本才有了西式标点。古籍经不同人的点校,在句读、标点上的差异较为突出①,形成了现代意义的版本差异。其实,未经点校的古籍往往具有更为复杂的版本系统。这主要跟古籍的流传时间比较久、传抄刊刻的途径比较复杂有关。其中,儒家经典、名家之作的版本系统之复杂尤为突出。因时代、地区、物质条件、刻写人的素养等不同,同一种书在翻刻、传抄的过程中会产生衍、脱、倒、误、坏等多种状况,于是就会产生优劣不同的多种版本。文言文入选教材之时,教材编者一般会选择经过当代学者校勘过的点校本,版本质量比较精良。但是,因为古籍版本复杂、讹误丛生,校对勘正是非常困难的一项工作,所以出现争议乃至错误,也是难免之事。教材选择的古籍版本当然也会存在这种情况,因此教师在文言文的教学过程中也要有辨析版本的意识。版本不同带来的讹误也许给阅读者带来了重重困难,然而恰恰也是文言文教学中可资利用的重要资源。借助版本资源,设计学习任务,在版本的辨析之中,一方面可以激发学生深入文本涵泳文字的兴趣,另一方面也能引导学生体会古籍流传过程中体现出来的文化生命力和时代精神。其实,这也是新的高中语文课程标准中倡导的意识,在"中华传统文化专题研讨"学习任务群中就提出"阅读古代典籍,注意精选版本"的学习内容与要求。

一、借助版本资源解决文本的"矛盾"

学生在学习文言文时,常常会在文本中发现一些难以理解的"矛盾",这些"矛盾"借助版本资源或许能够得到有效解决或者获得启迪。以沪教版高中语文教材(华东师范大学出版社 2007 年版)所选的《游褒禅山记》为例。笔者教学王安石的

---

① 古籍的现代不同点校本之间当然也有文字的差异,而这种差异主要源自古代的不同版本的选择。因而本节所言版本的差异主要聚焦在文字方面。

名文《游褒禅山记》时,有学生提出了两个值得关注的问题。第一,第一段中"所谓华山洞者,以其乃华山之阳名之也",此句中的"华山洞"是不是"华阳洞"之误?第二,第一段中"有碑仆道,其文漫灭,独其为文犹可识,曰'花山'",此句前半句中说"其文漫灭",后半句又说"独其为文犹可识",是不是互相矛盾?

为便于分析,引录该文如下:

褒禅山亦谓之华山。唐浮图慧褒始舍于其址,而卒葬之,以故其后名之曰"褒禅"。今所谓慧空禅院者,褒之庐冢也。距其院东五里,所谓华山洞者,以其乃华山之阳名之也。距洞百余步,有碑仆道,其文漫灭,独其为文犹可识,曰"花山"。今言"华"如"华实"之"华"者,盖音谬也。

其下平旷,有泉侧出,而记游者甚众,所谓前洞也。由山以上五六里,有穴窈然,入之甚寒,问其深,则其好游者不能穷也,谓之后洞。余与四人拥火以入,入之愈深,其进愈难,而其见愈奇。有怠而欲出者,曰:"不出,火且尽。"遂与之俱出。盖余所至,比好游者尚不能十一,然视其左右,来而记之者已少。盖其又深,则其至又加少矣。方是时,余之力尚足以入,火尚足以明也。既其出,则或咎其欲出者,而余亦悔其随之而不得极夫游之乐也。

于是余有叹焉。古人之观于天地、山川、草木、虫鱼、鸟兽,往往有得,以其求思之深而无不在也。夫夷以近,则游者众;险以远,则至者少。而世之奇伟、瑰怪,非常之观,常在于险远,而人之所罕至焉,故非有志者不能至也。有志矣,不随以止也,然力不足者,亦不能至也。有志与力,而又不随以怠,至于幽暗昏惑而无物以相之,亦不能至也。然力足以至焉,于人为可讥,而在己为有悔;尽吾志也而不能至者,可以无悔矣,其孰能讥之乎?此余之所得也。

余于仆碑,又以悲夫古书之不存,后世之谬其传而莫能名者,何可胜道也哉!此所以学者不可以不深思而慎取之也。

四人者:庐陵萧君圭君玉,长乐王回深父,余弟安国平父、安上纯父。至和元年七月某日,临川王某记。①

　　学生的这两个问题确实值得思考。首先看第一个问题，从"所谓……者""以……名之也"这些信息，我们可以知道这是作者王安石在解释"华山洞"命名的缘由。但是令人疑惑的是，在后半句解释缘由之时，作者特意强调了"华山之阳"这一信息，而若此洞名果为"华山洞"的话，似乎不必着意强调这一缘由，而可简略地表达为"以其乃华山名之也"。而假如做这样简略表述的话，其实没有增加任何有用信息，只不过同义反复了"华山洞"三字而已，那么整句解释也显得多余了。当然，王安石是文章大家，应当不会有如此冗余之笔，于是学生怀疑"华山洞"乃"华阳洞"之误，因为洞名若为"华阳洞"，才有解释的必要，后文的解释也才能对应洞名。

　　再看学生的第二个问题："有碑仆道，其文漫灭，独其为文犹可识，曰'花山'"这句话前后是否矛盾？从沪教版教材的注释来看，前一个"文"字解释为"碑文周围的图案和花纹"，后一个"文"字解释为"文字"。粗看起来似乎也能说通，但细究的话，这样的解释不免显得牵强。首先，从写作的角度来说，同一个字在同一句中两次出现，若意义不同，容易产生混淆误解，作者一般会回避这种用字法。正如刘勰在《文心雕龙·炼字》里说的："是以缀字属篇，必须练择：一避诡异，二省联边，三权重出，四调单复。"所谓"重出"，就是相同的字在句中重复使用。刘勰说"重出"需要慎重，而像《游褒禅山记》中两个"文"字重出，意义不同且带来混淆和误解，那么就是应该避免的情况。其次，从情理的角度来说，"有碑仆道"，作者首先关心的应该是碑上的文字，而不应该是碑上的花纹。先说碑文整体"漫灭"，才会继续说"犹可识者曰花山"；而若不提碑上文字的整体状态，只说碑上的花纹"漫灭"，进而就提碑文之中仍然可以辨识的两个字，这是不合情理的。而且，前文不提碑文的整体状况，后文中的"独""犹"等字也显得突兀而不自然。另外，就通篇而言，《游褒禅山记》中记游和议论结合得非常紧密，记游中的每一处文字都为后文的议论服务，议论中的每一处文字在前文也都有铺垫。文中第一段关于"仆碑"的记叙，第四段中也有相应的议论相呼应。若将"其文漫灭"中的"文"字训为"花纹"，那么第四段议论中的"古书之不存"就没有着落了，因为这里的"古书"当即指碑上的文字。

因此,沪教版教材中将此句中的第一个"文"字释为"花纹"是不妥当的。但是,如果将第一个"文"字也解释为"文字"的话,前句中说"其文漫灭",紧接着后句中又强调"独其为文犹可识",两句之间显得凿枘不投,也就是学生所说的"互相矛盾"了。这样看来,学生的疑问也显得颇有探究的意义了。

其实,如果从文献版本的角度来引导学生做一些探究的话,不仅能激发学生的兴趣,还能给问题的解决带来一定的启发。据学者研究,王安石的诗文集共有"临川本""龙舒本""杭本"三个古本系统。① "临川本"是绍兴十年(1140年)詹大和于抚州临川所刻之本,1959年中华书局上海编辑所整理的排印本《临川先生文集》即以此本为底本;"龙舒本"是绍兴二十一年(1151年)之前在庐州舒城县刻印,1962年中华书局上海编辑所整理的《王文公文集》、1974年上海人民出版社出版的点校本《王文公文集》即以此本为底本;"杭本"是绍兴二十一年王安石曾孙王珏在杭州刻印②,民国的四部丛刊初编本《临川先生文集》即据此修成。沪教版教材文下注释说明文章选自《临川先生文集》,但未注明具体版本信息,或即选自1959年中华书局上海编辑所整理的排印本。但是不管是"杭本",还是"临川本""龙舒本",上文提及的《游褒禅山记》的两处文字都是一致的。这又给我们从文献版本的角度引导学生解决疑惑的希望布上了阴影。

然而,古籍的流传是一个非常复杂的过程,王安石生前并未有诗文集传世,直至北宋徽宗政和年间才开始由政府结集,然而北宋覆灭,文集又毁于兵火,后世不传。南宋初年,闽、浙之间有王安石诗文集刊行,但不详所自。后于绍兴年间,詹大和、王珏等人依循旧本刊刻王集,此后历代公私递修,相沿不辍,逐步形成上述三大版本系统。这三大版本系统虽然经过历代的校勘完善,毕竟不是北宋初刊时的面貌,讹舛错谬在所难免。因而,其他的尚存民间而未能流行的版本也不能忽略,仍具校勘之用。如清康熙年间的抄本《含山县志》、清乾隆年间的刻本《含山县志》、清同治年间的刻本《历阳典录》、清光绪年间的刻本《直隶和州志》,这几本地方志中对上文提及的《游褒禅山记》的两处文字就有不同的表

---

① 杨天保,徐规.王安石集的古本与新版[J].古籍整理研究学刊,2007(3):24-28.
② "杭本"重刻于杭州之后,各朝据"杭本"递相刊印,在王安石诗文的版本系统中占有重要地位。

述。为表述清晰起见,现转录如下:

清康熙年间的抄本《含山县志》:距其院东五里所谓华山洞者乃以其华山之阳名之也距洞百余步有碑仆道其文漫灭独其额犹可识曰花山

清乾隆年间的刻本《含山县志》:距其院东五里今所谓华山洞者以其华山之阳名之也距洞百余步有碑仆道其文漫灭独其额犹可识曰花山

清同治年间的刻本《历阳典录》:距其院东五里所谓华山洞者以其乃华山之阳名之也距洞百余步有碑仆道其文漫灭独其额犹可识曰花山

清光绪年间的刻本《直隶和州志》:距其院东五里所谓华阳洞者以其乃华山之阳名之也距洞百余步有碑仆道其文漫灭独其额犹可识曰花山

由以上可知,康熙年间的抄本《含山县志》、乾隆年间的刻本《含山县志》与同治年间的刻本《历阳典录》所载文字大致相同,这三个版本与教材所选版本不同之处在于"独其额犹可识"中的"额"字。光绪年间的刻本《直隶和州志》所载文字与教材所选版本有两处不同,一处为"华阳洞",一处为"独其额犹可识"中的"额"字。

那么,哪个版本的文字更合理?一般而言,地方志的转录文字比起诗文集的刻本,准确度会稍低。但是,这也不能一概而论,考虑到上述所言王集刊刻流传的复杂性,还需要根据文本内容和其他旁证共同考辨断定。比如《游褒禅山记》中的"华山洞"应为光绪年间刻本《直隶和州志》中所载的"华阳洞"。除了上文分析的"华阳洞"更符合上下文的文意之外,客观事实也是需要尊重的。在《含山县志》《历阳典录》《直隶和州志》等褒禅山所在地的地方志中,只有"华阳洞"条目,并无"华山洞"条目,其他地方志中若提及"华山洞",也多指的是陕西华山下的山洞。同治刻本《历阳典录》所载"华阳洞"条目之下转录了唐代至清代之间文人游华阳洞后所写的诗文,如唐代有李端的《宿华阳洞寄元称》,有陈嶰《寻易尊师不遇》"华阳洞里人何在,落尽松花不见归"之句,由此可见,最晚到唐代,此洞已被称为"华阳洞"而非"华山洞"。当然,南宋王象之的《舆地纪胜》(清影宋钞本)第十七卷中将褒禅山下的洞名称为"华山洞",并转录了王安石的《游褒禅山记》中部分文字,但是该书第四十八卷又称此洞名为"华阳洞",同一书中两者也不一致，再考虑到《舆地纪胜》为地理总志，涉及某一地地名之时，准确性未必高于当地的地方志。

另外，姚鼐的《古文辞类纂》求要堂本中，此处也作"华阳洞"。考虑到求要堂本经过李承渊等人的校勘，以用力精深而备受推崇，因此文字上也具有相当可靠性。综上而论，《游褒禅山记》的"华山洞"恐为"华阳洞"之误。

再如，教材中"独其为文犹可识"一句，笔者也更倾向于"独其额犹可识"，如上述的四本地方志所载。如果是"独其为文犹可识"，正如上文所分析的那样，前句"其文漫灭"中的"文"不管训为"花纹"还是训为"文字"，前后句都凿枘不通。而若为"独其额犹可识"的话，前后就贯通可解了，前句说石碑上的正文模糊不清，后句说只有碑额上的"花山"还可辨识。同时，因为碑额上的字通常较正文中的字更大，也更易保存，因此"独其额犹可识"也更符合常理。同治年间所刻的《历阳典录》中"褒禅山"条目下的一段文字也可作为旁证："其东五里许，有大唐花寺碑，文字漫漶不可读，亦未知谁氏书撰，王荆公记所谓其额可识曰'花山'者也。"值得一提的是，《历阳典录》一书，初由清人陈廷桂纂修，后由游智开校订增补，是地方志中的上乘之作，纪昀称赞此书"考据博雅，辨论精核"①。此书在著录的《游褒禅山记》文后，清晰地标明了出处——《临川集》，可见此文并非随意地由他处转引而来，而是有明确的版本依据的。这一方面表明了编撰者严谨的治学态度，另一方面也显示出此书文字的可信度。②

当然，根据地方志版本考证纠正通行的诗文集版本依然会引发一些争议，恐怕也很难因此得出确凿不移的定论。然而，文言文教学中，教师提出以版本视角解决问题的可能性，学生在此讨论辨析，即使不能得出结论，也是加深文本理解的重要过程，更是发现解决问题的一条路径。同时，这也是给学生打开一扇窗。若学生愿意在课外就此做一些研究的话，也是深入中华文化之门的重要渠道。

---

① 陈廷桂，游智开.历阳典录[M].台北：成文出版社，1973：9-10.
② 以上分析详见拙作《〈游褒禅山记〉中两处异文的考释——兼论文言文教学中的版本意识》，该文发表于《语文教学通讯》2020年第7期。

二、借助版本资源引导深度学习

借助版本资源不仅能解决学生的疑惑,解决文本中出现的一些"矛盾"或者让人不解的地方;也可以作为引导学生深入学习文本内容及背后文化内涵的重要途径。比如统编版教材高中必修下册选录的《谏太宗十思疏》,所用版本为中华书局 2003 年版的《贞观政要集校》。《谏太宗十思疏》一文有多个版本系统,文字有诸多差异。比如,文中有"文武争驰,在君无事,可以尽豫游之乐,可以养松、乔之寿,鸣琴垂拱,不言而化"之句。教材中的"文武争驰"在《史传三编·名臣传》(清文渊阁四库全书本)中引述为"文武并用","在君无事"在《旧唐书》(清乾隆武英殿刻本)中表述为"君臣无事"。到底哪个版本更接近魏徵的原意,哪个版本更有表现力,这是可以引导学生做些讨论的。通过讨论,学生就会对魏徵的劝谏艺术有更深入的体会和理解。

再如,学生学习了统编版教材高中必修上册所选的《赤壁赋》之后,对文中流露出来的佛教思想感兴趣,那么教师也可以利用版本资源来引导学生深度学习。《赤壁赋》中有"惟江上之清风,与山间之明月,耳得之而为声,目遇之而成色,取之无禁,用之不竭,是造物者之无尽藏也,而吾与子之所共适"之句,其中"而吾与子之所共适"一句在其他版本中,如文渊阁四库全书本的《文章轨范》、四部丛刊景宋刊本的《皇朝文鉴》中,都写作"而吾与子之所共食"。可录文章第四段于下,以备参看。

苏子曰:"客亦知夫水与月乎?逝者如斯,而未尝往也;盈虚者如彼,而卒莫消长也。盖将自其变者而观之,则天地曾不能以一瞬;自其不变者而观之,则物与我皆无尽也,而又何羡乎!且夫天地之间,物各有主,苟非吾之所有,虽一毫而莫取。惟江上之清风,与山间之明月,耳得之而为声,目遇之而成色,取之无禁,用之不竭,是造物者之无尽藏也,而吾与子之所共适。"

对于这个"适"字,其实在宋代已经有了争议。朱熹的《朱子语类》中说:"'盈虚者如代','代'字今多误作'彼'字;'而吾与子之所共食','食'字多误作'乐'字。尝见东坡手写本,皆作'代'字、'食'字。顷年苏季真刻东坡文集,尝见问'食'字之义,答之云:如食邑之'食',犹言'享'也。史书言'食邑其中''食其邑',是这样'食'字。今浙闽陂塘之民,谓之'食利民户',亦此意也。"①可见,在朱熹生活的年代,刻书之人常不解"食"字何意,故以"乐"字代替。朱熹还说他见过苏轼的手书,应作"食"字,今博物馆所藏苏轼所书《赤壁赋》真迹中,此处确为"食"字。南宋孝宗时苏轼曾孙苏峤重刻的《东坡集》以及吕祖谦编《皇朝文鉴》所收文本也都作"食"字。元人赵孟頫在大德五年(1301 年)应友人之请,也书写了前后两篇《赤壁赋》,在他的手稿中,这里用的也是"食"字。然而,南宋孝宗年间刊刻的郎晔编注的《经进东坡文集事略》,出现了以"适"代"食"的现象。

图 4 - 2 - 1　赵孟頫书《赤壁赋》

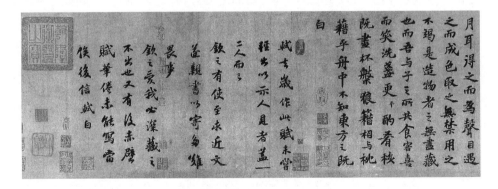

图 4 - 2 - 2　苏轼手书《赤壁赋》局部

之后,明代的刻本中此处也多用"适"字,如明天顺年间的刻本《文章辨体》、成化年间的刻本《苏文忠公全集》等都用了"适"字。清代的大量选本中也作

---

①　朱熹.朱子全书:第 18 册[M].朱杰人,严佐之,刘永翔,主编.上海:上海古籍出版社,合肥:安徽教育出版社,2002:4057.

"适"字，有人还对他们见到的一些版本中的"食"字感到不解，如清代的梁章钜在他的《归田琐记》中说："然三希堂本'而吾与子之所共适'，'共适'作'共食'又不可解。"①

当然，依然有学者指出此处应作为"而吾与子之所共食"，并对"食"字做出了较为合理的解释。如清代李承渊的《古文辞类纂》校勘记里说："各本'食'误'适'。刘海峰先生选本引《朱子语类》'曾见东坡手书此赋，门人问"食"字之义，朱子曰：如食邑之"食"，犹言"享"也。'又引明人娄子柔曰，佛经有'风为耳之所食，色为目之所食'语，盖东坡用佛典云。"可见，清代的多种版本都做"适"，然而刘大櫆、李承渊都认为当作"食"字，并指出苏轼这里用了佛典。

当然，从中学语文教学的角度来说，在文意的理解上，两字似乎都是可以的，结论未必需要统一。但是在探讨的过程中，学生必然会更深入地体会到苏轼所接受的佛教文化影响。而这恰能达成此文教学中的一个颇为关键的教学目标。

也许有人会质疑，这样的教学对学生的要求太高了，是不太切合中学教学和中学生的学习能力的。这样的质疑当然有道理。利用版本资源引导学生解决学习中的难题，一则要切合学生的学习水平。教师可以做好一些必要的铺垫，或者提供路径指导学生寻找版本资源，或者直接将一些版本资源提供给学生形成对比阅读，让学生在此辨析过程中完成某一环节即可。二则要和教学目标相切合。这一方法的引入是为教学目标的实现、学习任务的完成或者学生疑惑的解决而服务的，而不应该喧宾夺主，变成了学者的研究工作。因而，在此过程中，一方面要引导学生感受探究过程的严谨科学，另一方面也需要教师把握好分寸。

---

① 梁章钜.归田琐记[M].阳羡生，校点.上海：上海古籍出版社，2012：41-42.

第三节　形成文本再生成意识

相较于白话文文本，文言文的文本还有一个特点是文本生成过程的复杂性。比如唐朝之前的文言文本往往不是其创作之初的原始形态，而是在钞本时代中经过长期的历史变迁，以第二手的文献被保存下来。这与白话文文学基本精确的复制、保存是极其不同的。比如先秦到梁初的很多文献是通过《文选》《玉台新咏》等诗文集或诗歌总集保存下来的；六朝的很多诗文又是通过《北堂书钞》《艺文类聚》《太平御览》等唐宋类书保存下来的。明代高儒说："汉魏六朝之文，独赖《文选》此书（按：指《艺文类聚》）之存。不然，几至泯没无闻矣。"[①]这些文献在转录、传抄的过程之中很容易发生变异，而在历史的进程之中，这些变异的文本最终又以孤本的形态呈现在我们的面前。这几乎是文本的再生成了。当然，还有一些文本，经过历代的层累叠加，与最初的原始形态相比，几乎也可以说是面目全非了。在我们的文言文教学中，也会碰到这样的文本，特别是教材中收录的唐朝之前的文献。那么，在教学这些文言文之时，教师就应该慎重对待，具备一定的文本再生成意识。

一、残篇断简的再生成

统编教材八年级选文《与朱元思书》就是一篇典型的残篇断简。教学这篇文章时，很多教师会对文章结尾四句"横柯上蔽，在昼犹昏；疏条交映，有时见日"感到疑惑，学生在学习的过程中也会提出诸多疑问。对这一结尾，很多学者做了很多有价值的分析。有学者认为这四句由人入景，蕴含了"静""无"等哲理意味[②]；有学者认为这四句于结束处形成一种欣赏持续之感[③]；有学者认为这四

---

① 高儒.百川书志[M].上海：上海古籍出版社，2005：170.
② 赵昌平.赵昌平自选集[M].桂林：广西师范大学出版社，1997：248－249.
③ 孙绍振.在骈体的约束中抒写情志——读《与朱元思书》[J].语文建设，2013(16)：44－47.

句在描摹自然瞬间的变化中凸显了时间意义、生命意义①。这些学者的分析都非常精到,但是也存在着一定的风险,那就是把《与朱元思书》当作一个完整的文本看待。而吴均的《与朱元思书》一文恰又是一篇不完整的书信,该文是通过欧阳询编纂的类书《艺文类聚》保存下来的,在选录的过程中存在着很明显的删节。可以看一下统编版教材的选文:

与 朱 元 思 书

风烟俱净,天山共色。从流飘荡,任意东西。自富阳至桐庐一百许里,奇山异水,天下独绝。

水皆缥碧,千丈见底。游鱼细石,直视无碍。急湍甚箭,猛浪若奔。

夹岸高山,皆生寒树,负势竞上,互相轩邈,争高直指,千百成峰。泉水激石,泠泠作响;好鸟相鸣,嘤嘤成韵。蝉则千转不穷,猿则百叫无绝。鸢飞戾天者,望峰息心;经纶世务者,窥谷忘反。横柯上蔽,在昼犹昏;疏条交映,有时见日。

首先,以古人的书信观之,该文不可能从现在的起句"风烟俱净,天山共色"开始,也不可能在现在的结句"横柯上蔽,在昼犹昏;疏条交映,有时见日"处结束,因而这只能是节选了其中写山水的一部分,以符合《艺文类聚》的"山部"之类。也正如欧阳询在《艺文类聚》中说的,"文弃其浮杂,删其冗长,金箱玉印,比类相从"。前文提及的陶弘景的《答谢中书书》一文的情形也是如此。

那么除去信件常有的格式化信息,仅从写景的角度来看,这篇书信的正文部分是否完整呢?至少从吴均现存的类似的诗文来推测,这种可能性也比较小。若检视浙江古籍出版社《吴均集校注》中现存的另两篇书信《与顾章书》《与施从事书》以及集子中的山水诗,这些诗文的结构多是"景起情收"或者"景起理收",而没有现存的《与朱元思书》这种"景起感收再写景"的写法。如《与顾章书》:

仆去月谢病,还觅薜萝。梅溪之西,有石门山者,森壁争霞,孤峰限日;幽岫含云,深溪蓄翠;蝉吟鹤唳,水响猿啼,英英相杂,绵绵成韵。既素重幽居,

---

① 詹丹.关于《与朱元思书》的结尾及其他——从赵昌平等先生的解读谈起[J].语文学习,2018(12):43-46.

遂葺宇其上。幸富菊花，偏饶竹实。山谷所资，于斯已办。仁智所乐，岂徒语哉！①

此篇从第二句开始即写了石门山清幽秀美的风景，最后以一句"仁智之乐，岂徒语哉"收结，表达对石门山的喜爱之情。

再如《与施从事书》：

故鄣县东三十五里，有青山，绝壁干天，孤峰入汉；绿嶂百重，清川万转。归飞之鸟，千翼竞来；企水之猿，百臂相接。秋露为霜，春罗被径。"风雨如晦，鸡鸣不已。"信足荡累颐物，悟衷散赏。②

此文通篇描写故鄣县城附近山水之美，最后以"信足荡累颐物，悟衷散赏"一句收结，表达对山水的热爱之情。

因而，若把现存的《与朱元思书》当作一个完整的正文部分，这种写法就显得很可疑，因为这种写法太过特殊了，而六朝文学的模仿承袭之风，已为多位当代的学者包括王瑶、周勋初、宇文所安等所论证。宇文所安在他的《中国早期古典诗歌的生成》之中论证了汉魏六朝诗文中存在着书写程式。他说："序列，无论是话题还是字词的序列，常常具有一种惯性，超越诗歌的内容，或者，在最好的情况下，推动诗歌内容的发展。"③因而，现存的《与朱元思书》这种突破程式的写法不免让人疑窦丛生。

而《吴均集校注》中的《登寿阳八公山》一诗倒值得注意，给我们解决问题带来一定的启发。此诗不长，转录如下：

> 远涧自倾曲，石溆复戈戈。含珠岸恒翠，怀玉浪多圆。
>
> 疏峰时吐月，密树不开天。瑶绳尽玄秘，金检上奇篇。
>
> 是有琴高者，陵波去水仙。④

---

① 吴均.吴均集校注[M].林家骊，校注.杭州：浙江古籍出版社，2005：13.
② 同①16.
③ 宇文所安.中国早期古典诗歌的生成[M].胡秋蕾，王宇根，田晓菲，译.北京：生活·读书·新知三联书店，2014：21.
④ 同①132.

这首诗前六句写作者登上八公山看到的景色。其中"疏峰时吐月，密树不开天"两句所写的景物，不正是《与朱元思书》中的"横柯上蔽，在昼犹昏；疏条交映，有时见日"四句所表现的景象吗？"密树不开天"对应的是"横柯上蔽，在昼犹昏"；"疏峰时吐月"对应的是"疏条交映，有时见日"，两者所写内容与方法几乎完全一致。这种文本之间的"互文性"恰恰说明了吴均诗文中存在着某种宇文所安所谓的"书写程式"。而这首《登寿阳八公山》在描绘了"疏峰时吐月，密树不开天"的神秘环境后，就转写企慕仙人"琴高"的遥想，变成游仙诗了。如果承认这种书写程式的存在，那么我们完全有理由相信，在《与朱元思书》"横柯上蔽，在昼犹昏；疏条交映，有时见日"四句之后也可能产生类似的遥想、追慕。且在这四句营造昏暗迷离的意境之后进入"游仙"的想象，对上文平息功名之心的议论形成一种渐进的深入，也符合文章的情理。

同样地，吴均现存的集子中还有一篇《八公山赋》，也可参看。

峻极之山，蓄圣表仙。南参差望越，北逦迤而怀燕。尔其盘桓基固，含阳藏雾。绝壁崄巇，层岩回互。桂皎月而常团，云望空而自布。袖以华阆，带以潜淮。文星乱石，藻日流阶。若夫神基巨镇，而卓荦荆河。箕风毕雨，育岭生峨。高岑直兮蔽景，修坂出兮架天。以迎云而就日，若从汉而回山。露泫叶而原净，花照矶而岫鲜。促嶂万寻，平崖亿绝。上披紫而烟生，傍带花而来雪。维英王兮好仙，会八公兮小山。驾飞龙兮翩翩，高驰翔兮冲天。①

这篇赋文在铺写八公山的奇丽风景之后，也转入"驾飞龙兮翩翩，高驰翔兮冲天"这游仙的遥想与追慕。而且，若检看吴均现存的山水诗文，篇末这样的遥想与追慕更是常见的一种写法。因而，《与朱元思书》的篇末若有这样游仙的遥想与追慕，恐是极为自然的，也是符合那个时代的文学特征的。

当然，这样的遥想、追慕在唐代的欧阳询看来已是"浮杂""冗长"之笔，不符合"比类相从"的理念，于是将其删弃。《与朱元思书》更大的可能性是一残篇断简而已，即便是写景的正文也是不完整的，因而，对它的结构艺术做过于玄虚的

① 吴均.吴均集校注［M］.林家骊，校注.杭州：浙江古籍出版社，2005：2-3.

阐发可能会遭遇一些理论和现实的尴尬。在文言文教学中,教师也应该对这样的文本保持警惕,尤其在结构艺术的鉴赏上更应该慎重。当然,这些文本生成的问题也可以是很好的教学切入点。教师们可以设计任务,指导学生就此讨论、探究。这对提高学生的语言敏感性及其语言素养也是大有裨益的。比如基于《与朱元思书》《答谢中书书》等实际上的不完整性,可以引导学生根据其他资料、文章意脉做一些复原文本的尝试,这就可能是有趣且有意义的学习任务。①

二、文本的层累叠加

相对于这种残篇断简,还有一种形态的文本再生成,就是文本的层累现象。"层累"是借用"古史辨派"的一个概念。以顾颉刚先生为首的"古史辨派"认为中国古史是层累的历史书写造成的。其实,在文学中也存在着层累的现象。比如古典小说《水浒传》《西游记》等虽有定稿作者,然而恰是世代累积的层累式的产物;再如中国早期的很多诗歌也是如此,产生之后经过历代文人的加工而形成现在的定本。统编教材选择性必修下册收录的《孔雀东南飞并序》就是如此。

教学《孔雀东南飞并序》时,学生可能提出这样的疑问:诗歌前面的小序提及兰芝是"为仲卿母所遣",而诗歌正文中却说是兰芝自己要求回去的,诗中第一段有"妾不堪驱使,徒留无所施,便可白公姥,及时相遣归"之句。另外,诗中焦仲卿对他母亲说"共事二三年,始尔未为久",可见两人结婚不过两三年;而后文兰芝与小姑告别时又说"新妇初来时,小姑始扶床;今日被驱遣,小姑如我长",可见两人结婚至少有十年,那么前后时间怎么会相互抵牾?再有,诗中"媒人去数日,寻遣丞请还,说有兰家女,承籍有宦官"几句怎么读不通?节录统编版教材选文部分内容如下,可参看。

孔雀东南飞并序

汉末建安中,庐江府小吏焦仲卿妻刘氏,为仲卿母所遣,自誓不嫁。其家逼之,乃投水而死。仲卿闻之,亦自缢于庭树。时人伤之,为诗云尔。

---

① 以上分析见拙作《核心素养视域下文言文教学的四个意识》,该文发表于《语文学习》2020年第7期。

孔雀东南飞，五里一徘徊。

"十三能织素，十四学裁衣，十五弹箜篌，十六诵诗书。十七为君妇，心中常苦悲。君既为府吏，守节情不移，贱妾留空房，相见常日稀。鸡鸣入机织，夜夜不得息。三日断五匹，大人故嫌迟。非为织作迟，君家妇难为！妾不堪驱使，徒留无所施，便可白公姥，及时相遣归。"

府吏得闻之，堂上启阿母："儿已薄禄相，幸复得此妇，结发同枕席，黄泉共为友。共事二三年，始尔未为久，女行无偏斜，何意致不厚？"

阿母谓府吏："何乃太区区！此妇无礼节，举动自专由。吾意久怀忿，汝岂得自由！东家有贤女，自名秦罗敷，可怜体无比，阿母为汝求。便可速遣之，遣去慎莫留！"

府吏长跪告："伏惟启阿母，今若遣此妇，终老不复取！"

阿母得闻之，槌床便大怒："小子无所畏，何敢助妇语！吾已失恩义，会不相从许！"

府吏默无声，再拜还入户，举言谓新妇，哽咽不能语："我自不驱卿，逼迫有阿母。卿但暂还家，吾今且报府。不久当归还，还必相迎取。以此下心意，慎勿违吾语。"

新妇谓府吏："勿复重纷纭。往昔初阳岁，谢家来贵门。奉事循公姥，进止敢自专？昼夜勤作息，伶俜萦苦辛。谓言无罪过，供养卒大恩；仍更被驱遣，何言复来还！妾有绣腰襦，葳蕤自生光；红罗复斗帐，四角垂香囊；箱帘六七十，绿碧青丝绳，物物各自异，种种在其中。人贱物亦鄙，不足迎后人，留待作遗施，于今无会因。时时为安慰，久久莫相忘！"

鸡鸣外欲曙，新妇起严妆。著我绣夹裙，事事四五通。足下蹑丝履，头上玳瑁光。腰若流纨素，耳著明月珰。指如削葱根，口如含朱丹。纤纤作细步，精妙世无双。

上堂拜阿母，阿母怒不止。"昔作女儿时，生小出野里，本自无教训，兼愧贵家子。受母钱帛多，不堪母驱使。今日还家去，念母劳家里。"却与小姑别，泪落连珠子。"新妇初来时，小姑始扶床；今日被驱遣，小姑如我长。勤心养公姥，好自相扶将。初七及下九,嬉戏莫相忘。"出门登车去,涕落百余行。

府吏马在前,新妇车在后,隐隐何甸甸,俱会大道口。下马入车中,低头共耳语:"誓不相隔卿,且暂还家去;吾今且赴府,不久当还归,誓天不相负!"

新妇谓府吏:"感君区区怀!君既若见录,不久望君来。君当作磐石,妾当作蒲苇,蒲苇纫如丝,磐石无转移。我有亲父兄,性行暴如雷,恐不任我意,逆以煎我怀。"举手长劳劳,二情同依依。

入门上家堂,进退无颜仪。阿母大拊掌,不图子自归:"十三教汝织,十四能裁衣,十五弹箜篌,十六知礼仪,十七遣汝嫁,谓言无誓违。汝今何罪过,不迎而自归?"兰芝惭阿母:"儿实无罪过。"阿母大悲摧。

还家十余日,县令遣媒来。云有第三郎,窈窕世无双,年始十八九,便言多令才。

阿母谓阿女:"汝可去应之。"

阿女含泪答:"兰芝初还时,府吏见丁宁,结誓不别离。今日违情义,恐此事非奇。自可断来信,徐徐更谓之。"

阿母白媒人:"贫贱有此女,始适还家门。不堪吏人妇,岂合令郎君?幸可广问讯,不得便相许。"媒人去数日,寻遣丞请还,说有兰家女,承籍有宦官。云有第五郎,娇逸未有婚。遣丞为媒人,主簿通语言。直说太守家,有此令郎君,既欲结大义,故遣来贵门。

阿母谢媒人:"女子先有誓,老姥岂敢言!"

阿兄得闻之,怅然心中烦,举言谓阿妹:"作计何不量!先嫁得府吏,后嫁得郎君。否泰如天地,足以荣汝身。不嫁义郎体,其往欲何云?"

兰芝仰头答:"理实如兄言。谢家事夫婿,中道还兄门。处分适兄意,那得自任专!虽与府吏要,渠会永无缘。登即相许和,便可作婚姻。"

要引导学生解决这些问题,就要让学生明白《孔雀东南飞》是一个层累式的文本。据章培恒先生的考证,此诗在东汉时期流传的面貌保存在《艺文类聚》卷三十二中:

后汉焦仲卿妻刘氏为姑所遣,时人伤之,作诗曰:"孔雀东南飞,五里一徘

徊。十三能织绮，十四学裁衣，十五弹箜篌，十六诵书诗。十七嫁为妇，心中常
苦悲。君既为府史，守节情不移。鸡鸣入机织，夜夜不得息。三日断五匹，大人
故言迟。非为织作迟，君家妇难为。妾有绣腰襦，葳蕤金缕光。红罗复斗帐，四
角垂香囊。交文象牙簟，宛转素丝绳。鄙贱虽可薄，犹中迎后人。"①

这样一首简短的诗歌经过魏晋至南北朝文人的不断加工，才变成了我们现
在习见的通行版本。然而在文本增改的过程中，仍有一些前后不协调的部分，
如上文提及的学生可能产生的一些疑问。

其实，这种层累式的文本经常会在增改过程中留下一些前后不协调的小问
题。比如上文提及的《西游记》，书中关于太上老君向观音菩萨吹嘘"老子化胡
为佛"、关于沙僧项上九个骷髅骨的来历、关于唐僧的身世等，都有种种问题。
朱刚先生对此有这样一段解释："其实，类似的'化石'在《西游记》《水浒传》等通
俗小说中并不稀见。从故事开始流传，到目前被我们认可的'小说'文本的形
成，经过了漫长的时间，于是，许多不同来源、形成于不同时期的元素，被汇集于
此，如果不曾被'作者'充分消化，就成为上述那样的'化石'。"②借用朱刚先生的
话，我们现在看到的早期诗歌不少也存在着"化石"。

那么，在教学中，教师可以适当地利用文本这样的特点，尝试引导学生寻找
文本内部的这些"化石"。一则让学生对经典的形成有更加深入的体验；二则也
可以锻炼学生的批判性思维，即使是经典的文本也不一定是完美的文本，我们
是可以带着批判的眼光来阅读的。

综上所述，文言文教学应该扣住文言文这一文本形态的特点，引导学生深
入文本，涵泳品味，讨论探究。只有从文言文这一独特的文本形态入手，文言文
教学才是切中肯綮的，才是牵住了文言文的"牛鼻子"的。在这样的言语实践活
动中，学生不仅能理解文本承载的情感和思想，还能理解和传承文本背后的文

①　章培恒.关于《古诗为焦仲卿妻作》的形成过程与写作年代[J].复旦学报(社会科学版),2005(1):
2-9.
②　朱刚.故事·知识·观念:百回本《西游记》的文本层次[J].复旦学报(社会科学版),2017(1):
106-112.

化脉络和文化精神。那么,学生的语文核心素养也就会在一篇篇文言经典的学习中自然而然地得到提升。

三、关于"依言而教"的一些补充

本章"依言而教",强调抓住文言文的言语形式、特殊文本形态进行教学,并不是要彻底否定以往通过翻译、讲解来落实字词和文意的做法,而是要突破只注重字词句翻译、文法讲解的枯燥的教学模式,努力将字词、文意的落实有机地融入文章的学习中去,做到言文并进。其实,文言文教学中的字词落实一直是一线教师比较为难的事情。不关注字词的话,担心学生学得不够扎实,文言文学习变成了空中楼阁;过多地强调字词,又担心与新课标的精神不太符合,也不能引起学生的兴趣。因此,就此问题,我们不妨多说几句。

首先,对于文本的初步理解,还是应该以学生的自主解决为主。依照统编教材中收录的文言文难度来评估,一般而言,学生借助教材下的注释和工具书,是能够自主完成文意的初步理解的。当然,这里的自主学习,教师可以设计一些活泼的学习任务,就如叶圣陶先生提出的"断句分章"预习作业,让学生借助团队合作的形式完成,课堂内也可以组织一些微型的课前展示活动等。

其次,在课堂中的文言文字词教学,主要以涵泳品味、探究梳理关键词句为主。上文谈到的"欣赏建筑之美""体会凝练之蕴""关注自主句读""借助版本资源"等,从某种意义上而言,都是在关键词句上做文章,由关键字句的发现、涵泳、探究,深入文章文学之美,进而抵达文本背后的文化内涵与精神。

值得一提的是,在关键词句的品味、探究过程中不要忽略文言文中的虚词。正如清代刘淇在《助字辨略》中说:"构文之道,不过实字虚字两端,实字其体骨,而虚字其性情也。盖文以代言,取肖神理,抗坠之际,轩轾异情,虚字一乖,判于燕越。"[①]王水照先生曾指出宋代散文具有善于发挥虚词作用的特点。他说:"罗大经说'韩柳犹用奇重字,欧苏唯用平常轻虚字'。欧阳修改'仕宦至将相,富贵

---

① 刘淇.助字辨略[M].章锡琛,校注.北京:中华书局,1954:自序 1.

归故乡'为'仕宦而至将相，富贵而归故乡'的故事，就透露了其中的消息。虚字这种手段的适当运用，有助于造成纡徐圆畅的散文节奏。"①

笔者教学韩愈的《师说》时也有这样的体会。以下是文章的第一段：

古之学者必有师。师者，所以传道受业解惑也。人非生而知之者，孰能无惑？惑而不从师，其为惑也，终不解矣。生乎吾前，其闻道也固先乎吾，吾从而师之；生乎吾后，其闻道也亦先乎吾，吾从而师之。吾师道也，夫庸知其年之先后生于吾乎？是故无贵无贱，无长无少，道之所存，师之所存也。

学生很容易误解这一段"生乎吾后，其闻道也亦先乎吾"中"亦"的意思。学生会想当然地将"亦"字解作"也"，在阅读中轻轻地滑过。教师不妨在此稍作引导，让学生查查字典，选择合适的释义。学生若能理解这个"亦"字是"假如"的意思，那么就能更加体会韩愈本文用字之严谨、逻辑之严密了。前一句用"固"，解作"本应"，强调通常情况之下年长者先闻道，"吾从而师之"；后一句用"亦"，解作"假如"，强调"年龄不是绝对的标准"，年少者也可能先闻道，"吾从而师之"。这样，通常情况和特殊情况都得以顾及，再进一步推出"吾师道也，夫庸知其年之先后生于吾乎"的道理，显得严密而周到。因而，看上去只是一个小小的虚字，却是关乎论说文行文之严密，不应一滑而过。

在关键词句的品味、探究过程中也可以随文相机引入文言语法，帮助学生进入文本。我们反对孤立地讲解文言语法，也反对以掌握文言语法为最终目的，但是我们不反对在文言文教学中引入文言语法。如果引入时机恰当，反而是引导学生深入文章理路或作者情感的重要契机。以教学统编教材高中语文必修下册所选蒲松龄的《促织》为例，有一段文字中"主语省略"的现象比较突出，是很多教师训练学生掌握省略现象的典型语料。

成益愕，急逐趁之，蟆入草间。蹑迹披求，见有虫伏棘根。遽扑之，入石穴中。掭以尖草，不出；以筒水灌之，始出，状极俊健。逐而得之。审视，巨身修尾，青项金翅。

---

①　王水照.走马塘集[M].上海：复旦大学出版社，2016：133.

这一段中有多处主语的省略,我们可以让学生补出主语,呈现如下:

成益愕,急逐趁之,蟆入草间。(成)蹑迹披求,见有虫伏棘根。(成)遽扑之,(虫)入石穴中。(成)掭以尖草,(虫)不出;(成)以筒水灌之,(虫)始出,状极俊健。(成)逐而得之。(成)审视,(虫)巨身修尾,青项金翅。

引导学生补出主语之后,我们不能戛然而止,而要引导学生再进一步体会、研究。补出主语之后,学生会有一个很直观的感受,这一段文字中主语转换得非常频繁,再配以极短的句子而形成极快的节奏,就像拍武侠电影中高手对决的场面,导演频繁切换短镜头,以此来烘托紧张的气氛,让观众产生身临其境的感受。因而,我们以此为契机引导学生关注主语的转换和句式的运用,能让学生更为深入地体会到成名内心的紧张,也更能明白一只小虫可以摆弄人的命运的荒诞的社会现实。以此而言,文言知识,包括文言语法知识,也不可忽视。

再次,在课后的作业设计中,可以适时地安排一些文言文字词、语法、文言文化知识等方面的梳理专题任务。比如指导学生做字词积累的小卡片、做词语词义演变的树形图、建立文言知识库等,也可以让学生选择一些语言文字现象,做一点探究,尝试写一写小论文,逐步培养学生形成文言语感,获得文言语理。必修教材和选择性必修教材中,课后的"学习提示"和"单元学习(研习)任务"中都有相关指导,教师们也可以参照使用;另外,也可以联系必修教材上册第八单元"词语积累与词语解释"来设置任务,引导学生积累词语,把握词义变化的规律。

由此来看,文言文的字词教学可以这样三个阶段和三种形式来落实。语言文字的积累与运用是语文素养的基础,其重要性毋庸置疑。然而,课堂学习只不过是语文学习过程中很有限的一部分,语文能力的真正提升还是要靠课外的大量阅读。文言文阅读能力的全面提升也是如此,一要靠课外大量阅读,二要靠日常点滴积累。课堂内的学习,更多的是教师指导学生探讨一些重要问题,解决一些关键任务。因而,明晰课堂教学的定位与教师的职责,有利于消除教师的一些不必要的担忧,也有利于教师具有针对性地、高效地"依言而教"。

总而言之,本章讨论的"依言而教",抓住文言文的特殊文本形态教学,本质上还是要培养学生的语感,锻炼学生的语言运用能力。这是以语言知识的掌握、语言能力的锻炼为基础,以语文素养的提升为鹄的的过程。

第 五 章

依文而教：循文入义

文言文教学,除了要关注"言",还要关注"文";除了"依言而教",还要"依文而教"。

所谓"依文而教",第一层意思是在文言文教学中要关注文本思想价值、行文构思、艺术表达等方面的特色,也就是这一篇文章的特点。在文言文教学中,教材所选的篇目都是各个朝代流传下来的经典作品。经典的形成,原因固然比较复杂,难以一概而论,但是作品本身独特的艺术价值恐怕是最基础的因素。因而,探寻文本本身的特色,思想价值上的或是艺术特色上的,是确立学习任务点的重要基础。

"依文而教"的第二层意思是在文言文教学中要关注文章的文体特点。依文本特色而教,是从作者的角度、个体的角度探寻到适宜的任务点;依文体特色而教,是从文体的角度、类的角度寻找到合适的任务点。在中国古代,文章因作者的理念有异、承担的功能不同形成了丰富多彩的体式,不同的文体又会呈现不同的风格,也能表达不同的情感。中学语文教材中所选的文章虽然类别没有那么繁复,然而也可称类型多样,几乎涵盖了《古文辞类纂》所涉及的大部分体裁。因而在文言文教学中,按照文体特点设计相关学习任务,引导学生把握文章的体裁特点,"溯源探流,申明义法",进而走入作者的心灵世界,是非常必要的路径。

"依文而教"的第三层意思是在文言文教学中要关注文本的文化倾向,教出文本承载的"道"或者背后蕴含的文化精神。文言文、古代典籍是传统文化的载体。学习文言文的过程,实际上也是传承传统文化的过程。从更深层的角度来说,学习文言文,不仅为了提升自身语言文字运用的能力,也不仅为了开阔文化视野、增强文化自觉,更重要的是寻找自我安身立命的精神家园。因而,文言文教学要引导学生在学习任务的完成过程中,自然而然地领悟语言文字背后的文化精神。当然,在我们努力"依言而教"时,关注文言文的言语形式和文本形态;在我们坚持"依文体而教""依文本而教",关注文本主旨内容与艺术形式的特殊性,其文本背后的内涵或者文化精神自然而然也会传递出来。本章以专节再加以论述,也表明了文言文教学中"言"和"文"是不能分离的,"文化"是根本的。

第一节　文本：寻绎特质，探明文心

文言文教学应该包含文言、文章、文学、文化四个方面，这基本已成为学界的共识。虽然学界各家对"文章""文学"的内涵表述还不完全一致，然而总是要找到文本在思想价值、行文构思、艺术表达等方面的独特之处，并在此基础之上确立教学目标、设计学习任务。一篇文本的独特之处，可能是由作者所处的时代带来的，可能有作者特殊的身世经历融注其中，也可能是作者独特的艺术个性的外显等。教学之中，教师要引导学生发现这一篇文本的特质，这非常重要，当然也并非易事。韦勒克、沃伦的《文学理论》一书在分析"文体与文体学"时指出："在许多别的例子里，要把一个作家的文体风格区分出来是十分困难的。特别是在那些使用一般文体风格的作家中，如许多伊丽莎白时代的剧作家或 18世纪的散文家，要分辨出他们重复出现的个性特征，需要有灵敏、锐利的听觉和观察力。"①其实不仅要从众多作家中分辨出一个作家，还要努力从一个作家的众多作品中分辨出"这一篇"作品。这对于读者，在教学领域，则是对于教者、学者，都需要有敏锐的艺术感受力。那么，如何寻找到这一篇文章的特质？

一、比较阅读法

比较阅读是最有效的方法。统编教材中将多篇文本置于一课之下，恐怕也有方法引导的意图。比较的角度非常多：既可以是横向的比较，同时代不同作者这一类文章的比较，或者同一作者这一类文章之间的比较；也可以是纵向的比较，不同时代这一类文章的比较；还可以是兼有横纵的比较，如同一主题下这一类文章的比较。按照西方语言学的观点来看，一个文本作为一个有价值的符号存在于系统之中，"处在两条道路的交叉点上：一条通往历时态，另一条通往

---

① 　勒内·韦勒克，奥斯汀·沃伦.文学理论[M].刘象愚，邢培明，陈圣生，等译.杭州：浙江人民出版社，2017：170.

共时态"①,当且仅当这个文本在共时和历时两方面都具有区别性特征,价值才会成为可能。也就是说,价值的呈现需要有区别性特征,而这区别性特征正是在比较之中体现出来。因而,我们在寻找某一类文章中这一篇的特征时,要注重将文本放在一个文本网络甚至文本系统中加以比较。

1. 横向的比较

比较同时代的这一类文章或者同一作者的这一类文章,读出这一篇的特色。虽是同一文体,但经过不同作家之手,常会显示出不同的魅力;甚至同一作者写同题文章,前后也会各具特色。当然,这也正是艺术的魅力所在。

比如同样是记文,王安石的《游褒禅山记》与同时代的游记,如苏轼的《石钟山记》、范仲淹的《岳阳楼记》有什么不同,它的特色在哪里?记文写法是最为自由的,统编高中语文教材中所选的记文也比较多,可以说各有各的特点。从写法上来看,《游褒禅山记》一文最大的特点就是在写作上充分调配叙议两种手段,形成极为巧妙的融合。那么,教学王安石的《游褒禅山记》就要抓住此文叙议结合的手法,设计学习任务。我们可以简要加以分析。

文章第一、二段记游,第三、四段议论,记游中的每一处文字都为后文的议论服务,议论中的每一处文字在前文都有铺垫。可以说文章剪裁得非常精当,毫无枝蔓冗杂之笔,体现出了高妙的结构艺术。为方便理解起见,我们可以将文章第二、三两段文字抄录于下,并将两段之间"叙"和"议"的呼应关系表述在一张图片之中。

其下平旷,有泉侧出,而记游者甚众,所谓前洞也。由山以上五六里,有穴窈然,入之甚寒,问其深,则其好游者不能穷也,谓之后洞。余与四人拥火以入,入之愈深,其进愈难,而其见愈奇。有怠而欲出者,曰:"不出,火且尽。"遂与之俱出。盖余所至,比好游者尚不能十一,然视其左右,来而记之者已少。盖其又深,则其至又加少矣。方是时,余之力尚足以入,火尚足以明也。既其出,则或咎其欲出者,而余亦悔其随之而不得极夫游之乐也。

---

① 费尔迪南·德·索绪尔.普通语言学教程[M].高名凯,译.北京:商务印书馆,2011:141.

于是余有叹焉。古人之观于天地、山川、草木、虫鱼、鸟兽，往往有得，以其求思之深而无不在也。夫夷以近，则游者众；险以远，则至者少。而世之奇伟、瑰怪，非常之观，常在于险远，而人之所罕至焉，故非有志者不能至也。有志矣，不随以止也，然力不足者，亦不能至也。有志与力，而又不随以怠，至于幽暗昏惑而无物以相之，亦不能至也。然力足以至焉，于人为可讥，而在己为有悔；尽吾志也而不能至者，可以无悔矣，其孰能讥之乎？此余之所得也。

其下平旷，有泉侧出，而记游者甚众 ◀──▶ 夷以近，则游者众

有穴窈然，入之甚寒，问其深，则其好游者不能穷也 ◀──▶ 险以远，则至者少

入之愈深，其进愈难，而其见愈奇 ◀──▶ 世之奇伟、瑰怪，非常之观，常在于险远

有怠而欲出者 ◀──▶ 非有志者不能至也

予之力尚足以入 ◀──▶ 力不足者，亦不能至也

火尚足以明也 ◀──▶ 至于幽暗昏惑而无物以相之

余亦悔其随之而不得极夫游之乐也 ◀──▶ 力足以至焉，于人为可讥，而在己为有悔

图 5-1-1　叙、议呼应比对图

由上图和文章对比可以看出，图的左半部分连起来就是文章第二段的内容，图的右半部分连起来基本就是文章的第三段。两段的内容由一句"于是余有叹焉"巧妙地耦合起来。另外文章第四段关于"学者不可以不深思而慎取"的议论又是针对文章第一段中"有碑仆道"的记叙发出的感慨。因而整个文章四段内容形成了以下的关系图：

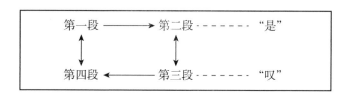

图 5-1-2　《游褒禅山记》文段关系图

由此可见，教学王安石的《游褒禅山记》，教师可以就此创设学习任务，让学生充分把握此文叙议结合的特色以及由此形成圆融的结构特色。这是非常必

要的,也是能够激发学生学习兴趣的。

再如教学苏轼的《赤壁赋》时,可以将苏轼的两篇《赤壁赋》进行对读,读出"这一篇"的特殊之处来。《前赤壁赋》写于农历七月,所谓"壬戌之秋,七月既望";《后赤壁赋》写于农历十月,所谓"是岁十月之望,步自雪堂,将归于临皋"。虽然游历时间与写作时间可能不完全等同,然而大致相差三个月,这是不错的。随着季节的转换,两篇赋文中描写的景物自然是不同的,然而月白风清,有酒有客,倒是一样的。而更值得关注的是,两篇赋文铺叙的重点、呈现的风格则有很大的差异。据说,苏轼经常自书《前赤壁赋》赠送给朋友,但是却没有书《后赤壁赋》赠人的记载。按照朱刚先生的说法,这说明两篇赋文承担的功能不同。《前赤壁赋》铺叙的重点是由"水""月"触发的人生思考,并以传统赋文主客问答的方式表达出来,从某种意义上讲,这是一个公共话题——当他抄写给朋友的时候,赋文就表达了交流的愿望,承担了交流的功能。《后赤壁赋》铺叙的重点是自己黑夜独游以及梦见道士的一整段奇特的经历。在这段经历中可能暗含或象征了作者以科举起家,进入仕途后历经宦场风波、被贬黄州的人生遭际;在最后的神秘梦境中又极可能暗示一种超越的心理体验。从这些"暗示"或"象征"中,我们也能感觉到《后赤壁赋》的主旨是非常隐晦的,是极为私密的内心独白,并不承担交际的功能。① 通过这样的比较,我们就能清晰地感受到两篇赋文叙写重点、整体风格、承担功能的诸多差异。在教学这两篇赋文的时候,教师可以抓住它们各自的特点,确定教学内容和学习任务,教出这一篇的特色。

另外,欧阳修和宋代的几位古文家都是作序文的高手,而且自有独特的风格。王水照先生对此在《宋代散文的风格》一文里做过专门的阐释。

曾巩是善于目录序的,他的《战国策目录序》《新序目录序》《列女传目录序》都以议论为主,以儒家卫道者的热忱,或排斥战国时的游士之言和诸子百家的"异端邪说",或发挥君子"身修故家国天下治"的道理,或劝诚国君重视内廷的教化。王安石是擅长序经义的,他的《周礼义序》《书义序》《诗义序》等,用简洁

---

① 朱刚.苏轼十讲[M].上海:上海三联书店,2019:132-148.

的文字,阐述它们跟当时施政的关系。朱熹为《诗经》《楚辞》《大学》《中庸》等古代典籍写的序,也常被一些古文选本所选录,其中颇有一些宝贵的艺术见解和治学心得。而欧阳修的诗文集序,却以浓厚的抒情性见长,具有更高的文学价值。如《苏氏文集序》《江邻几文集序》《梅圣俞诗集序》《释秘演诗集序》《释惟俨文集序》等,都结合作者和他们交游冷落、漂泊不遇的遭遇,抒发回肠荡气、呜咽凄楚的不平之感。这种低回婉转的抒情特点和欧阳修采用主客映衬的手法密切相关。①

这段文字就指出了序文在不同的作家手中呈现出的不同特色。在教学这一类文章时,不妨抓住各自特点,教出各自的特色来。比如教学欧阳修的《五代史伶官传序》时,王水照先生的这番话是具有启发意义的。

2. 纵向的比较

比较不同时代这一类文章,读出这一篇的特色。文体在形成和发展过程中,会因时代风向、作者理念等产生种种变异,融入时代的或个人的特色。比如同样是赋,有汉代的大赋、魏晋的小赋、唐代的律赋和宋代的文赋。这些赋文因时代的风气不同,形成了不同的特点。如汉代大赋的渲染铺排、劝百讽一,魏晋小赋的体制短小、注重抒情,唐代律赋的注重格律、服务科举,宋代文赋的形式自由、引论入赋等。除去时代特色,每一位作者也会融入个人的为文特色。

如杜牧的《阿房宫赋》是经典的赋文,被后人视为文赋的开山之作,也收入统编高中语文教材中。与前代的赋文相比,作者杜牧"破体为文",打破赋文一般的写法,语言上前半部分兼散于律,以律为主,后半部分则纯用散体。这是受了当时"古文运动"的影响②。同时此文又结合了《过秦论》等"论"的写法,引论入赋,形成了一种新的体制。这是从赋史的角度观照这一篇的特点,明晰它在文学史上的开创意义。然而,若把观照的时间轴向后代延伸,与宋代的文赋诸如《赤壁赋》等相比,综合来看,这一篇的特点又在哪里呢? 可引《阿房宫赋》前两段以备分析。

---

① 王水照.走马塘集[M].上海:复旦大学出版社,2016:134.
② 王锡九.谈谈《阿房宫赋》与汉赋和古文运动的关系[J].教学与进修,1983(3):25-27.

六王毕，四海一，蜀山兀，阿房出。覆压三百余里，隔离天日。骊山北构而西折，直走咸阳。二川溶溶，流入宫墙。五步一楼，十步一阁；廊腰缦回，檐牙高啄；各抱地势，钩心斗角。盘盘焉，囷囷焉，蜂房水涡，矗不知其几千万落。长桥卧波，未云何龙？复道行空，不霁何虹？高低冥迷，不知西东。歌台暖响，春光融融；舞殿冷袖，风雨凄凄。一日之内，一宫之间，而气候不齐。

妃嫔媵嫱，王子皇孙，辞楼下殿，辇来于秦。朝歌夜弦，为秦宫人。明星荧荧，开妆镜也；绿云扰扰，梳晓鬟也；渭流涨腻，弃脂水也；烟斜雾横，焚椒兰也。雷霆乍惊，宫车过也；辘辘远听，杳不知其所之也。一肌一容，尽态极妍，缦立远视，而望幸焉。有不见者，三十六年。燕赵之收藏，韩魏之经营，齐楚之精英，几世几年，剽掠其人，倚叠如山。一旦不能有，输来其间。鼎铛玉石，金块珠砾，弃掷逦迤，秦人视之，亦不甚惜。

比较一番，我们会发现《阿房宫赋》中的历史想象值得关注。作者在文章前半部分铺写了阿房宫的恢宏壮丽以及阿房宫内宫人生活的奢靡无度。然而据史载，阿房宫始建于秦始皇三十五年（公元前 212 年），到秦亡时尚未完工。司马迁《史记·秦始皇本纪》中载：

三十五年，……始皇以为咸阳人多，先王之宫廷小，……乃营作朝宫渭南上林苑中。先作前殿阿房，东西五百步，南北五十丈，上可以坐万人，下可以建五丈旗。周驰为阁道，自殿下直抵南山。表南山之颠以为阙。为复道，自阿房渡渭，属之咸阳，以象天极阁道绝汉抵营室也。阿房宫未成；成，欲更择令名名之。

············

（二世皇帝元年）四月，二世还至咸阳，曰："先帝为咸阳朝廷小，故营阿房宫。为室堂未就，会上崩，罢其作者，复土郦山。郦山事大毕，今释阿房宫弗就，则是章先帝举事过也。"复作阿房宫。外抚四夷，如始皇计。尽征其材士五万人为屯卫咸阳，令教射狗马禽兽。当食者多，度不足，下调郡县转输菽粟刍藁，皆令自赍粮食，咸阳三百里内不得食其谷。用法益刻深。①

---

① 司马迁.史记[M].北京:中华书局,2006:47-51.

也就是说,《阿房宫赋》中铺叙的阿房宫宫殿之恢宏、生活之奢侈是作者想象出来,或者说是作者艺术想象的产物。但这篇赋文的写作目的又是非常明确的,是针对上位者的警世之作,正如杜牧在《上知己文章启》中说"宝历大起宫室,广声色,故作《阿房宫赋》"①,这就点明了文章的写作用意。这样,一个突出的问题就摆在读者的面前,虚构的场景如何能成为后面议论的基础,如何能警诫、说服上位者?

其实,杜牧的历史想象并不是凭空捏造的,而是有一定的历史文献基础的,在历代的叙述中达成了共识。比如史书记载阿房宫虽未建成,然而为建此宫,秦政权还是动用了 70 余万刑徒,以致"关中计宫三百,关外四百余",因而秦统治者奢靡并非空穴来风。再如历代典籍中对秦政权的奢靡也有不少细致的书写与评论,张衡的《东京赋》中写道:

秦政利觜长距,终得擅场,思专其侈,以莫己若。乃构阿房,起甘泉,结云阁,冠南山。征税尽,人力殚。然后收以太半之赋,威以参夷之刑。其遇民也,若薙氏之芟草,既蕴崇之,又行火焉!②

班固的《汉书·贾邹枚路传》中引用贾山《至言》:

(始皇)贵为天子,富有天下,赋敛重数,百姓任罢,赭衣半道,群盗满山,使天下之人戴目而视,倾耳而听。一夫大呼,天下响应者,陈胜是也。秦非徒如此也,起咸阳而西至雍,离宫三百,钟鼓帷帐,不移而具。又为阿房之殿,殿高数十仞,东西五里,南北千步,从车罗骑,四马鹜驰,旌旗不挠。为宫室之丽至于此,使其后世曾不得聚庐而托处焉。③

由此可见,秦统治者的奢靡在当时的知识界已有共识。杜牧本着赋文"铺采摛文"的体式特点加以具体化的合理想象,在符合历史精神的基础上更具备了艺术感染力。可以说,文章前半部分的铺写越是充分,后面引发的议论就越是坚实。因此,《阿房宫赋》既保持了古赋"铺采摛文、体物写志"的特点,又创造

---

① 杜牧.樊川文集[M].上海:上海古籍出版社,1978:241.
② 萧统.文选[M].海荣,秦克,标校.上海:上海古籍出版社,1998:17.
③ 班固.汉书[M].北京:中华书局,1962:2327-2328.

性地引入"论"的写法。这样它既不是古赋,也不是文赋,而是一种过渡形态;同时它融入了大量的想象,而又让想象承担起议论的基础。这些恰恰就酿成本文独特的特点。教学本文的过程中,教师不妨以此来确定学习任务,引导学生读出这一篇独特的精神。黄厚江老师的《阿房宫赋》教学实录里就体现了对此特点的关注。以下是黄老师的课堂实录节选。

师:我们前面学过一篇《赤壁赋》,《赤壁赋》说不上是一篇典型的赋。我和你们说过,苏轼对散文的重大贡献,是对赋的拓展,是"以文写赋"。《阿房宫赋》可以说是典型的赋文①,有人称为"千古第一赋"。它典型地表现了赋的内容和特征。"赋"的形式特征是什么呢?有同学知道吗?"赋"特别重视……

【稍加拓展。苏杜比较,是为了说明杜牧之赋的典型性,是必要的。如果说以上是从文字内容的层面上做文章的话,以下教学就转到文章体式的角度了。根据文体特征组织教学内容是很重要的一条规律吧。是什么就教什么,教什么就像什么,说起来浅白,做起来并不容易。】

生:(齐)铺陈。

师:对,铺陈排比。它能从多角度反复描写同一个对象。我一个字,他写一大排句子,对吧?我几个句子,他用通篇来表现。这就是铺陈。铺陈的作用,大家体会出来了吗?

【这里展示一下刘勰对赋的一段论述如何?"赋者,铺也,铺采摛文,体物写志者也。"文不甚长,义不甚深,而且恰好与下面教师要讲的赋的特点相应,与课文的结构相对,而且多少能增加一点文言文教学的意味。】

生14:更能突出表现描写的对象,语言有气势。

师:哦,主要有两点。一是更突出事物的特点,还有一点是语言有气势。怎样使语言有气势啊?对,是将大量的排比、比喻和夸张组合到一起,表现了语言的气势。语言具有超乎寻常的表现力和魅力,征服了我们。

【这段话是对铺陈作用的解释,也是对刚才同学理解的补充。如何让学生

---

① 黄厚江老师认为这是典型的赋文,表述恐也不够准确。

真切地领会铺陈的好处,教师采用的是诵读的方法。如果让学生先谈铺陈作用的粗浅体会,然后教师再配乐朗诵,让学生在教师声情并茂的诵读中进一步体会铺陈的作用,是否比教师先概括铺陈的两个作用更好一些呢?】

....

课前有同学提了一个问题,说是"本文的中心段,也就是作者要表达的意思是哪一段";还有同学问得更具体,"本文点明主旨的句子是不是最后一句"。这些同学都在思考,你们看是不是最后一段?

生:(齐)是。

师:是不是最后一句? 看来大家有不同理解。其实我觉得不一定要落实到具体的某一句,这一段都是作者在表达他的思想。

【独抒己见,其实本段有三层意思。第一层是下断语:秦与六国都是自取灭亡。第二层是作解释:灭亡都是因为不爱人。第三层是示警戒:鉴重于哀。这三层意思互为因果,没有主次之分。所以教师说这一段都在表达他的思想。当然对段内的关系如果稍作解释,学生理解得可能更加深透一些。】

本文和《六国论》不一样。它不是一篇史论,但作者仍然表达了他对历史的感悟、见解,并告诫我们这些后人。大家想一想这一段中的"后人"是指什么样的后人。"使六国各爱其人,则足以拒秦;使秦复爱六国之人,则递三世可至万世而为君,谁得而族灭也?"谁能够消灭他们呢?"族灭"就是"灭族"。"秦人不暇自哀,而后人哀之;后人哀之而不鉴之,亦使后人而复哀后人也。"大家注意,这里四个"后人"的内涵、所指的对象是否一致?

【当是重点,也是多种考试常涉的考点,是绕不过去的。】

生:(齐)不一致。

师:怎么不一致呢? 哪位同学分析一下? (指名)你说说对这几个"后人"的理解。

生16:第一和第二个"后人",是一个意思,相对于秦人的后人;第三个"后人"是相对于前面两个后人的再一个"后人",是后人的后人。

师:是后人的后人。假如说,我们解读文章的时候,注意文章的背景,如果从杜牧写作的年代、时期来看,该文写于唐。当时唐敬宗大造宫室,不问政事,所以这个"后人",我们可以把它理解为"唐以后的后人"。最后一个"后人"是第三个"后人"的意思呢,还是前面两个"后人"的意思呢?

生:(齐)和前面两个一样。

师:对。四个"后人"两层意思,一、二、四,是指秦以后的人,第三个是指唐以后的人,是这样的吧? 其实,这四个"后人"两个意思,又指一个共同的对象,是什么?

生 17:国君。

师:对,主要是指君主、皇帝。①

对以上黄厚江老师的教学案例片段,褚树荣老师有一段点评:"习惯于教翻译的老师,可以从中看到执教者如何从文体特征出发决定教学内容,如何从章法鉴赏到文化承传上拓展课程资源,从而使自己的课堂增加深度和容量。"②所谓的"从文体特征出发决定教学内容",就是指黄老师在对比《阿房宫赋》和《赤壁赋》《六国论》的区别时,发现了本文"破体为文""引论入赋"的特点,并以这一点为切入口,带领学生深入理解文章。

3. 纵横交错的比较

比较这一篇文章与同一主题下的其他文章,读出这篇文章的特质。就某一主题进行探讨甚至争鸣,是古代文章中常见的现象。比如探讨秦亡的原因、探讨六国灭亡的原因、探讨封建制的利弊等。这些似乎是一些公共的话题或者说是一些基础性的话题。有些探讨当然是就事论事,探究事件自身的原因;有些探讨则是借此话题表达对现实政治或生活的关切,属于借古人文章浇自己的块垒。对同主题的文章进行比较阅读,有助于把握这一篇的独特之处。

如教学统编教材中苏洵的《六国论》,可以引导学生比较苏氏父子三人同题的三篇文章。苏轼的《六国论》谈论的主题是"养士"。他认为六国久存的原因

---

① 郑桂华,王荣生.语文教育研究大系(1978—2005):中学教学卷[M].上海:上海教育出版社,2007:480-495.

② 同①495.

在于"诸侯卿相皆争养士自谋"，而秦国速亡的原因在于不能养士。苏轼的这篇文章写于作者谪居海南岛时期。王水照先生怀疑是针对王安石的《读孟尝君传》而作，因为王安石在文章中把孟尝君所得之士贬斥为"鸡鸣狗盗"之徒。两篇文章的观点可谓针锋相对。① 苏辙的《六国论》与苏洵的《六国论》主题是一致的，都是探讨六国灭亡的原因。苏洵以为"六国破灭，非兵不利，战不善，弊在赂秦"，苏辙以为"当时之士虑患之疏，而见利之浅，且不知天下之势也"。因而，这两篇文章的比较，可能更有助于看出苏洵一文的特点。

六 国 论

苏 洵

六国破灭，非兵不利，战不善，弊在赂秦。赂秦而力亏，破灭之道也。或曰：六国互丧，率赂秦耶？曰：不赂者以赂者丧，盖失强援，不能独完。故曰：弊在赂秦也。

秦以攻取之外，小则获邑，大则得城。较秦之所得，与战胜而得者，其实百倍；诸侯之所亡，与战败而亡者，其实亦百倍。则秦之所大欲，诸侯之所大患，固不在战矣。思厥先祖父，暴霜露，斩荆棘，以有尺寸之地。子孙视之不甚惜，举以予人，如弃草芥。今日割五城，明日割十城，然后得一夕安寝。起视四境，而秦兵又至矣。然则诸侯之地有限，暴秦之欲无厌，奉之弥繁，侵之愈急。故不战而强弱胜负已判矣。至于颠覆，理固宜然。古人云："以地事秦，犹抱薪救火，薪不尽，火不灭。"此言得之。

齐人未尝赂秦，终继五国迁灭，何哉？与嬴而不助五国也。五国既丧，齐亦不免矣。燕赵之君，始有远略，能守其土，义不赂秦。是故燕虽小国而后亡，斯用兵之效也。至丹以荆卿为计，始速祸焉。赵尝五战于秦，二败而三胜。后秦击赵者再，李牧连却之。洎牧以谗诛，邯郸为郡，惜其用武而不终也。且燕赵处秦革灭殆尽之际，可谓智力孤危，战败而亡，诚不得已。向使三国各爱其地，齐人勿附于秦，刺客不行，良将犹在，则胜负之数，存亡之理，当与秦相较，或未易量。

---

① 章培恒，王国安.高中古诗文辞典[M].上海：汉语大词典出版社，2003：565.

呜呼！以赂秦之地封天下之谋臣，以事秦之心礼天下之奇才，并力西向，则吾恐秦人食之不得下咽也。悲夫！有如此之势，而为秦人积威之所劫，日削月割，以趋于亡。为国者无使为积威之所劫哉！

夫六国与秦皆诸侯，其势弱于秦，而犹有可以不赂而胜之之势。苟以天下之大，下而从六国破亡之故事，是又在六国下矣。

六 国 论

苏 辙

尝读六国《世家》，窃怪天下之诸侯，以五倍之地，十倍之众，发愤西向，以攻山西千里之秦，而不免于灭亡。常为之深思远虑，以为必有可以自安之计，盖未尝不咎其当时之士虑患之疏，而见利之浅，且不知天下之势也。

夫秦之所与诸侯争天下者，不在齐、楚、燕、赵也，而在韩、魏之郊；诸侯之所与秦争天下者，不在齐、楚、燕、赵也，而在韩、魏之野。秦之有韩、魏，譬如人之有腹心之疾也。韩、魏塞秦之冲，而弊山东之诸侯，故夫天下之所重者，莫如韩、魏也。昔者范雎用于秦而收韩，商鞅用于秦而收魏，昭王未得韩、魏之心，而出兵以攻齐之刚、寿，而范雎以为忧。然则秦之所忌者可以见矣。

秦之用兵于燕、赵，秦之危事也。越韩过魏，而攻人之国都，燕、赵拒之于前，而韩、魏乘之于后，此危道也。而秦之攻燕、赵，未尝有韩、魏之忧，则韩、魏之附秦故也。夫韩、魏诸侯之障，而使秦人得出入于其间，此岂知天下之势邪！委区区之韩、魏，以当强虎狼之秦，彼安得不折而入于秦哉？韩、魏折而入于秦，然后秦人得通其兵于东诸侯，而使天下遍受其祸。

夫韩、魏不能独当秦，而天下之诸侯，藉之以蔽其西，故莫如厚韩亲魏以摈秦。秦人不敢逾韩、魏以窥齐、楚、燕、赵之国，而齐、楚、燕、赵之国，因得以自完于其间矣。以四无事之国，佐当寇之韩、魏，使韩、魏无东顾之忧，而为天下出身以当秦兵；以二国委秦，而四国休息于内，以阴助其急，若此，可以应夫无穷，彼秦者将何为哉！不知出此，而乃贪疆场尺寸之利，背盟败约，以自相屠灭，秦兵未出，而天下诸侯已自困矣。至使秦人得伺其隙以取其国，可不悲哉！

　　仅就史论史而言，苏辙的观点之中肯、逻辑之严密，从某种程度上而言是优于苏洵的《六国论》的。苏洵的《六国论》在史实运用上存在着一定的瑕疵，在立论上也有偏颇之处。正如浦起龙在《古文眉诠》卷六十三中说："若就六国言六国，不如次公中肯。"①（次公，即苏辙）然而，就文章而言，苏洵的《六国论》又是三篇同题文章中公认的第一名。沈德潜在《唐宋八家文读本》卷十六中评论得好："六国之所以不能自强者，一在贪近利而互相侵伐，一在苟安而不肯用兵。此从事赂秦以至于亡也。论与子由篇相同，而笔力远过。"②沈德潜所谓的"笔力远过"，就是从文章学的角度来评论的。浦起龙在《古文眉诠》卷六十三中也指出，虽然就史论史，苏辙的议论比较中肯，但是苏洵的文章"警时则比较激切。以地赂，以金缯赂，所赂不同而情势同。读之魄动"。③浦氏强调的也是苏洵文章的文学魅力。在这样的比较阅读之下，包括《六国论》文本和历代评论的比较分析，我们很容易注意到苏洵《六国论》的特色：第一在于笔力雄健，主要指的是论证过程脉络清晰、笔锋犀利、势如破竹，给人以笔力千钧之感；第二在于借古论今，具有鲜明的现实针对性，这一点是后世几乎所有的评论者都提及的。因而，教学这篇文章，不妨始终扣住这两个特质设计任务，引导学生深入文本感受、体会。

　　再比如同样是借古讽今的文章，与苏洵《六国论》、贾谊《过秦论》等文章相比，欧阳修的《五代史伶官传序》具有独特性的一点是，作为一篇说理文，却带有浓厚的抒情色彩。具体而言，欧阳修通过一唱三叹的手法，融浓烈的情绪于通透的说理之中，使读者自然而然地接受作者的看法，听取作者的建议。文章大量使用感叹词、感叹句和反问句，特别是"呜呼"一词的使用为后人反复讨论。如本文以"呜呼"一词开头，发出对历史深沉的感慨，使整篇文章都笼罩在浓郁的抒情氛围之中。《东皋杂志》中记载了宋神宗和王安石这样一段对话："神宗问荆公：'曾看五代史否？'公对曰：'臣不曾仔细看，但见每篇首必曰呜呼，则事事皆可叹也。'余为公真不曾仔细看；若仔细看，必以呜呼为是。"后人如欧阳修

① 韩俐华.唐宋八大家散文：广选·新注·集评：苏洵卷[M].沈阳：辽宁人民出版社，1999：81.
② 韩愈，等.唐宋八家文读本：下册[M].沈德潜，选评.于石，校注.合肥：安徽文艺出版社，1998：505.
③ 同①81.

的儿子欧阳发、朱熹、李涂等也都指出欧阳修史论的抒情特色，并予以肯定。① 当代学者艾朗诺就此还说，欧阳修既是一个历史学家，也是一个诗人。② 当然，清代的章学诚则认为议论以"呜呼"二字发端最为恶劣。他说《新五代史》的赞可用作吊祭死人的文集，因为除了吊祭死人的文章之外，没有用"呜呼"发端的例子。③ 章学诚的用语比较尖刻，但他的观点在教学中也可以提供给学生进行讨论。不过，此文的抒情特色却是公认的特点。另外，文章骈散结合的句式，加上语气词的调配，使得文章的节奏感非常强烈。这也有助于作者在说理时调动情感的力量，达成更好的说理效果。吴小如先生有一文《读〈五代史伶官传序〉》集中探讨了本文的抒情特色，值得参考，兹引部分如下。

为了使抒情气氛浓烈，作者较多地运用了感叹句和反问句。这一点从文章一开头就表现得很明显、很突出。试想，如果作者把"呜呼"这一感叹词去掉，然后把"盛衰之理"三句改成"治乱兴衰皆由人事"一句话，道理还是那个道理，可是读者读上去就不会那么受感动，文章自然也收不到应有的一唱三叹的艺术效果了。同感叹句和反问句相配合，还要注意到文章的波澜起伏。这就是把一句话分成两句说，一层意思分作两层表达。每个单句不宜太长，却要注意有节奏。当然，感叹句和反问句必须用得含蓄有内容，有较大的概括力，否则便容易形成空泛浮夸、无病呻吟的唱叹，和矫揉造作的反复曲折。如结尾的"岂独伶人也哉"，既是感叹句又是反问句，既含蓄而又有较大的概括力。这就起到了"绾摄通篇"和"包举全局"的作用，给读者带来了广阔的启发性，使人们产生更多的联想。④

总而言之，从教学的角度而言，教师可以抓住文章的这一特点设计任务，可以讨论欧阳修在史书撰写中融入抒情的用意、说理文中抒情特色的必要、抒情

---

① 宋人李涂在《文章精义》第五十一条中说："欧阳永叔《五代史》赞首必有呜呼二字，固是世变可叹，亦是此老文字，遇感慨处便精神。"（李涂.文章精义[M].刘明晖，校点.北京：人民文学出版社，1960：70.）

② 艾朗诺（Ronald Egan）.对古"迹"的再思考[M]//朱刚，刘宁.欧阳修与宋代士大夫.上海：上海人民出版社，2007：84.

③ 见章学诚《章氏遗书》外编卷《丙辰札记》："欧阳修五代史赞发端必用'呜呼'二字，最为恶劣。余向议五代史序例，只可作谏祭文集。盖除却谏祭文辞，并无必用呜呼发端之例也。说者谓其感慨时世，夫感慨出于一时触发，岂有预定凡例，凭空悬一太息唏嘘，以待事理之凑合哉？"（文物出版社，1982 年版）

④ 岳麓书社.中国古代名文欣赏[M].长沙：岳麓书社，1984：180 - 186.

特色对说理的效果等。

　　另外，统编高中教材收录的三篇奏议类文章《谏太宗十思疏》《陈情表》《谏逐客书》，都是臣子向帝王上书，但因为上书人地位不同、诉求相异，呈现出不同的姿态、语气，显示出各自独特的风格。这种独特的风格或者说区别性特征也正是在同一文体的比较中突显出来的。

　　以上着重谈论了比较法对于寻绎文本特质的作用。然而，比较法的运用并不是随意的，而是有前提、规范、目的等。比较的前提是具有可比性，两个文本或者多个文本是基于文学范围内的比较，异中有同，具有某个可供比较的共同的基点；同时，比较又具有规范性，是符合逻辑和文学阅读规律的；比较还具有目的性，希望寻出"这一篇"文本的特质。因而，不是任意的两个文本都能比较，也不是任何文本都能寻找出合适的比较对象。

二、文本细读法

　　除去比较法之外，"文本细读"也是值得推荐的方法，也有助于我们寻找"这一篇"的特质。"文本细读"本是 20 世纪 30 年代新批评派提出的文本解读的方法，曾一度非常流行，也遭到不少非议。这种文本解读方法，希望摆脱时代、作者、读者等因素的制约，仅仅关注文本本身，排除一切非文学的因素之后对作品进行研究。其实，这种方法论与中国古代倡导的阅读方法论是相冲突的。中国古代文论强调"知人论世"，注重时代、作者在阅读中的作用，又强调"以意逆志"，注重读者自我的身世经历与阅读体验。另外，新批评派也排斥我们上述的比较法，只论孤立的作品，不谈文类的批评。作品与作品的关系、主题学的研究都是新批评派拒绝的阅读研究方式。① 赵毅衡先生在《重访新批评》中这样总结

---

　　①　美国学者 M.H.艾布拉姆斯在《镜与灯：浪漫主义文论及批评传统》一书中提出过著名的"视点"理论。他勾画了一个以作品为中心的图式，作品与"世界""作家""读者"三要素相联系。这样四个要素就是考察文学本质问题的四个"视点"。他运用这个图式，将阐释艺术品本质和价值的尝试分作两大类：一类主要是以作品与另一要素（世界、读者、作家）的关系来解释作品；另一类则作品视为一个自足的体系孤立起来进行研究，认为它的意义与价值的确不与外界任何事物相关。（M.H.艾布拉姆斯.镜与灯：浪漫主义文论及批评传统[M].郦稚牛，张照进，董庆生，译.北京：北京大学出版社，2004：6.）用 M.H.艾布拉姆斯的理论来观照中国古代文论与新批评之间的区别，也颇有意味。

新批评派的方法论：

在新批评派看来，读者是可以排除在外的，因为作品的意义不以读者为转移；作者也可以不必考虑，因为如果创作中的自我意识或其他动机已在作品中实现，那么研究作品即可；如果没有实现，那么跟批评也无关。应指出，除了 3R 关系（新批评派的瑞恰慈构建了一个由作者、读者、作品构成的 3R 互动系统），文学批评尚涉及另一个要素，即文学作品与其他作品的关系。作品与作品的群体关系，构成了文学研究、主题学等，这应当也属于"客观主义"，但新批评派拒绝这种批评方式，他们只研究单篇作品，不问群体。作品与过去作品的关系，与文学史有关，更是新批评派所排斥的。①

应该说，赵毅衡先生在这段话中很全面地总结了新批评派比较偏激的主张。然而，新批评派注重文本的理念，以及具体分析文本的一些手段，如寻找反讽、悖论、张力等方法依然具有其意义。虽然我们不会使用这些术语，但是不妨碍它们在具体使用过程中的有效性，以至于新一代的批评家仍会感慨"讨论具体作品时，我们仍然像个新批评派"，"新批评派仍然像哈姆雷特父亲的鬼魂，依然在指挥我们"②。那么，我们在阅读和教学古代文学作品时，不妨也试一试文本细读的方法。

比如教学《五代史伶官传序》，如何寻绎"这一篇"的特质？上文我们已经论及，在与其他文本的对比中，抒情性是这一篇值得关注的特点。若从文本细读的方法来看，也能寻出此篇别具特色的任务设计点。且看本文第二、三段：

世言晋王之将终也，以三矢赐庄宗而告之曰："梁，吾仇也；燕王吾所立，契丹与吾约为兄弟，而皆背晋以归梁。此三者，吾遗恨也。与尔三矢，尔其无忘乃父之志！"庄宗受而藏之于庙。其后用兵，则遣从事以一少牢告庙，请其矢，盛以锦囊，负而前驱，及凯旋而纳之。

方其系燕父子以组，函梁君臣之首，入于太庙，还矢先王，而告以成功，其意气之盛，可谓壮哉！及仇雠已灭，天下已定，一夫夜呼，乱者四应，仓皇东出，未

---

① 赵毅衡.重访新批评[M].天津：百花文艺出版社，2009：68.

② 同①1.

及见贼而士卒离散,君臣相顾,不知所归,至于誓天断发,泣下沾襟,何其衰也!岂得之难而失之易欤? 抑本其成败之迹,而皆自于人欤?《书》曰:"满招损,谦得益。"忧劳可以兴国,逸豫可以亡身,自然之理也。

第二段开始用了"世言"二字,说明作者对"三矢赐庄宗"的真实性是有所怀疑的,那么作者为什么不选择真实性更高的史料呢? 这是矛盾之一。第三段中只对比庄宗得天下与失天下之"壮"与"衰",而只字不提他为何而衰,怎么能得出"逸豫可以亡身"的道理? 这是矛盾之二。这两个文本矛盾需要深入文本细读才能发现,其转化为教学问题也能激发学生的思考。正如陈思和先生谈及文本细读说的一番话:

阅读文本时,经常有一种"通不过"的感觉,即阅读者读到某些描写、某些细节甚至是某些句子的时候,心理会不舒服,会产生"为什么会这样写"的疑问。如果我们假定所阅读的作品是一部公认的杰作,那么这样的"通不过"可能不是因为作家在某些地方写得不好,而是阅读者的心灵在阅读中遭遇了挑战的信号。——这也往往是文本细读的起点。所以我建议阅读者不要轻轻放过自己感情上"通不过"的信号,而是要停下来,问一下:为什么会这样? 也许你就会发现文本的破绽之处,其实也不是破绽,而是帮助你进入文本做进一步探究的线索。①

在陈思和先生话语的基础上做一点延伸的话,即你发现的文本"破绽",其实并不是破绽,而是你发现文本特质的切入点。正如发现了欧阳修《五代史伶官传序》中的两个矛盾,就此引导学生深入探究,会发现本文"序"和"论"相结合的特质。②

再如教学《屈原列传》,要找出这一篇的特质,也可以运用文本细读的法门。细读文本,我们会发现这样一些陈思和先生所谓"通不过"的地方。第一,《屈原列传》中总共出现了十多位人物,包括秦楚的文武重臣,似乎只有屈原一人是清正有见识之人,其余之人或昏聩或奸邪或无能,难道真是举世皆浊我独清? 这

---

① 陈思和.中国现当代文学名篇十五讲[M].北京:北京大学出版社,2003:8.
② 关于这两个矛盾的解读,可以参阅拙著《困教录》(上海教育出版社 2018 年版,第 108—112 页)中《论与序的融合——谈〈伶官传序〉的体例》一文。

似乎与常情相悖。

第二，文章第一段说屈原"博闻强志，明于治乱，娴于辞令。入则与王图议国事，以出号令；出则接遇宾客，应对诸侯。王甚任之"。这么一个明智而善于应对的能臣受到上官大夫区区数句谗言的戕害，竟然就被楚怀王疏远罢黜。这样的转变显得比较突然，不近情理。

第三，文章虽然名曰"屈原列传"，然而正面叙写屈原经历的文字很少，大部分内容却在叙写楚国的衰败史。这似乎显得文不对题。且看文章的主体部分：

屈原既绌，其后秦欲伐齐，齐与楚从亲。惠王患之，乃令张仪详去秦，厚币委质事楚，曰："秦甚憎齐，齐与楚从亲，楚诚能绝齐，秦愿献商於之地六百里。"楚怀王贪而信张仪，遂绝齐，使使如秦受地。张仪诈之曰："仪与王约六里，不闻六百里。"楚使怒去，归告怀王。怀王怒，大兴师伐秦。秦发兵击之，大破楚师于丹、淅，斩首八万，虏楚将屈匄，遂取楚之汉中地。怀王乃悉发国中兵，以深入击秦，战于蓝田。魏闻之，袭楚至邓。楚兵惧，自秦归。而齐竟怒不救楚，楚大困。

明年，秦割汉中地与楚以和。楚王曰："不愿得地，愿得张仪而甘心焉。"张仪闻，乃曰："以一仪而当汉中地，臣请往如楚。"如楚，又因厚币用事者臣靳尚，而设诡辩于怀王之宠姬郑袖。怀王竟听郑袖，复释去张仪。是时屈平既疏，不复在位，使于齐，顾反，谏怀王曰："何不杀张仪？"怀王悔，追张仪，不及。

其后诸侯共击楚，大破之，杀其将唐眜。

时秦昭王与楚婚，欲与怀王会。怀王欲行，屈平曰："秦，虎狼之国，不可信。不如毋行。"怀王稚子子兰劝王行："奈何绝秦欢？"怀王卒行。入武关，秦伏兵绝其后，因留怀王，以求割地。怀王怒，不听。亡走赵，赵不内。复之秦，竟死于秦而归葬。

长子顷襄王立，以其弟子兰为令尹。楚人既咎子兰以劝怀王入秦而不反也。屈平既嫉之，虽放流，眷顾楚国，系心怀王，不忘欲反，冀幸君之一悟，俗之一改也。其存君兴国而欲反覆之，一篇之中三致志焉。然终无可奈何，故不可以反。卒以此见怀王之终不悟也。人君无愚、智、贤、不肖，莫不欲求忠以自为，举贤以自佐；然亡国破家相随属，而圣君治国累世而不见者，其所谓忠者不忠，而所谓贤者不贤也。怀王以不知忠臣之分，故内惑于郑袖，外欺于张仪，疏屈平而信上官大夫、令尹子兰，兵挫地削，亡其六郡，身客死于秦，为天下笑。此不知人之祸也。

以上这么长的文字，约占全文文字量的一半，竟然与屈原本人的关系并不太大，这不免让人狐疑。既然是"屈原列传"，不应是以屈原为叙述的中心吗？

第四，文章中屈原与渔父的一番对话，直接引用《楚辞·渔父》中的假设之言。且看两段文字的对比：

屈原至于江滨，被发行吟泽畔，颜色憔悴，形容枯槁。渔父见而问之曰："子非三闾大夫欤？何故而至此？"屈原曰："举世混浊而我独清，众人皆醉而我独醒，是以见放。"渔父曰："夫圣人者，不凝滞于物，而能与世推移。举世混浊，何不随其流而扬其波？众人皆醉，何不铺其糟而啜其醨？何故怀瑾握瑜，而自令见放为？"屈原曰："吾闻之，新沐者必弹冠，新浴者必振衣。人又谁能以身之察察，受物之汶汶者乎？宁赴常流而葬乎江鱼腹中耳，又安能以皓皓之白，而蒙世俗之温蠖乎？"乃作《怀沙》之赋。……于是怀石，遂自投汨罗以死。

——司马迁《史记·屈原贾生列传》

屈原既放，游于江潭，行吟泽畔，颜色憔悴，形容枯槁。渔父见而问之曰："子非三闾大夫与？何故至于斯？"屈原曰："举世皆浊我独清，众人皆醉我独醒，是以见放。"

渔父曰："圣人不凝滞于物，而能与世推移。世人皆浊，何不淈其泥而扬其波？众人皆醉，何不铺其糟而歠其醨？何故深思高举，自令放为？"

屈原曰："吾闻之，新沐者必弹冠，新浴者必振衣；安能以身之察察，受物之汶汶者乎？宁赴湘流，葬于江鱼之腹中。安能以皓皓之白，而蒙世俗之尘埃乎？"

渔父莞尔而笑，鼓枻而去，乃歌曰："沧浪之水清兮，可以濯吾缨；沧浪之水浊兮，可以濯吾足。"遂去，不复与言。[①]

——屈原《楚辞·渔父》

① 金开诚.楚辞选注[M].北京：北京出版社，1980：145－147.

我们可以发现,这两部分文字几乎一模一样,可知司马迁将屈原的文学性创作作为史实记入了传记。这似乎不太妥当。①

以这样一些"通不过"的地方作为起点引导学生做些探究,会发现《屈原列传》与其说是对屈原人生的真实记录,毋宁说是一部对屈原的颂歌,是一部隐藏作者自我心曲的心灵史。正如明代杨慎所评:"太史公作《屈原传》,其文便似《离骚》。其论作《骚》一节,婉雅凄怆,真得《骚》之趣者也。"②可以说,抒情性才是这一篇的特质。

由以上两例可见,在文本细读中发现矛盾、悖论或者"通不过"的地方,可能就找到了通向文本特质之门的入口。当然,要解决这些矛盾、悖论等,仅仅依靠文本内部的研究还不能完全奏效,新批评派的"文本细读法"仍有很大的局限性,还要借助知人论世、以意逆志,还要将文本放入文类中进行比较,综合分析之后才能抵达阅读的深处。而在教学中,文本特质既可以是教师完成解读之后课堂教学的起点,也可以是教师引领学生完成寻绎的一个终点。总而言之,依文本特质而教,是文言文教学摆脱同质、枯燥、低效的必行之路。

---

① 汉代王逸在《楚辞章句》中说《渔父》是屈原所作,但他在《渔父章句》的序里又说"楚人思念屈原,因叙其辞以相传焉"。宋代洪兴祖、朱熹,清代王夫之以及当代学者姜亮夫都认同为屈原所作。自清代崔述对此质疑后,当代学者如郭沫若、游国恩、陆侃如、马茂元等都认为是深知屈原生活和思想的楚人作品。其中马茂元先生还指出,司马迁也没有把《渔父》看成屈原的作品,"司马迁在本传里录《怀沙》和《渔父》全文,于《怀沙》则标明为屈原所作,而于《渔父》则把它当作有关屈原生平的记录直接引用,更可证明,司马迁根本上就没有把《渔父》看成屈原的作品;《渔父》和《卜居》性质相同,当然是可以以彼例此的"。(《楚辞选》,商务印书馆 2020 年版)

② 周振甫.《史记》集评[M].重庆:重庆大学出版社,2010:244.

第二节　文体：溯源探流，申明义法

　　文言文教学"依文而教"，要关注这一篇的特色；然而这一篇的特色，往往又蕴藏在这一类的特色之中。"依文而教"，还要延伸到关注这一类的文体特色。

　　古代的文体分类颇为复杂。曹丕的《典论·论文》将文章分为奏议、书论、铭诔、诗赋四类；陆机的《文赋》将文体分为诗、赋、碑、诔、铭、箴、颂、论、奏、说十类；刘勰的《文心雕龙》将文体分为骚、诗等二十一种；《昭明文选》选录先秦至梁代的各体诗文，分成三十八类。因文体分类过于烦琐，清代姚鼐选编的《古文辞类纂》就将文章分为论辨、序跋、奏议、书说、赠序、诏令、传状、碑志、杂记、箴铭、颂赞、辞赋、哀祭等十三类。

　　如按照姚鼐《古文辞类纂》的文体分类来判断，中学语文教材的选文可谓门类众多。论辩类，有贾谊《过秦论》、韩愈《师说》、苏洵《六国论》等；序跋类，有欧阳修《伶官传序》、王羲之《兰亭集序》等；奏议类，有李斯《谏逐客书》、诸葛亮《前出师表》、魏徵《谏太宗十思疏》等；书说类，有王安石《答司马谏议书》、林觉民《与妻书》等；赠序类，有宋濂《送东阳马生序》；传状类，有柳宗元《种树郭橐驼传》；碑志类，有韩愈《柳子厚墓志铭》①；杂记类是最多的，有柳宗元《小石潭记》、苏轼《石钟山记》、王安石《游褒禅山记》、归有光《项脊轩志》等；箴铭类，有刘禹锡《陋室铭》；辞赋类，有屈原《离骚》、陶渊明《归去来兮辞》、苏轼《赤壁赋》；哀辞类，有屈原《国殇》②。《古文辞类纂》所分的十三类文体中，除诏令类、颂赞类之外，在教材中都曾有选录。中学教材中还选录了《古文辞类纂》所不收的诸子散文、史传作品、笔记小说以及骈文等。由此可见，整个中学阶段语文教材内的文言文总量虽然不多，但门类相当齐全。

　　不同体裁的文章，因承担的功能不同，表达的内容和情感各异，呈现出不同

---

① 统编教材未选此文，苏教版高二选修教材曾选录。
② 统编教材未选此文，沪教版高三下册教材曾选录。

的风格与特色。中国古代的文人很早就注意到不同文体的不同特色,如陆机在《文赋》里就说:"诗缘情而绮靡,赋体物而浏亮。碑披文以相质,诔缠绵而凄怆。铭博约而温润,箴顿挫而清壮。颂优游以彬蔚,论精微而朗畅。奏平彻以闲雅,说炜晔而谲诳。"①这已经非常精要地点出了十类文体的风格特色。再看中古时期的理论巨作《文心雕龙》,全书可分四个部分共五十篇,其中第二部分自《明诗》到《书记》共二十篇,分别论述了诗歌、辞赋、论说、书信等三十多种体裁的作品。每一篇有四项内容,就是所谓的"原始以表末,释名以章义,选文以定篇,敷理以举统",用白话来说,也就是探明源流,解释名称,评述代表作家作品,指明体制特色和规格要求。其中"敷理以举统"一项,指导写作者明晓各体特色,放在篇末,最为要紧。因而,中国古代的写作者在写作时会根据自己要表达的内容与情感来选择相应的文体。那么反过来,在教学时,我们是可以引导学生从文体特色的角度来体会文章所表达的内容与情感的。郑桂华教授尤为注重从文章学的维度开发文言文教学内容的策略。她著文指出,"古文中的文章学信息不仅仅是一些写作技能,也是中华民族文化体系的重要构成部分,同样值得我们很好地学习和继承。在古文教学中如果遗漏了这类信息,不仅会使教学内容显得单一,还减少了一条可能深刻理解古文中思想内涵的有效路径"。②确实,抓住文章学或文体这把钥匙,也许我们就能开启深入理解古文的大门。

以下试举几类文体略加讨论。

一、诸子散文的教学③

中华优秀传统文化中,先秦诸子可以说是根基。统编教材高中语文选择性必修上册专设一个单元,让学生集中学习先秦诸子散文,以加深对传统文化之

---

① 郭绍虞.中国历代文论选[M].上海:中华书局上海编辑所,1962:138.
② 郑桂华.文章学:文言文阅读教学价值之考察的第四维[J].现代基础教育研究,2017(3):143-149.
③ 《语文学习》2021年第6期发表了拙作《先秦诸子散文教学的重点与策略——以统编高中语文选择性必修上册第二单元为例》。本部分吸取了此文部分内容。

根的理解。而先秦诸子散文异彩纷呈,博大精深,如何确定学习任务,这是首先要思考的问题。课程标准、教材安排以及先秦诸子散文的特色应该是需要综合考虑的元素,其中先秦诸子散文的特色又是这三者中的重点。

从先秦诸子散文本身的特色来看,思想性应该是其核心要素。可以说,诸子百家时代的百家争鸣奠定了中国人思想的基础,是中国传统文化之根。读先秦诸子散文,对于了解中华文化的丰富性、复杂性、深刻性是具有重要意义的。因而,先秦诸子散文的教学,侧重作品的文化思想内涵和价值,是应有之义。

先秦诸子散文的另一重要特色是争鸣性。说起先秦诸子,就会提起"百家争鸣、百花齐放"。《汉书·艺文志》总结诸子百家时说:"凡诸子百八十九家,四千三百二十四篇。诸子十家,其可观者九家而已。皆起于王道既微,诸侯力政,时君世主,好恶殊方,是以九家之术蜂出并作,各引一端,崇其所善,以此驰说,取合诸侯。其言虽殊,辟犹水火,相灭亦相生也。"①而所谓"百家争鸣",关键在一个"争"字。所谓"争",就是思想的交锋,观念的激荡,智慧的冲撞。也正是在这种激烈的激荡、冲撞、交锋之中,中华思想文化史迎来了一段辉煌历程。因而,要让学生体会到这种"争",进而理解中华文化的丰富博大,就要在整合比较的学习中充分感受。例如儒家讲"仁爱",墨家讲"兼爱"。只有通过比较,才有可能深入地明白儒家"仁爱"的一个重要特点,是强调"亲亲""尊尊"的等级差别;墨家的"兼爱"则是无差别无等级的爱。假如没有作品、学说的比较,学生是不会轻易体会到儒家"仁爱"中的这一重要侧面。再如儒家强调点滴行动的意义,说"譬如为山,未成一篑,止,吾止也;譬如平地,虽覆一篑,进,吾往也"(《论语·子罕》);道家也强调点滴行动的意义,说"合抱之木,生于毫末;九层之台,起于累土;千里之行,始于足下"(《老子》第六十四章)。然而两者的落脚点不同,儒家强调的是点滴行动的正面意义——"进";道家则侧重强调这点滴行动导致的负面意义——"败"。因而,正是通过两家学说的比较,各自的内涵和背

① 班固.汉书[M].赵一生,点校.杭州:浙江古籍出版社,2000:594-595.

后的价值取向才会更加清晰地显示出来。

即使同属一家,观念也有争锋。比如儒家孟子在《人皆有不忍人之心》中对人性的论述与荀子在《劝学》中对人性的认识,就有很大的差异;《〈老子〉四章》中对"无"和"用"的认识与《庄子·五石之瓠》中对"无"和"用"的认识也有差异,老子的"用"还是实用,庄子的"用"已是超越实用之"用"了。

当然,在比较中,我们不能只看到"争"中的"异",也应该看到"争"中的"同"。比如他们善用寓言等形象化说理方式,又比如他们不同观点背后相同的旨归。《汉书·艺文志》中也说:"今异家者各推所长,穷知究虑,以明其指,虽有蔽短,合其要归,亦《六经》之支与流裔。使其人遭明王圣主,得其所折中,皆股肱之材已。"①总之,在文本的比较中,这些作品的内涵会更清晰地呈现出来,作品背后"百家争鸣"的时代风气也会凸显出来。

先秦诸子散文还有一个特色就是因丰富的注疏系统而形成的历时发展性。先秦诸子的思想并没有止步于先秦。随着时代的发展,诸子的思想依然在发展与丰富。其中最值得注意的就是关于诸子散文的历代注疏系统。这个注疏系统,一方面帮助后人更准确地理解先秦诸子的思想,使得诸子思想得以传承;另一方面也呈现出先秦诸子思想在时代发展过程中的不断丰富、更新与成长。因此,准确把握诸子散文的内涵,还需要将其置于这样一个注疏系统中去考察,文本的意义才能更加明晰。

例如历代关于《庄子》的注疏,可谓汗牛充栋,其中最著名者如晋代郭象的注、唐代成玄英的《庄子注疏》、陆德明的《经典释文·庄子音义》,还有清代关于《庄子》注疏、训诂的集大成之作,郭庆藩的《庄子集释》。统编教材所选的《庄子·五石之瓠》依据的版本就是中华书局 2004 年版的《庄子集释》。学习《庄子·五石之瓠》,我们当然没有能力也没有必要全面梳理历代的注疏,然而根据《庄子集释》选择一些要点,提供一些历代重要学者的不同观点让学生辨析,对学生准确而深入地理解《庄子》文本的内涵是有意义的,也可以让

---

① 班固.汉书[M].赵一生,点校.杭州:浙江古籍出版社,2000:595.

学生体会到中华文化始终"不丧斯文"、绵延千年的文化精神。如"今子有五石之瓠,何不虑以为大樽而浮乎江湖,而忧其瓠落无所容"一句中的"虑"字,历代注疏有多种解释,有解释为"思、谋",也有注释为"用绳结缀",初看起来都通,仔细辨析的话还是后者为佳。那么,这个过程让学生去查找、比较、辨析,不就是一个很好的深入文本学习的过程吗?笔者教《庄子·逍遥游》时,曾将扫叶山房石印本的《庄子集释》片段印给学生,让学生做一点句读的任务,取得了不错的效果。学生在句读的过程中,一方面对古代注、疏、释等文化活动有了直观的了解,另一方面也通过理解历代学者的观点更深入地理解了文本的思想内涵。

以下是笔者教《〈老子〉四章》《五石之瓠》的一个课堂案例,可供参考。

师:同学们好。上几节课,我们一起学习和探讨了先秦诸子中的儒家思想,今天开始,我们要学习先秦诸子中的另一重要流派——道家。初中的时候,我们有没有学习过道家的作品啊?

生:学过庄子的《北冥有鱼》。

师:好的,这是庄子《逍遥游》的一段节选。我们这次要学习庄子《逍遥游》的另一段节选《五石之瓠》。"五石之瓠"这个标题,是教材编者加的。有没有同学愿意帮我们回忆一下庄子的基本信息?

生1:庄子,名周,是战国时期道家学派的代表人物,写了《庄子》一书。

生2:庄子的经历不是特别清晰,好像担任过漆园吏,应该说生活在社会的底层。

生3:庄子提倡清静无为、逍遥自由的思想,并不在意自己困苦的生活。

生4:庄子好像有一个朋友叫惠子,经常与他辩论,很有名的故事"子非鱼,安知鱼之乐"讲的就是与惠子的辩论。

师:是的,这是著名的"濠上之辩"。这次我们要学习的《五石之瓠》中,这位惠子还将与庄子来一场讨论。同学们刚刚一起回顾了庄子的很多信息。几位同学提供的信息很丰富,已经超出了我说"基本信息"的要求了。今天,我们还要接触道家学派的另一位重要人物——老子。相比庄子,老子显得更加神秘,大家可以看一看课本上有一张插图。这张插图上有什么老子的信息?

生5:这是元代华祖立画的一幅老子像。老子坐在岩石上。人像边上有一段文字,大概是介绍老子的。

师:怎么知道是介绍老子的?

生5:因为起句写的是"老君姓李名耳……",这是传记的写法。

师:好的,确实是老子的介绍。这段文字没有句读,我们还不能顺畅地获取相关的信息。接下来,我们以小组的形式,完成一个任务。为这段文字点上句读,用"/"标识出来,然后梳理出老子的相关信息。

(小组合作句读。在此过程中,教师帮助学生解决了一些繁体字、异体字的疑难问题。比如"漫""走""网""历"等,《老子像》写的是异体字,学生很陌生,再如"号""兽""犹""关"等繁体字,学生也不熟悉。)

师:我们请同学展示一下句读的成果。

生6:这是我们小组的句读,请大家批评指正。

老君姓李/名耳/字伯阳/父楚苦县厉乡曲仁里人也/谥曰聃/或曰老子/耳漫无轮/故号曰聃/为周守藏室史/景王时/孔子适周/问礼于老子/退谓弟子曰/鸟吾知其能飞/鱼吾知其能游/兽吾知其能走/走者可以为网/游者可以为纶/飞者可以为矰/至于龙吾不能知其乘风云而上天/吾今日见老子/其犹龙耶/周室既衰/老子西游/出散关/关令尹喜知为圣人/曰/子将隐矣/强为我著书/乃著上下篇五千余言而去/莫知所终/老子无为自化/清净自正/其道非忘天下者/万世不能泯也/今亳州太清宫/乃其降生之地/京兆盩厔县终南山/宗圣宫即古楼观/授经处也/周穆王以来历代尊崇/累册封至唐上/尊号曰/太上老君/混元上德皇帝/高居三境/则名太清仙境道德天尊

师:这一组点得不错,特别是前半部分很好。后半部分有些小问题,哪一小组来纠正一下?

生7:从"今亳州太清宫"开始,我们是这样点的:

今亳州太清宫/乃其降生之地/京兆盩厔县终南山宗圣宫即古楼观授经处

也/周穆王以来历代尊崇/累册封/至唐上尊号曰/太上老君/混元上德皇帝/高
居三境/则名太清仙境道德天尊

师：这样更好了。我刚刚走了一圈，同学们点得大致不错，个别细节地方可
以再斟酌一下。大家看看我给这段文字加的标点，比较一下我们的不同。如有
不同意的，下课后我们可以再探讨。（出示PPT）

老君姓李，名耳，字伯阳父，楚苦县厉乡曲仁里人也。谥曰聃，或曰老子
耳漫无轮，故号曰聃。为周守藏室史。景王时，孔子适周，问礼于老子。退谓
弟子曰："鸟，吾知其能飞；鱼，吾知其能游；兽，吾知其能走。走者可以为网，
游者可以为纶，飞者可以为矰。至于龙，吾不能知其乘风云而上天。吾今日
见老子，其犹龙耶？"周室既衰，老子西游，出散关。关令尹喜知为圣人，曰：
"子将隐矣，强为我著书。"乃著上下篇五千余言而去，莫知所终。老子无为自
化，清净自正，其道非忘天下者，万世不能泯也。今亳州太清宫乃其降生之
地，京兆盩厔县终南山宗圣宫即古楼观授经处也。周穆王以来历代尊崇，累
册封，至唐，上尊号曰"太上老君混元上德皇帝"，高居三境，则名"太清仙境道
德天尊"。

通过句读，我们应该大致了解了文意。下面请同学概述一下这段文字提供
了哪些与老子相关的信息，涉及哪些方面。

生8：首先介绍了老子的姓名、乡里、谥号、职务等；然后介绍了孔子向老子
学礼的事情；接着写了老子出关之前创作了《道德经》；后面是承着《道德经》，写
老子的思想特点。

师：很好，你已经将这段文字的主要信息整理出来了。还有同学补充吗？

生9：最后还写了历代对老子的尊崇。

师：好的，也可以说老子在后世的影响。我们可以看到，老子在后代已经不
仅仅是道家思想流派的人物了，还成为道教中重要神仙了，所谓"太上老君""太
清仙境道德天尊"。前者可以视为在权力阶层的地位，后者可以看作是在民间
的影响。顺便提一句，庄子在后世的道教中也享有重要地位，被封为南华真人，
《庄子》这本书也被称作《南华真经》。那么，老庄的思想有什么特点呢？接下来

我们深入探讨。

昨天同学们已经在预习课文时,结合文下的注释,初步梳理了文意。大家会注意到,这两篇文章的思想很特别,与我们通常的想法不一致。那么,这两篇文章中有哪些突破常规的见解呢? 我们可以先看《〈老子〉四章》。

生 10:老子发现了"无"的作用,这很了不起。

师:具体说说他是怎样发现的? (板书:无)

生 10:他说,车子之所以能用,就是因为有"毂",也就是车毂中空的地方;陶器之所以成为装东西的器皿,是因为它中间是空的;房子之所以能住人,也因为房子中间是空的。老子在生活中发现"空"的作用,发现了"无"的作用。

师:你说得很好。那为什么这一点比较特别?

生 10:因为我们通常认为"有"比较重要,就像我们生活中我们想"得到""占有",而不想"失去"。而老子发现了"无"也有用处,有的时候比"有"更重要。

师:"无"是不是比"有"重要?

生 11:不能讲哪个更重要,"无"也不能少了"有",不然"无"就不能发挥作用。

师:你理解得比我到位。与我们通常的思维不同,老子发现了"无"的用处。老子还有什么发现?

生 12:老子还发现了"隐"的作用。

师:"隐"的作用? 如何理解? (板书:隐)

生 12:我们通常认为"显"比较重要,追求显达、成为显贵,是很多人的追求,但是老子认为"显"是"余食赘行",是剩饭、赘瘤,应该求"隐"。

师:那老子是提倡做隐士吗? 他反对"显"吗?

生 12:嗯……

生 13:我觉得,老子反对的是"自显"。

师:哦,你加了一个"自",反对"自显"。具体说一说? (板书:自显)

生 13:老子其实反对的不是"显",你看他说,"不立""不行""不明""不彰""无功""不长",看上去都加了"不"字,实际上是想获得这些东西。不过他反对通过自我显耀的方式来"显"。

师:你说得很好!

生13:也就是说,自显不能显,他反对自我显耀、自我表现、自以为是。

师:好,你同意他的看法吗?

生12:同意的。我也是这个意思,刚没表达清楚。

师:我们常说老子主张"清静无为",很多人也以为老子所说的"无为"就是"无所作为",现在看来这种理解是片面的。"无为"并不是"无所作为",而是以"无为"求"有为"。其他同学还有发现吗?

生14:我认为老子向内发现了"自己"。

师:你的说法很有点哲学的意味。请展开来说一说。(板书:自己)

生14:我们通常会比较注意外部的评价。怎样才算得上"智",对外部世界有准确的认知是"智";怎么才算得上"强",力量超过别人就算"强"。我们是通过与外部力量的比较,才发现了自己的"智慧"、自己的"力量"。但老子不这么看,他认为自知才"智",自胜才"强"。

师:你说得真好。这样的认识确实深刻,让我想起了古希腊奥林匹斯山德尔菲神殿上的一句话……

生:认识你自己。

师:对,认识你自己。中西方贤人的智慧在这一点上相互辉映。不过,"知人"不能算"智"吗?"胜人者"就不能算"强"吗?

生14:哦,抱歉! 我前面说得有点武断了,知人者智,但是要"智明"还得"自知","胜人者"也是强的,只不过没有"自胜者"强。

师:这样就更为辩证了。老子的思想是很辩证的。他不轻易否定我们常规的认识,但是总能提醒我们发现事物的另一面。他肯定"无",但不否定"有";他肯定"显",但不肯定"自显";他肯定"知人""胜人",更注重"自知""自胜"。好的,大家都说得不错,还有第六十四章,哪位同学再来说一说?

生15:他发现了"小"的意义。

师:你总结得也很好。我发现大家都很会总结,站起来交流的同学都用一

个字来总结,这给我很大的压力啊。(学生笑)那你具体说一说?(板书:小)

生15:好的。我们通常会关注、追求"大"的东西,老子提醒我们注意"小"的事物。文中有一段话,我们之前就很熟悉的,"合抱之木,生于毫末;九层之台,起于累土;千里之行,始于足下"。这就是要我们关注细节,要成功就要注意细节和微小的事物。

师:那最小的事物是什么?

生15:毫末。

师:有比这还小的吗?

生15:嗯……

生16:还没有产生的事物。就是课文里说的"未兆""未有""未乱"。

师:好。问题还没有暴露的时候就要重视,事情还没有发生的时候就要做。

师:我再提醒一下,关注细小的事物,只是为了"成功"吗?

生17:不只是成功,老子还特别关注"失败"。他在"合抱之木,生于毫末;九层之台,起于累土;千里之行,始于足下"之后,就接了一句"为者败之,执者失之"。

师:你能联系起来阅读,很好。其实根据学者的研究,《老子》第六十四章有几句话属于"错简重出"。所谓"错简重出",就是说有几句在其他章节里也出现,可能错误地被放置在这一章里了。饶尚宽译注的《老子》认为,"为者败之,执者失之。是以圣人无为,故无败;无执,故无失",以及"是以圣人欲不欲,不贵难得之货,学不学,复众人之所过,以辅万物之自然而不敢为",这几句不应该在这里,都应删去。如果这样的话,意思就简单一点。如果不是这样的话,其实也能说通,具体我们后面会专门讨论。

说了那么多老子,同学们也说一说庄子与众不同的见识吧?

生18:庄子发现了大葫芦的用处。(同学笑)

师:这个葫芦有多大?

生18:五石之瓠。

师:五石有多大?

生18:五十斗。

师:一斗十升,五十斗就是五百升。一个常见的葫芦容量就是两升左右,那么这个五石之瓠的容量就是两百多个常见葫芦合起来的容量。虽然今天升、斗的概念与庄子时代不太一样,但是大致能帮助我们理解这个葫芦的大。葫芦是干什么用的?

生18:盛水浆或者剖开来当水瓢。

师:那么这个大葫芦能盛水浆,或者当水瓢吗?

生18:不能。书中说,盛水浆,"其坚不能自举",做水瓢,"瓠落无所容"。

师:也就是说这个葫芦虽然很大,但是没有实际的用处。

生18:那我更正一下,庄子发现了"无用之用"。

师:对,重点不在大葫芦,而在"无用"。那这无用之用是什么呢?(板书:无用之用)

生19:可以把它当作大樽而浮游于江湖之上。

师:这里有个"虑"字,请大家注意,什么意思?

生:用绳子结缀。

师:好的,这是课文下的注释。能不能解释成"考虑"?

生19:不能吧。

师:有没有不同意见?

生20:好像也是可以的。惠子说这个葫芦没什么用,击破了它。庄子批评他说,你这是不擅长用"大",为什么不考虑把它当作大樽而浮游于江湖之上呢?

师:你能联系着思考,这不错。

生19:我觉得还是不好。我感觉翻译成"考虑",语气缓和了很多,从前后文来看,庄子对惠子的批评语气是很重的。比如"夫子固拙于用大矣",你看这个"固"字语气多重;再如"则夫子犹有蓬之心也夫",你看这个"犹"字。所以,我还是不赞同翻译成"考虑"。

师:你从语气的角度来解释,这对我很有启发。还有没有补充意见?

生21:我赞同××同学(生19)的意见。从语言简洁的角度来说,如果翻译成"考虑",是多此一举。

师：为什么是多此一举？

生21：你看，如果需要"考虑"这个意思的话，那么"以为"这个词已经包含了。去掉"虑"字，"何不以为大樽而浮乎江湖"，这样不更简洁吗？所以我认为，加一个"虑"字，应该不是需要"考虑"这个意思。那么，书上注释"用绳结缀"的可能性更大。

师：你从用语简练的角度来分析，用的是排除法。这也是很好的思路。从《庄子》的历代注疏来看，译成"用绳结缀"是主流意见。唐代陆德明有一本著名的解释古代经典的书，叫《经典释文》，其中就将这个"虑"字解释为"结缀"。

庄子认为惠子不善于用这个"无用"的大葫芦。他说：你为什么不把这个大葫芦绑在身上，浮游于广阔的江海之上呢？你还在担忧它不能当水瓢用，这岂不是境界太低了吗？那浮游于江湖之上是一种什么"用"呢？

生22：一种摆脱实用的大用。

生23：一种自由潇洒的生命状态。

生24：书下注释说，本文选自《逍遥游》，那么也体现庄子追求逍遥自由的人生境界。

师：你们说得很好，联系《逍遥游》来理解，这很重要。下节课，我们还会补充《逍遥游》的其他段落，有条件的同学也可以提前看一下。

那么，同学们有没有想过这个问题：庄子为什么举了一个大而无用的"葫芦"，而不是一个"小而无用"的东西呢？

生25：因为这是惠子提出来的问题。

师：当然，这是惠子提出来的。不过，我们要注意惠子与庄子的辩论往往具有寓言性质，或者说整个故事都是庄子虚构出来的。庄子为什么虚构惠子提出这个问题？

生25：惠子反对大而无用的东西。

师：你很敏锐。我们前面是不是说过，庄子的批评语气很重？庄子为什么这么激动？

生 25:惠子是不是批评的就是庄子?

师:你又往前走了一步了,再想想?

生 25:庄子就是大而无用的,不,庄子的思想就是大而无用的。所以惠子批评他,庄子再回击。

师:很好,你想得很深入了。惠子觉得庄子的言语、思想大而无用。庄子就反击惠子不善于用大,仍然执着于实用,境界不高,有"蓬之心"。这个"蓬",指一种野草,蓬草。注释说"弯曲不直",指见识不通达。另外,这种草低矮而且根很浅,遇风飞旋,古人也称"飞蓬""转蓬",也能表达惠子遇到实利而原则不定的样子。

因此,庄子的特殊之处在于发现了实用之外的大用,在于显示了一种摆脱功利束缚的另一种生命状态。

今天这节课,我们探讨了老子、庄子思想的与众不同,以及他们的独特发现。那么,这些思想对我们今天的生活有什么启发呢? 请几位同学简单聊一聊。

生 26:我觉得庄子的"无用之用"在当今依然具有重要意义。它是时代的一服清热解毒药,对医治我们日益功利化的心灵具有良效。当我们在校园里阅读诗歌、小说的时候,常会被人质疑"读这有什么用";当我们在选专业时,常被劝阻选择历史、政治,他们认为这是无用的学科,不能产生生产力。那么,今天庄子告诉我们,我们可以以此浮游于江海之上,逍遥于天地之间,获得诗意的栖居。

师:"诗意的栖居",说得好! 当然,在肯定一面的时候,老子又总是告诉我们,不要忽视另一面。对于"无用之用",也要辩证地看。

生 27:我觉得老子讲的"无",真是太精彩了。"无"不是没有,"无"是一种美妙的存在。文学艺术中的"留白"是"无",生活中的"闲暇"是"无",数学中的"0"是"无"。如果我们利用好这些"无",会使"有"更精彩。

生 28:老子给我最大的启发是,他的辩证思维,或者说逆向思维。他那些经典的论断和卓越的见解,其实就产生于对日常生活的观察和思考。他总能够发现事物的另一面,不是标新立异,而是角度独特。我觉得,在我的学习生活中,不管是解题也好,还是做事也罢,如果能够运用一点老子的辩证思维、逆向思维,效果一定会很好的。

师:确实如此,多学一点老子的话,会让我们的思维更缜密;多学一点庄子的话,会让我们的心灵更自由。在中国古代,老庄思想和儒家思想可以说是知识分子最重要的两大思想来源。时至今日,它们依然影响着我们的思维和生活,启迪智慧,滋养心灵。正如雅斯贝斯所说的:"人类一直靠轴心时代所产生的思考和创造的一切而生存,每一次新的飞跃都回顾这一时期,并被它重新燃起焰火。"①

在以上案例中,笔者有意识地将元代华祖立《老子像》、饶尚宽译注的《老子》以及《庄子集释》《经典释文》等相关注疏材料引入课堂,激发学生的思考与讨论,应该说取得了不错的课堂效果。

关于先秦诸子散文的"争鸣性"和"历时发展性",统编教材必修下册第一单元和选择性必修上册第二单元中的"单元研习任务"并未充分关注,教师在实际教学中倒不妨据此设计相关整合性任务,并加以补充。

另外,先秦散文中,除去大家颇为熟悉的诸子散文,还有一类历史散文,也附在此处做简要分析。② 先秦历史散文作为一个类别来分析,确实有点庞大。要而言之,还可以分为两类:一类侧重在记事,如《左传》;一类侧重在记言,如《尚书》。如《汉书·艺文志》所说,"古之王者,世有史官,君举必书。……左史记言,右史记事,事为《春秋》,言为《尚书》"③,当然这两者又不能截然分开。侧重记事的,往往善于剪裁,在简练的文笔中寄寓历史判断;侧重记言的,往往妙于劝说,在雄辩的辞令中展现智慧的光芒。统编教材中先秦历史散文收录不多,仅有《烛之武退秦师》一篇。而这一篇虽是选自侧重记事的《左传》,但它的

---

① 这个课堂实录收入《统编高中语文名师单元教学设计》一书中。(季丰,潘榕榕.统编高中语文名师单元教学设计:选择性必修[M].济南:山东教育出版社,2022:34-42.)

② 先秦历史散文,是后世史传散文的先声,为区别它和以《史记》为代表的以人物为本位的史传散文各自的特点,特将这类散文附在此处,以呈现它的特色。

③ 班固.汉书[M].陈焕良,曾宪礼,标点.长沙:岳麓书社,1993:763.

特色却在记言,记录了烛之武劝退秦师的言语,展现了策士们纵横捭阖的外交手段与言语技巧。教学《烛之武退秦师》,不妨引导学生关注烛之武言语的逻辑性。这既抓住了这一类历史散文的特点,也符合本文所属的"思辨性阅读与表达"任务群的目标与要求。

以下是《烛之武退秦师》全文:

晋侯、秦伯围郑,以其无礼于晋,且贰于楚也。晋军函陵,秦军氾南。

佚之狐言于郑伯曰:"国危矣,若使烛之武见秦君,师必退。"公从之。辞曰:"臣之壮也,犹不如人;今老矣,无能为也已。"公曰:"吾不能早用子,今急而求子,是寡人之过也。然郑亡,子亦有不利焉。"许之。

夜缒而出,见秦伯,曰:"秦、晋围郑,郑既知亡矣。若亡郑而有益于君,敢以烦执事。越国以鄙远,君知其难也,焉用亡郑以陪邻?邻之厚,君之薄也。若舍郑以为东道主,行李之往来,共其乏困,君亦无所害。且君尝为晋君赐矣,许君焦、瑕,朝济而夕设版焉,君之所知也。夫晋,何厌之有?既东封郑,又欲肆其西封,若不阙秦,将焉取之?阙秦以利晋,唯君图之。"秦伯说,与郑人盟。使杞子、逢孙、杨孙戍之,乃还。

子犯请击之。公曰:"不可。微夫人之力不及此。因人之力而敝之,不仁;失其所与,不知;以乱易整,不武。吾其还也。"亦去之。

秦晋围攻郑国,原因之一在于晋文公重耳当年路过郑国时,郑国"无礼于晋";原因之二在于晋楚城濮之战中,郑国先出兵助楚,后又与晋结好,是为"贰于楚"。可见,在秦、晋、郑三国中,矛盾真正的双方是晋与郑。我们可以将三者的关系以下图表示。

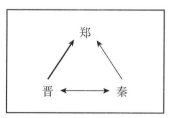

图 5-2-1 秦、晋、郑三国关系

在这三者的关系中,郑晋之间的矛盾最尖锐,不可调和;秦晋之间是联盟关系,秦晋联盟对郑国形成了极大威胁,但并非牢不可破的联盟关系;秦郑矛盾不大,但碍于秦晋之间的联盟关系需要出兵,当然秦也想沾得亡郑之利。因而,从逻辑上看,想要消除郑国此次军事危机,要做的不是缓解郑晋之间的矛盾,而是打消秦欲亡郑以获利的念头,同时离间秦晋之间不太牢靠的联盟关系。烛之武正是在这两方面做足了功夫。

且先看他如何打消秦欲亡郑以获利的念头,我们可以把烛之武的逻辑从他的话语中倒推出来。首先,烛之武着眼本次军事行动对秦的利害,如下图所示。

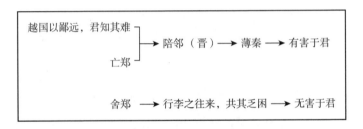

图5-2-2　烛之武的劝说逻辑

因此,经过这番推理,结论是亡郑有害于秦,舍郑无害于秦。这是从现实利害的角度,抓住秦晋之间潜藏着的矛盾,打消秦欲亡郑以获利的念头。

接着,烛之武又从秦晋交往的历史经验和未来趋势两个方面来离间秦晋的关系,也可图示如下:

> 历史经验:(晋)许君焦、瑕,朝济而夕设版焉——→骗秦以利己
> 未来趋势:(晋)既东封郑,又欲肆其西封——→阙秦以利己

图5-2-3　烛之武的离间内容

经过这样一番推理,烛之武聚焦国家利益这个核心点,从现在、过去、未来三个方向分析助晋灭郑的危害,成功地离间了秦晋的关系,打破了秦晋之间的联盟,形成了秦郑之间新的联盟。于是上面的三角形变成了这样:

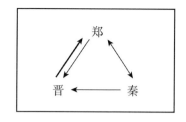

图 5-2-4　秦、晋、郑三国新的关系

就这样短短的一百多字,烛之武以极其严密的逻辑征服了秦穆公,使得"秦伯说,与郑人盟",在千钧一发之际成功地解除了郑国面临的危机。当然,烛之武的逻辑有一个前提,即晋国不敢得罪秦国而单独攻击郑国。这也是晋文公所说的,失去秦国的支持,去攻击郑国是"不仁""不知""不武"。① 因而,教学这一篇文章,可以结合选择性必修上册第四单元"逻辑的力量"单元提供的逻辑知识和资源,引导学生体会烛之武言语中逻辑的力量,探究烛之武成功说服秦穆公的原因。

推而言之,教学这一类先秦历史散文,我们都要抓住文本在记事或记言上的特点,结合任务群的要求,设置学习任务,引导学生有针对性地学习文言作品。

二、史传类散文的教学

自司马迁的《史记》开始,以人物为中心来记述历史事件的纪传体著作开始盛行于世,史传散文成为中国古代文章的一大门类。中学语文教材中收录了比较多的史传作品,仅以高中阶段的统编教材来看,有《鸿门宴》《屈原列传》《苏武传》三篇。这三篇正是史传散文的经典作品。

了解史传散文这一体裁的特点,有助于我们在文言文教学中确立任务点,设计教学方案。

---

① 《史记·郑世家》:"晋文公欲入兰为太子,以告郑。郑大夫石癸曰:'吾闻姞姓乃后稷之元妃,其后当有兴者。子兰母,其后也。且夫人子尽已死,馀庶子无如兰贤。今围急,晋以为请,利孰大焉!'遂许晋,与盟,而卒立子兰为太子,晋兵乃罢去。"(司马迁.史记[M].北京:中华书局,2006:280.)由此可见,晋文公并非一无所得,而是在郑国满足了立亲晋的公子兰为太子这个条件后才退兵。

　　史传散文的一大特点是以人物为本位。章培恒、骆玉明两位先生主编的《中国文学史新著》中说："在它（《史记》）以前的历史著作，或以时间为本位（如《春秋》《左传》的按年记述），或以地域、事件为本位（如《国语》《战国策》），从没有像《史记》那样以人物为本位的。这是因为：司马迁在写历史著作时，对个人给予了极大的关心。"①这种以人物为本位的写法，在以后的历史著作写作中得到了继承。既然是以人物为本位的，那么任务设计的重点就应该放在引导学生理解人物上。比如《鸿门宴》的教学，如何理解项羽、刘邦、张良、樊哙、项伯、范增等一系列人物形象，应该是教学中全力解决的问题。以张良和樊哙而论，清人郭嵩焘在《史记札记》中说："鸿门之宴，写得子房如龙，樊哙如虎，是史公极得意文字。"②那么，为什么"子房如龙，樊哙如虎"，这可以引导学生做些讨论。其实在鸿门宴的正面交锋之中，张良似乎不是主要人物，对他描写的文字也不是很多，为什么称他为"龙"？龙的特点是或现或隐，所谓神龙见首不见尾。而张良正是这样的人物，看上去不是主角人物，其实是整个鸿门宴惊心动魄的交锋中的幕后掌控者。为刘邦献计的是张良，为应对鸿门宴做准备的是张良③，危急时刻召来樊哙的是张良，留下殿后应对的还是张良，因而张良绝对是鸿门宴中刘邦能顺利脱身，甚至转变整个战局的关键人物。然而这个人物似乎总是躲在边上，甚至是隐在后面，因而郭嵩焘说他是龙。而樊哙闯帐，"嗔目视项王，头发上指，目眦尽裂"，又饮"斗卮酒"，食"生彘肩"，确实是"虎视眈眈"，威风凛凛。另外，项伯、范增等人物也个性鲜明，值得细品。

　　史传散文的第二个重要特点是，在重大历史事件之中融入富有文学性的细节。一般而言，中国古代史传坚持"实录"的原则，然而历史叙事不可能完全客观地复制历史事件和历史场景，因此史传作品在处理具体细节的时候，是允许有一定的合情合理的想象的。这样的想象不会削弱历史真实性，而往往能反映

---

　　①　章培恒,骆玉明.中国文学史新著：增订本[M].第二版.上海：复旦大学出版社,2014：170.

　　②　郭嵩焘.史记札记[M].上海：商务印书馆,1957：51.

　　③　整个鸿门宴的应对，事先都有准备，包括如何称呼、如何解释、如何脱身等。由前一夜刘邦对项伯说的话与当天樊哙对项羽说的话几乎一样，可以见得整个应对事先都有周密的布置。而这正是张良的功劳。

历史真实背后的历史精神。钱锺书先生在《管锥编》中探讨这个问题时说："史家追叙真人真事，每须遥体人情，悬想事势，设身局中，潜心腔内，忖之度之，以揣以摩，庶几入情合理。盖与小说、院本之臆造人物、虚构境地，不尽同而可相通。"①王锺陵关于"历史两重性"的观点也值得我们参考："首先，历史存在于过去的时空之中，这是历史的第一重存在，是它的客观的、原初的存在。这种过去时空中的存在已经消失在历史那日益厚重的层累之中了。然而，书籍、文物以及我们的生活和思维方式中仍然留存着过去的足迹。真实的历史依赖于人们对这些存留的理解来复现，所以历史便获得了第二重存在，即它存在于人们的理解之中。"②因而，在我们看的史传作品中，较为普遍地出现这些具有虚构性的细节。比如钱锺书在《管锥编》中提及的"骊姬对晋献公夜泣之语""介子推与母逃亡之前的问答""鉏麑自杀之前的慨叹"等，都是"生无旁证，死无对证"之事。然而，这些细节在教学中恰恰是可以关注的。一方面，这是文本中最具"文学性"的地方，蕴含着史官丰富的想象力和精准的分寸感。如针对《鸿门宴》中这一段：

张良曰："请往谓项伯，言沛公不敢背项王也。"沛公曰："君安与项伯有故？"张良曰："秦时与臣游，项伯杀人，臣活之。今事有急，故幸来告良。"沛公曰："孰与君少长？"良曰："长于臣。"沛公曰："君为我呼入，吾得兄事之。"

郭嵩焘有这样的评论："此等后世史家所应略者，史公偏于此等处委细言之，正为鸿门之会险绝、奇绝，于此为之助势，亦自喜其摹写物情曲折之工也。"③这段评论就指出了那些看上去可有可无的细节在艺术上的魅力。

另一方面，这也是容易引起学生疑问的地方，可以设计任务引导学生在学习中加以辨析、探究。笔者的学生学习了《鸿门宴》，就对鸿门宴中的诸多细节表示了疑问，如书中的语言描写、刘邦脱身的可能性等。不妨看一看《鸿门宴》中"刘邦脱身"这部分的叙写。

沛公已出，项王使都尉陈平召沛公。沛公曰："今者出，未辞也，为之奈何？"

①　钱锺书.管锥编[M].北京:中华书局,1979:166.
②　王锺陵.文学史新方法论[M].苏州:苏州大学出版社,1993:6-7
③　郭嵩焘.史记札记[M].上海:商务印书馆,1957:51.

樊哙曰："大行不顾细谨,大礼不辞小让。如今人方为刀俎,我为鱼肉,何辞为?"于是遂去。乃令张良留谢。良问曰:"大王来何操?"曰:"我持白璧一双,欲献项王,玉斗一双,欲与亚父。会其怒,不敢献。公为我献之。"张良曰:"谨诺。"当是时,项王军在鸿门下,沛公军在霸上,相去四十里。沛公则置车骑,脱身独骑,与樊哙、夏侯婴、靳强、纪信等四人持剑盾步走,从郦山下,道芷阳间行。沛公谓张良曰:"从此道至吾军,不过二十里耳。度我至军中,公乃入。"

其实,关于刘邦脱身的可能性,古人也有不少质疑,如《史记会注考证》引董份的质疑:"必有禁卫之士,诃讯出入,沛公恐不能辄自逃酒。且疾走二十里,亦已移时,沛公、良、哙三人俱出良久,羽在内何为竟不一问? 而在外竟无一人为羽之耳目者? 矧范增欲击沛公,惟恐失之,岂容在外良久,而不亟召之耶? 此皆可疑者,史固难尽信哉!"①对于这样的质疑,又有人反过来质疑,如《史记会注考证》还引用徐孚远的话:"然观《史记》,叙汉人饮中,坐多有更衣,或如厕竟去,而主人不知者。意当时之饮,与今少异,又间有良骏行四十里而杯酒犹温者,汉主之能疾行,得此力也。其所云步走,或史迁误也。"②梁玉绳也同意这种看法:"若论禁卫诃讯,则彼尚不能御樊哙之入,乌能止沛公之出乎?"③那么,到底哪种意见更正确呢? 这是可以引导学生辨析讨论的。教师可以提供一些相关材料。学生在此基础之上,结合自己的阅读经验和生活体验,加以讨论。这显然是可以增加学生的阅读兴趣的,也能让学生体会史家的诗心与文心。

笔者在教学本文时,就"刘邦脱身"一事设计了相关的学习任务。以下是教学实录。

师:昨天的课后,有同学对于刘邦脱身提出了疑问:刘邦怎么就这么随意地离开了酒宴,难道不会惹怒项羽吗? 如果这么做会惹怒项羽,这和不来参加宴

---

① 司马迁.史记会注考证附校补[M].泷川资言,考证.水泽利忠,校补.上海:上海古籍出版社,1986:209.

② 笔者按:徐孚远认为"所云步走,或史迁误也",此处并非司马迁有误。"四人持剑盾步走"乃是文中自注,补充说明樊哙等四人的脱身方式。文中此处若加破折号就更清晰了。杨树达、张舜徽等学者都提出过古书中有文中自注的现象,陈明洁老师对此有专文《以标点引导文言文解读——谈高中语文教材文言文的标点问题》(《中学语文教学》2021年第10期)予以介绍,可参看。

③ 梁玉绳.史记志疑[M].北京:中华书局,1981:203.

会有什么区别?这位同学的质疑很有水平。其实,有学者也质疑过,还有学者对这种质疑进行了反驳。大家读一读下发的材料,小组合作讨论,你们认为谁的意见更有道理?

(下发《史记会注考证》中的相关材料以及《史记志疑》的相关文字。)

(自主阅读,小组讨论。)

生1:我认为徐孚远的解释还是很有说服力的。我们不能简单地以今衡古,按照今天的礼仪来衡量古代的酒宴礼仪。从徐孚远的论述来看,酒过三巡,谈完正事,自由离开宴席,似乎并不违礼。

师:你认为《史记》的记载是合乎情理,是真实的。其他小组的意见呢?

生2:我们也赞成这种说法。按照现在的时间来计算,良马行二十里,不过是半个多小时。也就是说从刘邦离开宴席,到张良再入宴席,不过离席半个多小时,结合古人的宴饮礼仪,项羽等人未能察觉刘邦的离开还是有可能的。

生3:我也赞同这种说法。司马迁这样的大手笔,怎么可能犯我们想象中的低级错误呢?

师:好的,司马迁的《史记》是苦心孤诣之作,不可能有这种低级错误。有没有小组持不同意见?

生4:我的想法跟他们不一样。刘邦的中途离席还是有违礼仪的。第一,从刘邦自己的话里,我们也知道这么做是不妥当的。他说"今者出,未辞也,为之奈何",樊哙又说"大行不顾细谨,大礼不辞小让。如今人方为刀俎,我为鱼肉,何辞为",你看既然是"小让",那也说明这么做是不妥的。第二,从为人的常理推断,总要告别一下吧,不然怎么说也是失礼的。所以,照理而言,范增等人一定会密切监视的。

师:你说得很好!你能从文章中寻找证据,值得点赞。还有没有其他意见?刘邦等一干人都逃脱了吗?

生5:不是的,刘邦留下了张良,带着礼物向项羽谢罪。这样的话,应该说也不算太过分。

生6：综合前面几位同学的说法，刘邦脱身照理而言应该会受到阻拦，但是实际上并没有。这并不是《史记》记载有误，而是反映了事情的本质，项羽从一开始就不想杀刘邦。范增即使有小动作也会受到阻拦。这和项羽在宴会上的表现是相一致的。

师：你懂得瞻前顾后，既会联系前面同学的回答，又能联系文本前面的内容，很不错。我赞同你的观点。

三、论辩类散文的教学

论辩类散文在高中文言文教学中也占有相当的比例，最著名者，如贾谊的《过秦论》、苏洵的《六国论》、韩愈的《师说》等。教学这一类散文，自然也要明晰文体特色，在此基础上开展教学。

论辩类散文教学应该着重关注文章的说理思路。《文心雕龙》里谈及"论说"时说："原夫论之为体，所以辨正然否；穷于有数，追于无形，钻坚求通，钩深取极；乃百虑之筌蹄，万事之权衡也。故其义贵圆通，辞忌枝碎，必使心与理合，弥缝莫见其隙；辞共心密，敌人不知所乘：斯其要也。是以论如析薪，贵能破理。"[①]在刘勰看来，"论"这种文体重要的是道理要全面通达，即所谓"义贵圆通"；论述要周密严谨，即所谓"弥缝莫见其隙"。因此，论辩类散文教学中，教师要引导学生把握文章的观点、辨析说理的过程。这也切合《普通高中语文课程标准（2017年版2020年修订）》中"思辨性阅读与表达"学习任务群提出的目标与内容。在这个任务群中，新课标提出要"阅读古今中外论说名篇，把握作者的观点、态度和语言特点，理解作者阐述观点的方法和逻辑。……在阅读各类文本时，分析质疑，多元解读，培养思辨能力"。

例如在贾谊《过秦论》的教学中，全面而准确地理解作者的观点和论证思路就不是易事。有学者指出本文的逻辑有漏洞，如孙绍振先生在《雄辩艺术的不朽经典——读〈过秦论（上）〉》一文中说："再来看其论述逻辑存在明显的漏洞。

---

① 王运熙，周锋.文心雕龙译注[M].上海：上海古籍出版社，2012：121.

文章题旨是总结秦从崛起到灭亡的原因，结论是秦亡于'仁义不施'，亡在为政之暴。从逻辑上讲，其兴起乃至统一全国，应该是实施仁政。但是整篇文章论述秦之兴，连仁政的边都沾不上。……从文章内容上看，作者的结论'仁义不施，攻守异势'并不全面，似乎，仁政施，则功成，不施，则守败。"①在这段论述中，孙先生可能忽略了贾谊观点中的条件，将贾谊的观点理解为"秦亡于仁义不施"。其实在贾谊的逻辑中，秦之兴本来就不靠仁政，就得靠武力来征服天下。这在本文的前三段中有详尽的论述。但是，当情势发生变化，条件发生转移，攻势变成了守势，那么策略也应该发生变化，此时再用"仁义不施"的策略就会给国家带来灾难，就会发生"一夫作难而七庙隳，身死人手，为天下笑"的悲剧。因此，在贾谊的论述中，"攻守为二道"（苏轼《儒者可与守成论》中语）。由此可见，关于《过秦论》观点的理解还是存在一定争议的。那么，在此文的教学中，观点的把握与思路的梳理，应该是重要的适切的学习任务点。

中国古代的论辩类散文中有一大部分属于史论，如《过秦论》《六国论》。史论文章有两个重要的特点，是教学中要关注的。第一，处理好"史"与"论"的关系。一般而言，论从史出，站得住脚的论断都是有坚实的史实基础的。比如贾谊《过秦论》中为得出"仁义不施而攻守之势异也"的结论，讲述了秦孝公以至秦始皇逐步强大的史实与陈胜起义之后秦朝迅速覆灭的过程。总体而言，论断是令人信服的。再如苏洵《六国论》中，作者罗列了六国覆灭的过程，分析了他们相继灭亡的原因，论证了"六国破灭，非兵不利，战不善，弊在赂秦"的观点。这两篇文章中史论关系之紧密、论证之严密，一直为后人称道。然而，这类史论文章的史实运用，也常常会受到后人的指摘。比如《过秦论》中第二段铺写六国之士的繁盛：

于是六国之士，有宁越、徐尚、苏秦、杜赫之属为之谋，齐明、周最、陈轸、召滑、楼缓、翟景、苏厉、乐毅之徒通其意，吴起、孙膑、带佗、倪良、王廖、田忌、廉颇、赵奢之伦制其兵。

---

①　孙绍振.雄辩艺术的不朽经典——读《过秦论（上）》[J].语文建设,2013(28):43-46.

这样把百年间的历史人物罗列在一起,让人误以为是同时期的士人,显然是不妥的。再看,这段写秦国取胜之轻易:

尝以十倍之地,百万之众,叩关而攻秦。秦人开关延敌,九国之师,逡巡而不敢进。秦无亡矢遗镞之费,而天下诸侯已困矣。于是从散约败,争割地而赂秦。

从史实的角度来看,这样一次九国围攻秦国的战争是不存在的,或者如孙绍振先生所说的"贾谊把五次互有胜负的战争概括成一举成功"①。再比如苏洵《六国论》中的史实运用同样受到质疑。该文中说"较秦之所得,与战胜而得者,其实百倍;诸侯之所亡,与战败而亡者,其实亦百倍",强调韩、魏、楚三国向秦国贿赂大量土地以导致灭亡,从而论证"赂秦而力亏,破灭之道也"的观点。其实,从史料的记载来看,这三国送给秦国的土地要远远少于战败所失去的土地。② 另外,本文一开头就下判断"六国破灭,非兵不利,战不善",可能也存在一定问题。③ 那么,这些瑕疵为什么没有影响这些文章成为经典?原因当然很复杂,也很有意思。在教学中,教师可以设计任务,引导学生做些探讨。统编教材选择性必修中册第三单元的"单元研习任务三"也有这方面的尝试,教师可以参照使用。卢元老师有一个《过秦论》的教学实录,其中就展现了他在很早以前就做了这方面的尝试。以下是教学实录的节选。

先请几位学生报告一下补充练习(即《过秦论札记三则》)1—5题的完成情况,有错误处互相补充订正。然后结合三则札记,进一步品味《过秦论》的文气,品评《过秦论》的得失(内容上、作法上都可以谈)。

学生纷纷进行议论,发表不同看法,教师归纳出下面四个问题(对一致认为

---

① 孙绍振.雄辩艺术的不朽经典——读《过秦论(上)》[J].语文建设,2013(28):43-46.

② 徐德琳.运用批判性思维审视文本价值——以《六国论》为例[J].语文建设,2018(8):30-32.

③ 严耕望先生在《治史经验谈》(台湾商务印书馆1981年版,第7-8页)中写道:"若从当时各国地方经济社会民风角度去看,秦国民杂西戎,民风强悍,关东三晋民风较秦为弱,对于秦人极为畏惧,最东齐国民风又较三晋为怯弱。而就全国民间经济况状而言,秦国最贫穷,齐民最富庶,三晋也介乎两者之间。所以当时的情形是地方愈东愈富庶,愈西愈贫穷;但民风则愈东愈怯弱,愈西愈强悍。以富家怯弱子弟去当秦国贫穷勇悍的士卒,自然无法制胜……况且秦国领有中国最佳的战马产区,所以骑兵特强。以悍卒乘壮马,如虎添翼,绝不是东方的怯弱步兵所能抵拒。"由严先生所论,可见六国之亡固有兵不利、马不强、战不善的原因。

好的就不提出讨论）：

1. 第一段中"有席卷天下……之心"这个句子，二读时就有学生提出看法，"礼记"也认为是"小眚"，到底该如何看？

2. 文中有些语言过分夸张，与历史有出入。二读时也已有学生提到。

3. 有学生认为：本文题为"过秦"，但全文却用了三大段文字（占全文五分之三）述说秦由始强到极盛的经过，实在过于铺排，客观上反而给人以"颂秦"之感。如果学生作文出现这种情况，教师会否打上"轻重倒置、喧宾夺主"的评语？

4. 篇末点题，戛然而止，从写法上看确是画龙点睛，鲜明有力，对后代诗文影响很大；可是秦王朝覆亡的原因就这么简单吗？说得似乎太笼统，不全面。

教师要求学生带着这些问题三读课文（不要求齐读，各自分别诵读，亦可吟诵）。诵读时，一定要读出文章的感情和气势，表现出文章中抑扬顿挫、跌宕起伏的节奏感。经过三读后，学生对课文已经相当熟悉，并深有体会。在此基础上再讨论上述问题，就有了很好的基础。

关于第一个问题的讨论。

这个问题其实比较简单。为了便于形成讨论气氛，教师又把《古文观止》编者对这句话的评语"四句只一意，而必当叠写之者，盖极言秦先虎狼之心，非一辞而足也"介绍给大家，说明有人还是很欣赏这种写法的。

经过讨论，多数学生同意钱锺书先生的观点，认为"任举其二"，已经畅足，不必重床叠架为斯。这是受辞赋重章叠句影响使然，作为散文，大可不必。少数学生则认为这样写能增强文章气势，突出秦孝公的野心。教师认为对这一问题，见仁见智，都无不可，不必强求一致。教师本人则认为不必叠用四次，"任举其二"即可。

关于第二个问题的讨论，也比较简单。有一个学生说得颇为风趣："这种夸张是完全允许的，谁也不会把夸张的语言跟历史事实等同起来，'拱手''无亡矢遗镞之费'，无非是突出秦国威力的强大和诸侯国的无能。战争，双方都不免会有所死亡，只是多一点、少一点罢了。不会有人天真到一方只要'拱手''无费'，就能叫另一方乖乖地服输的。"原先提问题那位学生不服，做了一些反驳。但大部分学生还是认为合理的夸张能增强文章表达效果，不会引起读者误解。教师肯定了大部分学生的意见，指出这几处的夸张手法是用得合适的。孟子说得好："说诗者不以文害辞，不以辞害志。"对夸张手法恐怕也得这样来看。当然，话不能反过来说，这样写就好，不这样写就不好。①

卢元老师利用钱锺书读《过秦论》的札记，引导学生探讨史和论的关系，并用孟子的话作总结，很有启发性。

其实，这也涉及了"以论带史"这个命题，而且这个"论"是极具有现实关怀的。

这就是史论文章教学过程中需要重点关注的第二点，即借古论今。"借古"只是手段，"论今"才是史论文的写作目的。目的是先在的，文章是因目的而创作的。换句话说，作者出于对现实的强烈关怀而持有某种论点，然后借用古代史实加以论证；观点并不是由史实得出的，而是先于史实梳理、文章创作的。如苏洵的《六国论》就有很强的现实针对性。当时的北宋王朝面对辽和西夏的侵扰，没有积极抵抗，而是采取了每年向他们输币纳捐以乞取苟安的策略。这使得宋王朝背上了沉重的财政负担，也让像苏洵一样的知识分子们感到非常忧心。为表达这份忧心，苏洵选择借助古代史实来讽喻当时的统治者。为使论点更具有说服力，像苏洵这类史论创作者往往会艺术性地处理史实，在不违背整体史实的基础上，通常会运用诸如铺陈、夸张等手段来强化说服效果。当然，这种"以论带史"的写法是否合理，也有辨析的空间，是史论文教学中可以聚焦的一个任务点。

四、奏议类文章的教学

奏议，也是一个大类，有表、奏、疏、议、上书、封事等多种类型。各种类型的奏议承担的功能略有不同。《文心雕龙》中将奏议分为三大类：章表、奏启和议

---

① 郑桂华，王荣生.语文教育研究大系(1978—2005)：中学教学卷[M].上海：上海教育出版社，2007：424.

对；姚鼐在《古文辞类纂》中相对简约，将之归为一类，只是将"对策""置之下编"①。《谏太宗十思疏》《谏逐客书》《陈情表》等都是中学语文教材中的奏议类名篇。

奏议类文章与论辩类文章都是侧重说理的文章。不同的是，奏议类文章有明确的读者对象，那就是皇帝。具有明确而独特的读者对象，是奏议类文章的一大特点。因为是臣子向帝王进言陈情的文章，一方面希望自己的意见能被采纳，说理自然要透，《文心雕龙》称为"辨析疏通"（明辨分析、舒畅通达）②；另一方面，面对的是君主，遣词用句要非常得体，《文心雕龙》称为"明允笃诚"（明白得当、忠厚诚实）③。因而这一类文章往往能巧妙地平衡两者的关系，在说理上显示出高超的艺术性。

当然，这种平衡又是因人而异的，涉及君臣之间微妙的关系，背后透露着权力的消息与变化。比如统编教材里所选的三篇奏议《谏太宗十思疏》《谏逐客书》《陈情表》，如果考察一下其中的君臣关系，会觉得很有意思。《谏太宗十思疏》的上疏者魏徵是重臣，陈寅恪先生在《论隋末唐初所谓山东豪杰》一文中评价魏徵：

（太宗）特重用徵者，正以其非山东盛门，而为山东武装农民集团即所谓山东豪杰之联络人耳。在太宗心目中，徵既非山东贵族，又非山东武人，其责任仅在接洽山东豪杰、监视山东贵族及关陇集团，以供分合操纵诸社会政治势力之妙用。④

由此可见，魏徵对于唐太宗的重要性，可谓重臣。《谏逐客书》的上书者李斯是逐臣，是被秦王嬴政下令驱逐的客卿；《陈情表》的上表者李密是降臣，他曾是蜀汉旧臣，担任过蜀汉的尚书郎，晋朝建立之后入晋为臣，可谓降臣。正是因为身份的不同，文中显示出的姿态也大相径庭。不妨选三段文字稍加体会。

---

① 姚鼐.古文辞类纂[M].胡士明，李祚唐，标校.上海：上海古籍出版社，2016：5.
② 王运熙，周锋.文心雕龙译注[M].上海：上海古籍出版社，2012：154-156.
③ 同②154-156.
④ 陈寅恪.金明馆丛稿初编[M].上海：上海古籍出版社，1980：228.

臣闻求木之长者,必固其根本;欲流之远者,必浚其泉源;思国之安者,必积其德义。源不深而望流之远,根不固而求木之长,德不厚而思国之理,臣虽下愚,知其不可,而况于明哲乎!人君当神器之重,居域中之大,将崇极天之峻,永保无疆之休。不念居安思危,戒奢以俭,德不处其厚,情不胜其欲,斯亦伐根以求木茂,塞源而欲流长者也。

——《谏太宗十思疏》

臣闻地广者粟多,国大者人众,兵强则士勇。是以太山不让土壤,故能成其大;河海不择细流,故能就其深;王者不却众庶,故能明其德。是以地无四方,民无异国,四时充美,鬼神降福,此五帝三王之所以无敌也。今乃弃黔首以资敌国,却宾客以业诸侯,使天下之士退而不敢西向,裹足不入秦,此所谓"藉寇兵而赍盗粮"者也。

——《谏逐客书》

逮奉圣朝,沐浴清化。前太守臣逵察臣孝廉,后刺史臣荣举臣秀才。臣以供养无主,辞不赴命。诏书特下,拜臣郎中,寻蒙国恩,除臣洗马。猥以微贱,当侍东宫,非臣陨首所能上报。臣具以表闻,辞不就职。诏书切峻,责臣逋慢;郡县逼迫,催臣上道;州司临门,急于星火。臣欲奉诏奔驰,则刘病日笃;欲苟顺私情,则告诉不许:臣之进退,实为狼狈。

——《陈情表》

李斯为逐客,虽批逆鳞,然而罪不过遭逐,因此文章起笔开门见山就提出"臣闻吏议逐客,窃以为过矣",接着全文以丰富的史实、严密的逻辑、大量的排偶句加以论证,形成一种不可抑制的气势。魏徵为重臣,作者写本文的目的是劝谏唐太宗要"居安思危,戒奢以俭",语气非常委婉。文中既反复抬高君主的地位,如"人君当神器之重,居域中之大,将崇极天之峻,永保无疆之休""而况于明哲乎"等,又压低自己的站位,所谓"臣虽下愚"等。然而语虽委婉,态度却很坚定,以"十思"来要求君主,尽显重臣老臣的气度。李密则是降臣,蜀国灭亡之后,晋王朝多次征召他做官,所谓"前太守臣逵察臣孝廉,后刺史臣荣举臣秀才""诏书特下,拜臣郎中,寻蒙国恩,除臣洗马",他都辞不受命。显然晋武帝已经开始怀疑他有不臣之心了，稍有不慎，可能惹来杀身之祸。因而，《陈情表》中的措辞可谓极为卑微，如短短的一篇不足 500 字的奏表中用了 20 多个"臣"字来自称，向晋武帝强化自己的忠心，"亡国贱俘""犬马"等自称更是"至微至陋"。这正反映了一个降臣惶恐不安的心态。由此可见，三种不同的身份，文中显示出的姿态也是截然不同的。

当然，这三人的上书都获得了成功，秦王嬴政收回了逐客令，恢复了李斯的官位；唐太宗看了魏徵的奏疏之后猛然警醒，写了《答魏徵手诏》，动情地回复说"……诚极忠款，言穷切至。披览忘倦，每达宵分"①；晋武帝看了李密的奏表之后，大为赏识，说"士之有名，不虚然哉"②。这三人的成功，原因固然复杂，然而写作者把握好了与帝王之间的关系，这是至关重要的因素。因此，在教学奏议类文章之时，引导学生品味作者遣词造句背后的人际、文化、政治关系，不失为一种有趣的探究。

以上举四类文体为例略加阐释，可知文体的特色可以成为文言文教学中学习任务设计的重要基点。统编语文教材之中还选有其他多种文体类型，各有格调和特点，教学中也需关注。比如序跋类文章要注意作者如何处理序文与书之间的关系，书说类文章要注意书信的私密性、阅读对象的针对性等，杂记类文章要关注作者在叙事、写景、抒情、议论之间的调和与呼应③，辞赋类文章要特别关注其语言特点等。因本节篇幅的原因，不再一一列举分析。要而言之，每一种文体因其历史传统的或者现实功用的原因，都有自身的特色，教师在文言文教学之中不宜忽视。

---

① 唐太宗.唐太宗全集校注[M].吴云，冀宇，校注.天津：天津古籍出版社，2004：372.
② 房玄龄，等.晋书：第七册[M].北京：中华书局，1974：2276.
③ 詹丹教授的《"记"的文体特征与主题表现——也谈〈岳阳楼记〉中的"异"的表现》一文就从"记"的文体特征，叙事、写景、抒情、议论之间的调和、转变来表现主题。可以参看：詹丹.语文教学与文本解读[M].上海：上海教育出版社，2015：121-125.

第三节　文化：研精覃思，涵养精神

文言文教学"依文而教"，不仅要关注文本特质、文体特色，还要关注文本背后的"道"①或者文化内涵、文化精神。在语文教学中，特别是文言文教学中，让学生熟练掌握语言文字运用能力的同时，更要让学生理解、亲近、继承、发扬文字背后所承载的"道"及所蕴含的文化精神。这已是语文教学领域的共识，也在国家教育部门的相关文件中得到了确认。2017 年版新课标就充分显示了对中华优秀传统文化教育的重视。在新版课程标准中，多个板块如"学科核心素养""课程目标""课程内容""附录"中，都有语文课程中传承和弘扬中华优秀传统文化的相关表述。2021 年 1 月，教育部又印发《中华优秀传统文化进中小学课程教材指南》，提出语文是落实中华优秀传统文化教育的核心课程。那么，如何在语文教学中依据语体特色、文体特色、文本特质设计任务，教出文本所承载的"道"或者蕴含的文化精神？在前文的论述中，我们主张"依言而教""依文体而教""依文本而教"，如果这些途径或方法选择妥帖、落实到位，教出文本背后的文化精神应是水到渠成的事。不过，选择何种课堂组织形式，如何发挥阅读资源的最大价值，还是值得进一步探讨。

《普通高中语文课程标准（2017 年版 2020 年修订）》提出了以任务群的方式组织教学，要求教师创设"真实的情境"，设计与之相呼应的任务，期望学生在做中学、学中做，真正地提升语文素养。任务群式语文教学以任务为驱动，打破了以往单篇文本教学的方式，自然而然地引入了群文阅读，甚至是跨学科跨媒介的阅读、研究性的阅读。然而，在一线教学中，有这样的一些困惑和担忧：单篇文本的教学是不是不需要了？任务群式语文教学会不会削弱经典文本的丰富性和深刻性？这对文言文教学而言是必须避免的。当然，答案是否定的，担忧

---

①　这个"道"，不宜窄化为儒家的道。

也是不必要的。单篇教学或学习依然是完成学习任务的重要途径。这种教学或学习方式不可能被全盘否定或者丢弃。其实，问题的关键不在于单篇还是群文，而在于学习任务解决的需要。当然，学习任务的设计又是围绕着具体的文本而构思的，不过经常会整合更多的文本资源来整体设计。任务群式教学，如果能处理好阅读资源和学习任务之间的关系，不仅不会削弱经典文本的阅读，还会使经典文本的文化意蕴、文化精神更加突显出来。

基于此，本节将从这个角度切入，谈一谈如何在单篇教学和任务群式教学中设计任务，教出文言文承载的"道"或蕴含的文化精神。

一、单篇教学中，注重由文字、文章的理解深入文化精神的浸润

文言文是中华优秀传统文化的天然载体。教师要突破文言文只讲字词句意的窠臼，在语言文字的学习过程中，努力引导学生通过字词的涵泳理解文章的内涵，发觉文章的文化倾向，进而把握背后的文化精神。所谓"字词"，当然指的是文中的关键字词。对这些关键字词要做到叶圣陶先生所说的"一字未宜忽，语语悟其神"[①]，引导学生仔细品味。比如教学统编教材选文《庄子·北冥有鱼》，文章开头部分"北冥有鱼，其名为鲲。鲲之大，不知其几千里也；化而为鸟，其名为鹏"，这里很重要的一个词就是"化"字，如果翻译成现代汉语，那是非常简单的，就是"变化"。然而，若是止步于此，那么就错过了一个引领学生进入庄子世界的教学时机。其实，这个"化"字对于理解庄子精神非常重要。鲲化而为鹏是"化"，"庄周梦蝶"是"化"，"已化而生，又化而死"（《庄子·知北游》）也是"化"。庄子认为"万物皆化"（《庄子·至乐》）。按照陈鼓应先生的说法，物化是"物我界限消解，万物融化为一"[②]，可见"化"的关键在于消解物我界限，消除一己之见，摆脱自身的局限，到达"万物齐一"，也就是《庄子·逍遥游》中所说的"至人无己，神人无功，圣人无名"的境界。因而，"化"这个字关乎对整篇《庄子·逍遥游》主旨的理解，不能忽视。

---

① 朱永新.叶圣陶教育名篇选[M].北京：人民教育出版社，2014：274.
② 陈鼓应.庄子今注今译[M].北京：中华书局，2001：92.

再如教学王羲之的名文《兰亭集序》,文中有一个容易忽视而又颇为关键的词——"俯仰"。

兰 亭 集 序

永和九年,岁在癸丑,暮春之初,会于会稽山阴之兰亭,修禊事也。群贤毕至,少长咸集。此地有崇山峻岭,茂林修竹,又有清流激湍,映带左右,引以为流觞曲水,列坐其次。虽无丝竹管弦之盛,一觞一咏,亦足以畅叙幽情。

是日也,天朗气清,惠风和畅。仰观宇宙之大,俯察品类之盛,所以游目骋怀,足以极视听之娱,信可乐也。

夫人之相与,俯仰一世。或取诸怀抱,悟言一室之内;或因寄所托,放浪形骸之外。虽趣舍万殊,静躁不同,当其欣于所遇,暂得于己,快然自足,不知老之将至;及其所之既倦,情随事迁,感慨系之矣。向之所欣,俯仰之间,已为陈迹,犹不能不以之兴怀,况修短随化,终期于尽! 古人云:"死生亦大矣。"岂不痛哉!

每览昔人兴感之由,若合一契,未尝不临文嗟悼,不能喻之于怀。固知一死生为虚诞,齐彭殇为妄作。后之视今,亦犹今之视昔,悲夫! 故列叙时人,录其所述,虽世殊事异,所以兴怀,其致一也。后之览者,亦将有感于斯文。

"俯仰"这个词在文章中出现了三次,分别为第二段中"仰观宇宙之大,俯察品类之盛",第三段中"夫人之相与,俯仰一世"和"向之所欣,俯仰之间,已为陈迹,犹不能不以之兴怀,况修短随化,终期于尽"。

在这三处"俯仰"中,第二处"俯仰"的释义是存在着争议的。统编教材选择性必修下册的注释为"俯仰,一俯一仰之间,比喻时间短暂";程怡老师选注的《汉魏六朝诗文赋》一书中选有《兰亭集序》,文下对此处的"俯仰"注为"喻时间短暂"[①];《汉语大词典》在"俯仰"条下的第 7 条注释"比喻时间短暂"中,即引用了"夫人之相与,俯仰一世"这条语例。

华东师范大学出版社的沪教版教材高三下册提供的注释为"俯仰,指社会人事的应酬";商务印书馆的《辞源》在"俯仰"条下的第 3 条注释"周旋、应付"下

---

① 程怡.汉魏六朝诗文赋[M].广州:广东人民出版社,2004:250.

也引用了这条语例；学林出版社出版的《魏晋南北朝文观止》中《兰亭集序》对此处注文为"俯察仰观，指阅世，经历"①，此注文接近《辞源》的注释。

而刘盼遂、郭预衡两位先生主编的《中国历代散文选》中也选有《兰亭集序》，对此处的注释为"俯仰一世，指度过一生"。这里的注释是意译，究竟指向"时间短暂"还是"人事应酬"，似不能遽然断定，不过此文下对第三处"俯仰"倒是给出了明确的注释"俯仰之间，指短暂的时刻"。② 由此可见，此处"俯仰"的释义到底是"时间短暂"还是"周旋、应对"，这是存在争议的。当然，这两个义项之间也存在一定的关联。这对教师来说就是不错的教学资源。教师可以设计任务，让学生联系前后文的语意做一番辨析、探究。

当然这样的辨析或探究又不能止步于词义的辨析，还要联系作者情感变化、人生思考来探究。第一处"俯仰"是分开来的，写游目宇宙万物之"乐"；第二处"俯仰"，其实写人世交往之"快"（或取诸怀抱，悟言一室之内；或因寄所托，放浪形骸之外）③；第三处"俯仰"，写以上种种自然之乐、人事之快都具有短暂不永的特征，再结合"修短随化，终期于尽"的宿命，最后爆发出"岂不痛哉"的感慨。这是魏晋士人生命意识的觉醒与呈现，背后还有王羲之一族崇奉道教中天师道的因缘④。因而，"俯仰"一词，联结全文的情感脉络，探究词义的过程也正是引导学生梳理文章情感、思想脉络、文化内涵的过程。那么，在教学中，假如教师不满足于理解字意，设计一些学习任务，引导学生做这样的探究，也许就能读出全篇的文意及背后的文化精神。

----

① 本书编委会.魏晋南北朝文观止[M].上海：学林出版社，2015：104.

② 刘盼遂，郭预衡.中国历代散文选[M].北京：北京出版社，1980：545－547.

③ 笔者赞同将"俯仰一世"中"俯仰"释为"应酬、交往"。这样文脉更为通顺，一方面顺势引出下句两个"或"（或取诸怀抱，悟言一室之内；或因寄所托，放浪形骸之外），另一方面不与下文"俯仰之间，已为陈迹"重复，形成情感的自然流动与变化。

④ 关于王羲之一族崇奉天师道，前人已有很多论述。如王瑶先生在《中古文学史论集》（上海古籍出版社1982年版，第203－205页）中说："右军世事天师道，其雅好服食养性及不远千里之采药石，皆对于生死恐惧之表现，而欲求生命之延长也；……《兰亭序》所申言兴怀者，本即此意。"陈引驰先生在《庄学之生命观及文学中的反对与理解》（《学术月刊》2003年第3期）一文中论及王羲之反对庄子的"一死生""齐彭殇"的观点时说："在某种意义上，这个态度与王羲之之天师道徒身份有关。"另外，清人乔松年以及近人陈寅恪、钱锺书、钱志熙等都有相关论述，可以参看。

另外，上文我们论述了要依据语体特色、文体特色、文本特色而教，教出"这一篇"的特色。同样地，教师也不宜止步于理解、赏析文本的特色，还要再前进一步，教出"这一篇"背后的文化精神。比如上文我们已经论及，《屈原列传》的特色是史传中的抒情性。在教学中，教师不应止步于此，而要引导学生感受"抒情性"背后那个与污浊世界抗争的形象，体会中国文人"幽而发愤"的文化精神。就如司马迁在《报任安书》中对古来圣贤"发愤之所为作"的总结：

盖文王拘而演《周易》；仲尼厄而作《春秋》；屈原放逐，乃赋《离骚》；左丘失明，厥有《国语》；孙子膑脚，《兵法》修列；不韦迁蜀，世传《吕览》；韩非囚秦，《说难》《孤愤》；《诗》三百篇，大底圣贤发愤之所为作也。①

再如教学《五代史伶官传序》，学生体会到文章浓郁的抒情性之后，教师还要在此基础上引导学生明白"呜呼"两字到底是为谁而发，让他们体会中国古代知识分子的家国意识和责任担当。这是中华文化中非常重要的因素与倾向。

当然，如何寻找到撬动文本或者教学的关键词句，并不容易，需要教师关注学生的阅读困惑，提升自我的语言敏感性等。其中比较关键的是，教师要建立整体意识。比如为什么要关注《庄子·北冥有鱼》中的"化"字，因为在《庄子》的整本书中，"化"字反复出现，集中融入了庄子对生命的思考；再如为什么要关注《兰亭集序》中的"俯仰"一词，因为在《兰亭集序》整篇文章中，"俯仰"出现了三次，展现了王羲之的情感变化。因而，这也给我们一个重要的提示，单篇的教学并不是孤立的教学，必然要联系全篇、全书甚至作者的写作系列中去观照。从这个意义上讲，语文教学从来没有绝对的单篇教学。

二、任务群式教学中，注重用全面、辩证的眼光观照文化精神的传承

中华传统文化是一个非常复杂、丰富、深刻的概念。对于中华传统文化的继承与发扬，不能一滑而过，熟视无睹，也不能全盘照收，还要运用"拿来主义"。

---

① 吴楚材,吴调侯.古文观止[M].北京:中华书局,1959:225 - 226.

因而，教师在任务群式教学中要关注文化倾向，努力创设情境，设计任务让学生体会传统文化的深刻性、丰富性以及复杂性，以便让学生能够真正继承与发扬传统文化。

1. 注重前后相连、多层开发，帮助学生理解文化的深刻性

以任务群组织的文言文教学，不再像以往的单篇教学那样，将"精读文本"作为唯一的手段。它的任务更复杂，要求更多元，对于锻炼学生在真实情景中解决问题的能力大有裨益。然而，就语文学习而言，确实也存在着一些忧虑，如经典文本阅读可能被浅化、单一化。因为在以任务群组织的教学中，文本往往因某个具体的任务而被阅读，不像以往精读课那样广而深地阅读与鉴赏文本。因此，经典文本的意义因为这种具体的任务而不能被充分挖掘和阐发。这对学生深刻地理解和传承我们的文化不能不说是有所损害的。那么，如何在任务群式的文言文教学中，充分挖掘经典的深刻性？前后相连、多层开发，可能是一条解决问题的路径。

何为前后相连、多层开发？就是经典文本要多次使用，反复开发。换句话说，在必修上册某个单元的教学过程中使用过某文本，从某个角度阐释过该文本，可以在必修下册或者选择性必修的某个单元教学中再次引入该文本，从另一个角度阅读该文本。例如在统编教材选择性必修上册第二单元，组织以"儒、道、墨三家当代价值"为主题的学习，学生学习时不仅要阅读本单元的课文，还需要将统编教材必修下册第一单元《子路、曾皙、冉有、公西华侍坐》《齐桓晋文之事》《庖丁解牛》重新引入进来，以新的视角再读这些经典，作为课堂讨论的基础。教师可以将本单元的"单元研习任务一"，做如下一些调整。

学习中华优秀传统文化，应该学以致用、知行合一。本单元课文大都是谈论立身处世之道的，比如《〈论语〉十二章》，或阐述持身以道、以礼、以仁、以恕、以义的道理，或辨析君子、小人，或论述经典在社会生活各个方面的价值，都富于启发性。必修下册第一单元《子路、曾皙、冉有、公西华侍坐》《齐桓晋文之事》《庖丁解牛》也有相关的论述。梳理这两个单元各篇课文所讲的立身处世的道理，并思考它们在当今社会生活中的现实意义，展开讨论。

再如统编教材必修下册第八单元,围绕着"倾听说理的声音"这个主题组织学习。除了重点阅读本单元《谏太宗十思疏》《答司马谏议书》《阿房宫赋》《六国论》四篇经典文章,教师还可以将必修上册第六单元中的《劝学》和《师说》引入进来,引导学生进一步体会它们的说理特点。同样地,我们可以将本单元的"单元学习任务二"中的第三个小任务做微调如下:

理性的声音需要理性地表达,这就要求观点鲜明,言必有据,运用合适的论述方法(比如借鉴《劝学》中的比喻论证或者《师说》中的对比论证)等。选取本单元一篇课文,从理性表达这一角度进行分析,写一篇短论,并在班级内交流讨论。

这种单元的贯通,正如第一章中所论及的,不局限于同属一个任务群的单元贯通,还可以将属于不同任务群的单元之间贯通。后者对于开发文本的多层次文化内涵更具有意义。比如《师说》,在必修上册第六单元和必修下册第八单元之间贯通,可以使文本的"思辨性"得以充分挖掘;然而它的其他文化内涵还是可能被遮蔽。因为《师说》中关于"从师"的观点是容易被接受的,而不容易被接受的是文章背后传递的古文运动的观念。换句话说,《师说》这篇文章是与唐代的古文运动、进士的行卷制度是有密切关系的①,不了解这一点,文章背后的文化背景与内涵就不能得到深刻的体会。那么,在"中华传统文化经典研习"任务群学习时,若就"古文运动"设立学习任务,《师说》是可以再次被引入研讨的。

总而言之,单元的贯通,经典作品经过多次多层的开发,其深刻内蕴会逐步呈现,与之相关的文化的深刻性也能展现出来。

2. 注重群文对比、求同存异,帮助学生理解文化的丰富性

以任务群组织的教学非常注重整合,其中资源的整合就是至关重要的一部分。当然,教材中已经整合一批文本资源。除去教材中提供的资源外,教师还要敢于基于任务的解决、课内文本的特点,进一步引入更丰富的资源,形成群文

① 程千帆先生在《唐代进士行卷与文学》(北京出版社 2020 年版,第 92—109 页)中指出:"师与弟子、显人与举子,对于韩、柳两位大师及当时其他从事古文运动的人来说,乃是一而二,二而一的关系。韩愈'抗颜而为师',竟然会得到'群怪聚骂,指目牵引'的后果,恐怕也和他利用师弟关系宣传古文,传授古文,以致引起反对派的不满有关。"

比较阅读。针对文言文教学，这样的群文比较阅读尤显意义。因为中华传统文化的内涵是非常丰富的，是多元的、多层的。以前我们论述中华传统文化时，往往会将传统文化窄化为儒家文化，或者将传统文化矮化为封建正统文化。在我们以往的教材之中，这样的倾向比较明显。比如教材中反映儒家思想的作品几乎一统天下，反映道家思想的老庄作品偶然出现，反映墨家、法家、名家思想的作品几乎没有。现在的统编新教材对此现象有所改变。正如上文所说，选择性必修上册第二单元中选了反映儒家思想的《论语》《孟子》《礼记》篇章，选了反映道家思想的《〈老子〉四章》《五石之瓠》，还选了反映墨家思想的《兼爱》。那么，教师在组织这一单元的教学过程中，一方面要整合这些篇章，另一方面不妨再联系或选入其他流派的一些文章。如荀子的《劝学》、韩非子的《五蠹》等，选择某个点进行比较探讨，求同存异，让学生充分认识到我们文化的丰富性。其实，这种群文整合的合理性还在于，这些篇章本身就是相互关联的，或是共鸣，或是争鸣。比如孟子说自己"予岂好辩哉？予不得已也"，正表明他的文章是针对不同学派观点的争辩；再如庄子在书中反复提及孔子及其门徒，甚至把他们当作嘲讽的对象，也说明庄子观点与儒家思想的某种关联。因而教学中的这种群文整合是很自然的，也只有实现这种群文，才能全面把握文章的思想内容。

再如统编教材必修下册第八单元，本单元以"倾听理性的声音"为核心。教材中选入了苏洵的《六国论》，教师不妨再引入苏轼的《六国论》、苏辙的《六国论》，充分比较这父子三人的观点；还可以引入清代李桢《六国论》对苏洵和苏辙观点的评论，结合钱穆《国史大纲》中的分析，综合研判他们立论的背景，评判他们论证的过程，推测他们写作的用意。这样的比较越是充分，我们的判断也就越理性，文章背后的文化丰富性也就越彰显。另外，教学王安石的《答司马谏议书》，引入司马光的《与王介甫书》进行对比阅读也很自然。苏轼《司马温公行状》中说："安石起视事，青苗法卒不罢。公亦卒不受命，则以书喻安石，三往反，开喻苦至，犹幸安石之听而改也。"[①]"三往反"说的就是司马光的三封《与王介甫

---

①　司马光.司马温公集编年笺注：六[M].李之亮，笺注.成都：巴蜀书社，2009：486-487.

书》。其中第一书尤为详备,罗列新法"侵官""生事""征利""拒谏""致怨"等失误之处,可谓推心置腹、苦口婆心。第一书寄出之后,并没有得到王安石充分的回应;司马光不甘心,再寄一书,陈述青苗法的种种弊端。这才有了王安石的《答司马谏议书》。此书对司马光第一书罗列的种种弊端逐条加以驳斥,并表明自己不改变法之决心。司马光接到此信之后,旋即写了第三书,对王安石的驳斥逐条再驳斥,可谓针锋相对、"开喻苦至"。因而,有了往返四封信的对比阅读,学生就能对双方的立场、理论基础、论证过程有更清晰的研判。古人的书信因为是交际文体,常有往返,或商议某一事情,或探讨某一问题,自然而然就会构成群文阅读的基础,因而教学之时不妨对此多加关注。

笔者在教学统编教材必修上册《登高》时,还做过诗和诗评形成群文阅读的尝试。《登高》是杜甫诗歌中的名篇,历代的评论很多。这些评论中有很多不同的声音,理解和辨析这些不同的声音显然对深入理解诗篇大有助益,也有助于向学生展现文化本身的丰富性。我们可以抄录这首诗和历代评论如下。

登　高

风急天高猿啸哀,渚清沙白鸟飞回。

无边落木萧萧下,不尽长江滚滚来。

万里悲秋常作客,百年多病独登台。

艰难苦恨繁霜鬓,潦倒新停浊酒杯。

《鹤林玉露》:杜陵诗云:"万里悲秋常作客,百年多病独登台。"万里,地之远也;悲秋,时之惨凄也;作客,羁旅也;常作客,久旅也;百年,暮齿也;多病,衰疾也;台,高迥处也;独登台,无亲朋也。十四字之间含有八意,而对偶又极精确。

《诚斋诗话》:"词源倒流三峡水,笔阵独扫千人军""无边落木萧萧下,不尽长江滚滚来",前一联蜂腰,后一联鹤膝。

《后村诗话》:此两联(按:指"无边落木"四句)不用故事,自然高妙,在樊川《齐山九日》七言之上。

《瀛奎律髓》:此诗已去成都分晓。旧以为在梓州作,恐亦未然。当考公病而止酒在何年也。长江滚滚,必临大江耳。

《唐诗广选》:杨诚斋曰:全以"萧萧""滚滚"唤起精神,见得连绵,不是装凑赘语。刘会孟曰:三、四句自雄畅,结复郑重。

《麓堂诗话》:"无边落木……独登台。"景是何等景,事是何等事! 宋人乃以《九日蓝田崔氏庄》为律诗绝唱,何耶?

《艺苑厄言》:何仲默取沈云卿"独不见",严沧浪取崔司勋《黄鹤楼》,为七言律压卷。二诗固胜,百尺无枝,亭亭独上,在厥体中,要不得为第一也。……老杜集中,吾甚爱"风急天高"一章,结亦微弱;"玉露凋伤""老去悲秋",首尾匀称,而斤两不足;"昆明池水",秾丽况切,惜多平调,金石之声微乖耳。然竟当于四章求之。

《五色批本杜工部集》:起结皆臃肿逗滞,节促而兴短,句句实,乃不满耳。

《诗薮》:杜"风急天高"一章五十六字,如海底珊瑚,瘦劲难名,沉深莫测,而精光万丈,力量万钧。通章章法、句法、字法,前无昔人,后无来学。微有说者,是杜诗,非唐诗耳。然此诗自当为古今七言律第一,不必为唐人七言律第一也。元人评此诗云:"一篇之内,句句皆奇;一句之中,字字皆奇。"亦有识者。

《唐音癸签》:无论结语重,即起处"鸟飞回"三字,亦勉强属对,无意味。

《唐诗镜》:三、四是愁绪语。

《唐诗选脉会通评林》:陆深曰:杜格高,不尽合唐律。此篇声韵,字字可歌,与诸作又别。蒋一葵曰:虽起联而句中各自对,老杜中联亦多用此法。吴山民曰:次联势若大海奔涛,四叠字振起之。三联"常""独"二字,何等骨力! 周珽云:章法句法,直是蛇神牛鬼佐其笔战。

《唐诗评选》:尽古来今,必不可废。结句生僵,不恶,要亦破体特断,不作死板语。

《初白庵诗评》:七律八句皆属对,创自老杜。前四句写景,何等魄力。

《义门读书记》:远客悲秋,又以老病止酒,其无聊可知。千绪万端,无首无尾,使人无处捉摸,此等诗如何可学?"风急天高猿啸哀",发端已藏"独"字。……"潦倒新停浊酒杯",顶"百年多病"。结凄壮,止益登高之悲,不见九日之乐也。前半先写"登高"所见，第五插出"万里作客"，呼起"艰难"，然后点出"登台"，在第六句中，见排奡纵横。

《唐诗别裁》：八句皆对，起二句，对举之中仍复用韵，格奇变。昔人谓两联俱可裁去二字，试思"落木萧萧下""长江滚滚来"，成何语耶？好在"无边""不尽""万里""百年"。

《瀛奎律髓汇评》：纪昀：归愚谓"落句词意并竭"，其言良是。许印芳：七言律八句皆对，首句仍复用韵，初唐人已创此格，至老杜始为精密耳。此诗前人有褒无贬，胡元瑞尤极口称赞，未免过夸，然亦可见此诗本无疵颣也。至于沈归愚评语，今按所选《别裁集》评此诗云："格奇而变，每句中有三层，中四句好在'无边''不尽''万里''百年'。"归愚之言止此，晓岚称其贬落句为"词意并竭"，所引未审出于何书？果有是言，勿论所评得当与否，而一口两舌，沈之胸无学识，亦是虚谷一流耳。

《唐宋诗醇》：气象高浑，有如巫峡千寻，走云连风，诚为七律中稀有之作。后人无其骨力，徒肖之于声貌之间，外强而中干，是为不善学杜者。

《删订唐诗解》：太白过散，少陵过整，故此诗起太实，结亦滞。

《唐七律隽》：四句如千军万马，冲坚破锐，又如飘风骤雨，折筱翻盆。弇州极爱之，真有力拔泰山之势。

《唐诗笺注》：通首下字皆不寻常。

《杜诗镜铨》：高浑一气，古今独步，当为杜集七言律诗第一。

《岘佣说诗》：《登高》一首，起二"风急天高……鸟飞回"，收二"艰难苦恨……浊酒杯"，通首作对而不嫌其笨者；三、四"无边落木"二句，有疏宕之气；五、六"万里悲愁"二句，有顿挫之神耳。又首句妙在押韵，押韵则声长，不押韵则局板。

《昭昧詹言》：前四句景，后四句情。一、二碎，三、四整，变化笔法。五、六接递开合，兼叙点，一气喷薄而出。此放翁所常拟之境也。收不觉为对句，换笔换意，一定章法也。而笔势雄骏奔放，若天马之不可羁，则他人不及。

《十八家诗钞》：张云：此孙仅所谓"夐邈高耸，若凿太虚而号万窍"者。

以上就是陈伯海先生的《唐诗汇评》中所收录的 25 条评论。① 这些评论对《登高》一诗进行了全面而细致的评价,其中就有不少不同的声音。比如关于总体评价,有人认为"七律第一",也有人认为"未免过夸";关于结体,有人认为"通首下字皆不寻常""一篇之内,句句皆奇",也有人认为"起结皆臃肿逗滞""结句生僵""落句词意并竭";关于对句,有人认为"对偶又极精确",也有人认为"勉强属对,无意味"。笔者课前下发这些评论材料,让学生分组讨论,进行梳理归类。课堂学习中,学生就这些类别联系诗歌内容,进行充分的辨析讨论。这一方面引发了学生的研究兴趣和表达欲望,另一方面也对诗歌鉴赏的丰富性和复杂性有了更为直观而深入的理解,应该说取得了很不错的课堂效果。②

其实以上所述涉及了两种群文的模式,就是郑桂华教授所言的两个"群"概念。"一种是将教材中一个单元里选定的文章看作一群,群文教学设计或实施过程以使用单元内的学习材料为主,我们不妨将其称为横向群。……横向群的设计,应该是考虑了学科核心素养培养和学习任务群的要求,具有一定的课程性质,因而在一定程度上代表着课程的共性和普遍要求。另一种……即纵向设计,即将单元的一篇拿出来,另外补充若干材料,并借助创造性教学达成对该篇的个性化和深度理解。由此来看,横向群和纵向群这两种阅读教学模式是互相依赖、互相补充的关系,纵向群的设计要基于横向群的整体性,否则学习内容和目标容易走偏;而横向群也要有若干纵向群的学习为支撑,否则容易落空。"③郑教授的这番话可谓是对群文阅读极为精要的概括。

3. 注重取精去粗、审辨质疑,帮助学生理解文化的复杂性

2017 版高中语文新课标提出的 18 个任务群中的第 6 个为"思辨性阅读与表达"。在这个任务群中,新课标明确规定:课内阅读篇目中中国古代优秀作品不少于 1/2。这说明中国古代文学作品是思辨性阅读的良好素材,是提升学生

---

① 陈伯海.唐诗汇评[M].增订本.上海:上海古籍出版社,2015:1801－1803.

② 笔者有一篇教学《登高》的课堂实录,收录在《统编高中语文名师单元教学设计:选择性必修》(山东教育出版社 2022 年版)一书中,可参看。

③ 郑桂华.群文教学的纵向挖掘与横向展开[J].中学语文教学参考,2021(1):44－45.

思维能力的优质资源。同时,所谓中华优秀传统文化、中国古代优秀作品,只是一个总体性的评价,并不存在完美的作品,不管是思想意义还是艺术形式。因而即使面对传统经典,我们也要取精去粗、审辨质疑,采取拿来主义的方法,帮助学生理解文化的复杂性。

比如在必修下册第六单元的教学中,作为志怪小说的《促织》里有一些"神怪"的因素,如"卜虫""化虫"等情节,该如何理解这些情节的设置? 要解决这个问题,当然可以从"志怪小说"的文体特点上解决,可以从《促织》的版本系统中去钩稽①;还可以联系必修下册第二单元中的《窦娥冤》,其中的"三桩誓愿"如何理解,为什么要设置这个情节? 进而可联系《孔雀东南飞》中的"化鸟"、清代李渔《比目鱼》中的"化鱼"等进行专题研讨。这就是一个比较复杂的问题,需要学生动脑筋仔细分辨,既要意识到作品的局限性、文化的倾向性,更要放在时代背景中同情地理解。

再比如教学统编教材选择性必修中册的《苏武传》,也可以引导学生思考苏武这个人物形象的复杂性。苏武无疑是忠君爱国的典范。如何辩证地理解苏武的"忠君"这一现象? 他拒降的理由是"武父子亡功德,皆为陛下所成就,位列将,爵通侯,兄弟亲近,常愿肝脑涂地。今得杀身自效,虽蒙斧钺汤镬,诚甘乐之。臣事君,犹子事父也。子为父死,亡所恨,愿无复再言",这是愚忠吗? 这和现代理念冲突吗? 如何理解苏武在北海牧羊时期娶胡妻、生胡子②,这有损他的爱国形象吗? 这些都是值得辨析的文化问题,涉及对传统文化、经典文学复杂性的全面认知。

总而言之,中华传统文化是一个复杂的概念,不能一概而论,要从中剥离出优秀传统文化,需要批判的眼光、理性的精神以及宽广的胸怀。对教学而言,面对中华传统经典,教师要设计任务,引导学生透过字词文意的表层,深入理解文

---

① 关于"化虫"的情节,高中统编教材所据的是《聊斋志异》青柯亭刻本,而《聊斋志异》的手稿本及各种抄本都没有成名之子魂化促织的描写。

② 苏武娶於軒王的公主为妻,并生下儿子苏通国。关于苏通国,《汉书》里有记载:"武年老,子前坐事死,上闵之,问左右:'武在匈奴久,岂有子乎?'武因平恩侯自白:'前发匈奴时,胡妇适产一子通国,有声问来,愿因使者致金帛赎之。'上许焉。后通国随使者至,上以为郎。"

化的复杂性，能够去伪存真、去粗取精，努力汲取、传承、弘扬民族文化的精华。

以上谈论了以任务群方式组织文言文教学中，如何引导学生读出文本承载的"道"或者蕴含的文化精神。有一点需要提醒的是，以任务群方式组织教学的过程中，单篇学习中通过涵泳品味文本，由文字、文章进入文化的途径依然是有效的，也应该是任务群学习过程中有机的组成方式，或者说学习任务完成过程中的一个重要环节。只不过，为了方便起见，本节才将两者分开论述，它们之间并非并列关系，而是从属关系，当然此时的"单篇学习"已非以往意义上的"单篇学习"，其实本来也没有纯粹的"单篇学习"。

第 六 章

依学而教：学情追踪

教学的本质是育人，因而在教学过程中"人"的兴趣所在、学习水平、发展方向始终是教师密切关注的。只有充分关注了"人"，满足了学生真正的需求，教学才会是有效的；不然的话，教学就会变得"目中无人"，成为教师的一言堂。在文言文教学中，因为文言文语体的特殊性，充分掌握学情并在此基础上教学更有必要性。因此，文言文教学除了依标而教、依言而教、依文而教，还要依学而教，根据学生的学习情况进行适时的调整。

所谓"依学而教"，第一层意思是指在教学之前要充分调研学生的学情，对学生在文言字词、内容理解、主旨把握等各个方面的能力水平有整体的了解，对学生在初步自读文本之后仍然存在的障碍、问题有所把握。对学生学情有了准确的把握之后，教师再综合任务群或单元目标、文本特色设定单元、课时教学目标，设计单元、课时学习任务。

"依学而教"的第二层意思，是指教师在评价反馈的基础上进一步设计或调整课堂教学。教师要重视整个评价过程，包括日常的作业评价、阶段性的测试评价、选拔性的考试评价等。评价不仅能诊断课堂教学的效果，还能引导、反哺课堂教学。因而，教师应重视评价任务的设计和实施。教师可以设计合宜的评价任务，贯通课堂内外的学习，使评价成为课堂学习的延伸，从而促进学生学习的持续、深入。同时，教师可以依据评价任务中学生的表现，了解学生的能力水平、学习成果以及其他非智力性表现，从而进一步设计、调整教学的方向和内容。一直以来，评价是一个容易被忽视的环节，或者说是一个容易被简单化的环节。教师可能会以为评价就是考试，就是给学生一个分数，这就窄化了评价的内容和功能。其实，评价除了可以衡量学生的学习效果及其水平之外，也可以帮助学生巩固课堂所学并在此基础上拓展、深入，还可以给课堂教学以及时的反馈，帮助教师调整课堂教学，从而提升课堂教学的有效性。

本章即以"依学而教"的这两层意思，分三节简要论述文言文教学中"学生"这个层面的相关问题。

第一节 学情的调研

在课堂教学之前,教师要充分了解学生的学情。一般而言,一位教师的教育教学活动是一个长期的过程,并非依靠一朝一夕之功。因而,除非是新接手班级,教师对学生的学习能力与水平是大致了解的,对学生在学习过程中会碰到的障碍或疑惑也会有一定的判断,然而这样的了解和判断往往是经验性的。在文言文教学中,可能这样的问题还会更加突出。教师之所以选择逐字逐句地落实,方方面面地教授,很重要的原因就是教师对学生的学情把握不够精准,不敢遗漏所谓的知识点或者课文重点。其实,很多时候,教师不过是重复学生已经知道的东西,当然也可能讲授或讨论不符合学生认知水平、发展需求的内容。这都是教师对学情不够明确所致。

如何在课堂教学之前把握学生的学情?比较容易的操作办法是收集、分析、提炼学生的疑问,这能帮助教师对学情有更清晰的定位。当然,学生的疑问会比较复杂,有不同层次的疑问,也有不同方面的疑问,有显性的容易解决的疑问,也有隐性的不容易解决的疑问。这就需要教师对学生的疑问有所分析,提炼出典型的、与文本核心价值相关的问题。这样的问题,应该指向课程标准规定的学习内容与目标,指向单元学习任务,也当然应指向文本的特色之处。

一、基于学情,改造教材的"单元学习任务"

在统编教材必修上册选文《劝学》的教学中,笔者收集到了很多较有价值的问题,试摘录以下几个。

1.《劝学》中为什么运用了那么多的比喻,少用几个会影响文章论述的有效性吗?

2.《劝学》中的比喻,如"冰,水为之,而寒于水""木直中绳,𫐓以为轮,其曲中规"等,似乎和"学习"没有什么关系?这样的比喻是恰当的吗?

3.《劝学》中第二至第四段之间的顺序能不能互换？它们之间的逻辑关系是什么？

4.《劝学》的中心论点是"学不可以已"吗？第四段讲学习的态度，要积累、坚持、专一，似乎与中心论点没有关系。

5. 荀子为什么主张性恶论？是主张"性恶论"才"劝学"，还是主张"劝学"而提出"性恶论"？

从学生提出的问题来看，字词和文意的理解基本已经解决，阅读疑惑主要集中在作者论述观点的逻辑、方法等方面。统编教材中本文课下注释一共有 42 条，应该说对文中有难点的字词句意进行了基本的梳理。学生借助注释阅读文章确实问题不大。因而课堂教学中除个别字词再随文提醒一下，如"用心一也"中的"用心"与现代汉语中的"用心"意思不一样，逐字逐句地串讲是不必要的。据本单元所属任务群"思辨性阅读与表达"的"学习目标与内容"来看，这些问题的辨析都能指向学生思辨能力的培养，确实是一些好问题。因而，在课堂教学设计中，教师不妨将这些问题稍加凝练，汇入单元学习任务之中。

比如《劝学》所属的必修上册第六单元，有这样的学习任务：

本单元的文章以说理为主，运用了多种说理方式，语言也各有特色。……《劝学》《反对党八股》《拿来主义》都运用了比喻的方法说理。从课文中分别找出典型的例子，分析对比和比喻的方法在阐发观点上的作用。

对此任务，可根据学生的疑问做这样的调整：

本单元的文章以说理为主，运用了多种说理方式，语言也各有特色。《劝学》《反对党八股》《拿来主义》都运用了比喻的方法说理。从课文中分别找出典型的例子，分析对比和比喻的方法在阐发观点上的作用，辨析这些方法对于阐发论点的有效性，讨论说理方法使用与说理对象特点之间的关系。

根据学生疑问所加的任务"辨析这些方法对于阐发论点的有效性"，即在引导学生解决比喻论证有效性的问题。其实，正如学生指出的，以现代论证眼光来看荀子的比喻，可能是存在一定瑕疵的。如"冰，水为之，而寒于水""木直中绳，𫐓以为轮，其曲中规"等比喻中，一种形态变成另一种形态，都显得比较被动,强调的是外部的干预,与主动的学习似乎相差较远。有学生在课堂中指出以这样的比喻来论述"劝教"似乎更为妥帖。另外,《劝学》第三段以大量比喻论述"君子善假于物",第四段又以大量比喻论述学习要注重积累,这和中心论点"学不可以已"之间的关系不够密切。学生发现了这些问题,教师在教学中就这些问题组织讨论,一方面是对学生需求的呼应,另一方面对学生思辨能力的提升也有很大益处。

所加的另一条任务"讨论说理方法使用与说理对象特点之间的关系",则旨在引导学生对以上所谓"瑕疵"进行讨论辨析。说理方法、说理结构都有可指摘之处,那么《劝学》为什么还能成为中国古代说理文的经典,其背后的原因值得挖掘、体会。中国古人更容易接受取譬设喻的说理方式,这在先秦诸子的典籍中大量使用寓言、比喻说理可见一斑。从西方的思维方式来看,譬喻这种类比推理方式往往是不可靠的。然而,中国人则更能接受这种譬喻式的说理。因而,以现代西方的论证眼光来观照这种说理,会觉得不可思议,这其实是对中国文化的隔膜和对说理对象特点的忽视。同样地,关于《劝学》的论证逻辑,也自有中国特色。刘宁在《骈文与说理——以中古议论文为中心的考察》中指出,《荀子》的说理是"集义"或者说"辐辏式"的特点:"这些篇章,往往是围绕篇题的论点,荟萃众多之修身规范,所罗列的规范之间,并无鲜明的递进衍推关系,而是表现为一种平行、综合的结构,形成一种'集义'的格局。后世读者期待于议论文的纵横起伏、层层深入,在荀子这些专论中是难以看到的。"[1]在具体论及《劝学》一篇时,该文又说:"全文就是在对这一系列君子立身规范的说明论证中,连缀完成对于'劝学'主旨的论述。这些规范或者说明'学'的重要,或者说明君子当如何'学',与中心论点之间,仿佛轮运辐辏、点染烘托,而彼此并不存在明显的推进深化关系。"[2]在引导学生理解《劝学》的说理特点时,刘宁的说法是值得关注的。

关于《劝学》中譬喻论证的讨论与辨析,上海交大附属中学嘉定分校的黄娟华老师有一个课例值得参看,也正呼应了我们对单元学习任务的调整。

---

① 刘宁.骈文与说理——以中古议论文为中心的考察[J].长江学术,2014(1):82 - 90.
② 同①82 - 90.

生1:关于《劝学》我们小组有两个疑问。一是觉得这里的比喻重复的有很多,确实有堆砌之感。如第三段中"跂而望""登高而招""顺风而呼""假舆马""假舟楫",连用五个比喻来表达同一个意思,就是要"善假于物",这是疯狂炫技的表现。我随便删掉其中一个,也不影响这个观点的表达。二是觉得《劝学》中比喻喻体选得不太合理,不能很好地论证观点。比如最后一个比喻,"蚯蚓""螃蟹"的行为都是出于他们生理构造而做出的生物本能,跟"心思专一不专一"有什么关系?

师:对这两个疑问,其他小组看法和他们一致吗?

生2:刚才同学举的那个比喻,两者是一组对比,蚯蚓没有爪牙之利,筋骨之强,只有柔软的身体,但把力气用于一方,慢慢蠕动就能"上食埃土,下饮黄泉";而蟹有坚硬的外壳、有力的蟹钳和八条腿,把力气花在"十个方向"上,却连洞穴都挖不成,因此可以谓之"躁",从而就能论证在"积"的过程中要"专一"才能学有所成。我觉得这个喻体表述的道理和论证的观点是一致的。至于那位同学说到的生理构造和本能的问题,荀子那个时代的人是不知道这些科学知识的,我们不能用今人的眼光思维去看待要求古人。

师:这点我认同。中国古人是讲求"天人合一"的整体性,认为万物齐一、万物有灵。在他们看来,蚯蚓和螃蟹当然也是有心思的。所谓生理构造、生物本能,这是现代科学出现之后人们才有的认识。

生2:我们小组反而认为这里的比喻使用贴切。"青,取之于蓝""冰,水为之""木直中绳,𫐓以为轮"等一系列的比喻呈现了事物变化、提升、发展的过程,本质上跟"学习"是一致的,而用常见的自然、生活作为比喻,把"学不可以已"这个抽象的观念、道理形象化、通俗化了。

展示小组讨论图:

学前	蓝	水	木	木	金		
学后	青	冰	轮	直	利	学的意义	自我提升、改变
学的过程	取	为	𫐓	受绳	就砺	学的内涵	从外界获取认知

生3:我们小组从第三段中还看到《劝学》中比喻的丰富性。"登高而招,臂

非加长也,而见者远;顺风而呼,声非加疾也,而闻者彰"是借助自然条件,延展自身感知世界的能力;"假舆马者,非利足也,而致千里;假舟楫者,非能水也,而绝江河"是借助社会条件,提升自身在外部世界的活动能力。几个比喻从时间、空间、自然、社会等不同角度体现"假"内容、对象的丰富,指出"善假"的过程也是从不同时空向不同对象学习、积累的过程,呼应了开头的"学不可以已",又为下文论"积"做准备。

师:好,一句话总结你的观点。

生:所以,《劝学》比喻是准确丰富而不是堆砌,它可以使论证更形象也更具普遍性,是很巧妙的。

师:后面这两个小组不仅很好地抓住了比喻喻体的特点,而且还进行了角度的梳理、分类和归纳,这是非常好的。刚才讨论中大家还提到了古人思维的特点对说理方式的影响。那么,从他们的归纳中我们也可以看到,农耕时代的古人确实是通过对自然万物、生产生活的观察来获得对世界认识的。他们习惯用生活中直观具象的物象来进行设喻(板书:物象、设喻),通过联想、比附,由常识推及抽象,用已知喻未知。(PPT 链接古人思维方式:直观具象)古人云"无譬不能言""以其所知,喻其所不知,而使之知之",《劝学》选用大量自然物质、人类生活来论述抽象深奥的道理,不仅形象生动、通俗易懂,也体现了其丰富性和普遍性,与当时的社会发展状态及人的接受能力是相适应的。

由黄老师的课例可以看出,学生对《劝学》的说理方式是有疑问的,而当这种疑问转化为课堂教学行为之时,不仅能满足学生解疑的需求,也让学生对文章背后的文化、思维等深层次的内涵有更深的体会。

以上就是依据学情的调研,按照学生质疑的问题,对单元学习任务进行的相应调整,然后再落实到课堂教学之中去。

二、基于学情,自行设计"单元学习任务"

在统编教材必修下册选文《子路、曾皙、冉有、公西华侍坐》的教学中,笔者收集到以下具有典型性的问题:

1. "夫子哂之",这里的"哂"是作"微笑"解还是"嘲笑"解？

2. 曾皙在鼓瑟之时,如何能听清子路、冉有、公西华与孔子的对话,如何能观察到孔子在子路回答后细微的表情"哂"？

3. 暮春时节,天气还比较冷,在北方怎么能在沂水中洗澡？

4. 曾皙描绘的场景具有什么象征意义？

5. 孔子为什么会赞成曾皙的人生志向？曾皙的人生追求似乎与儒家积极有为的思想不符合,倒是接近道家的理想,怎么理解？

与《子路、曾皙、冉有、公西华侍坐》同属一课的还有两篇文章:《齐桓晋文之事》和《庖丁解牛》。关于这两篇文章,笔者还收集到以下问题：

1.《齐桓晋文之事》中有大量对话,对于人物神态基本不着笔墨,唯有两次写齐宣王的笑,"王笑曰""王笑而不言"。这两处"笑"有什么特别的意味吗？对于推动孟子的说理有什么作用？

2.《齐桓晋文之事》中的大量对话,与其说是对话,更像是独白,是孟子在宣扬自己的政治主张。真实的齐宣王和孟子对话会是这样吗？

3.《齐桓晋文之事》中,孟子运用大量寓言故事或者比喻来说理,确实是非常生动形象,然而从逻辑上讲也有很多漏洞,齐宣王发现不了吗？

4.《齐桓晋文之事》最后描述的天平盛世理想图景与曾皙描绘的理想社会图景是一样的吗？

5.《庖丁解牛》中虚构的故事是不是只有暗示性,而没有说服性？

6.《庖丁解牛》中以解牛的故事讲了要顺应自然来养生的道理,那么在社会中如何才能顺应自然呢？或者什么才叫顺应自然呢？

应该说,学生的这些问题质量很高,很多学者和教师都对以上问题做过专门的探讨。而且这些都是思辨性要求较高的问题,符合《子路、曾皙、冉有、公西华侍坐》《齐桓晋文之事》《庖丁解牛》三文所属"思辨性阅读与表达"学习任务群的要求。那么在教学过程中,教师既可以用上述的方法将这些问题纳入教材设计的单元学习任务中,也可以据此自行设计单元学习任务。

本单元的"单元学习任务一"是针对三篇诸子散文而设计的,引录如下：

先秦诸子学说是中国古代思想的第一个高峰，影响深远，值得我们深入理解。阅读诸子的著作要把握他们的主要观点和思路，从中吸取思想养分。学习本单元所选的三篇先秦诸子文章，完成以下任务。

1. 孔子表示"吾与点也"，孟子提倡"保民而王"，庄子重视"依乎天理"。把握这样一些观点的内涵，有助于我们深入理解相关文章，也能帮助我们更好地了解中国传统思想文化。从这三篇文章中任选一篇，找出并分析文中的重要观点，进而深入理解全文。把自己的思考写出来，与同学讨论。

2.《子路、曾皙、冉有、公西华侍坐》和《齐桓晋文之事》展现了儒家对人生价值和理想社会的追求。阅读这两篇文章，思考这些追求的意义，同学之间展开交流。

笔者在研读、梳理了学生的疑问之后，发现学生的疑问与教材提供的单元学习任务之间虽有相关性，然而学生的疑问更为具体，思辨性也更强，"改造单元学习任务"不如另起炉灶，重新设计"单元学习任务"。于是，基于学生的学情，笔者就设计了以下的"单元学习任务"：

1.《子路、曾皙、冉有、公西华侍坐》《齐桓晋文之事》《庖丁解牛》三篇文章中描绘的或暗示的理想社会形态分别是什么样的？ 它们之间有什么异同？ 你觉得这样的社会形态能够实现吗？

2.《齐桓晋文之事》《庖丁解牛》两篇文章都善于用形象化的手段说理，你觉得它们之间有区别吗？ 效果分别如何？ 请在班级内组织交流讨论。

3.《子路、曾皙、冉有、公西华侍坐》中曾皙描绘了在自然中的自在生活，而《庖丁解牛》中作者讲了顺应自然之道而自在的道理，这两种自然有共通之处吗？ 请在班级内交流讨论。

这些学习任务一方面具有一定的整合性、思辨性，符合本单元的任务群学习目标与要求，另一方面也或直接或间接地呼应了学生的一些困惑。因而，学习任务的完成既能解决学生具体的阅读疑惑，也能逐步提升他们的语文核心素养。

当然，以上都是教师根据课前的调研收集起来的疑惑或者问题。然而疑惑并不只是产生于课前,学生在课堂学习之中、在课堂学习之后都有可能产生疑惑。而这样的疑惑可能更有价值,因为那是学生学习之后或者说深入思考之后产生的困惑。也许在课堂教学之中教师不能及时给予回应,这在高思辨性的课堂中很正常,毕竟教师不是万能的,课堂教学也不是完美的。然而教师却不能忽略这些疑问或者说"教学点",要努力相机将之导入后续的课堂教学之中。这对教师来说,要求自然非常高,却也是课堂教学无限魅力之所在。

韩愈在《师说》中说:"师者,所以传道受业解惑也。"在韩愈的心目中,解惑是教师的天职,传道授业是在解惑之中完成的。韩愈的这一判断在今天依然具有现实意义。今天的课堂教学依然要建立在学生的疑惑之上,要努力解决学生的疑惑。然而很多时候,学生对自己的"惑"并不是自知的,要发现并提出自己的"惑"并不是容易的事。孙绍振先生说:"在语文课堂上重复学生一望而知的东西,我从中学时代对之就十分厌恶。从那时我就立志,有朝一日,我当语文老师一定要讲出学生感觉到又说不出来,或者一望而知,其实一无所知的东西来。"①换一个角度来看孙先生的话,他说的学生"一望而知,其实一无所知",正是一种有疑而不自知的状态,而这种状态恰恰是学生学习中的常态。这种常态会给教师的经验性判断带来干扰,让教师不能形成精准科学的判断。因而,教师应该努力训练学生的思维力,这将是一个长期的过程。在引导学生解决疑问的过程中,学生的思维力会得到提升,而思维力的提升,又会帮助学生提出有质量的疑问。提出疑问、解决疑问,再提出问题、再解决问题……这是思维力螺旋式上升的过程。

总而言之,教师要激发学生的质疑精神,引导他们提出有质量的问题,并将这些问题融入单元学习任务的设计之中,再引导他们在文本学习的过程中解决这些问题。也许这些问题不能得到完全解决,甚至可能带来了更多的困惑,这没关系,某个问题的解决并不是终极的目的,语文核心素养的提升才应该是我们关注的焦点。

---

① 孙绍振.名作细读——微观分析个案研究[M].修订本.上海:上海教育出版社,2009:1.

第二节　课后的反馈

课后的评价任务是检验学生学习成效的重要手段,是教师获得教学反馈的重要依据,也是促进学生进一步学习的有效途径。在以往的评价实践中,我们更注重结果性评价,而忽视过程性评价;更注重传统的纸笔测试或练习,而忽视表现性评价;更注重评价的诊断、选拔功能,而忽视评价本身有促进学习的功能。更有甚者,将高利害性考试的试题直接作为日常的评价内容,考试试题主宰了评价的所有领域,这是值得警惕的现象。在新一轮的课程教学改革之中,评价应该作为非常重要的一环加以关注。如果我们只改革课程标准、教材、课堂教学方式,而忽视评价内容与方式的改革,那么改革的成效必然会大打折扣。在文言文教学评价中,评价内容单一、评价方式陈旧是比较突出的问题,需要得到教师和教学研究者的重视。合宜有效的评价任务能激发学生完成任务的兴趣与动力,指向学生能力素养的培育,并能够给课堂教学以有效的反馈,从而促进教师课堂教学的调整与提升。

那么,如何设计合宜有效的评价任务,不妨在以下四个方面做一些尝试。

一、增强评价任务的目标性

文言文的评价任务是否有效合宜,首先要看它与任务群学习目标、单元学习目标是否具有一致性。上文所说的一种令人担忧的情况是,教师将选拔性考试的内容甚至中高考试题、中高考模拟题直接作为日常的教学评价内容。这一方面对巩固日常教学效果是不利的,另一方面也丧失了一次获得教学反馈的良好契机。因而,设计具有针对性的,与单元学习目标相一致的评价任务是非常重要的。

如何确保与单元学习目标达成一致,可以尝试研制单元作业目标,以单元作业目标为中间机制,使得单元评价任务最终指向单元学习目标。有了单元作业目标,单元评价任务的设计可以说有的放矢,有了清晰的目标指向。笔者曾参与编写统编高中语文教材的配套练习册,较为熟悉这套练习册的研制过程。这套练习册的编写工作中,编写者为每一个单元设计了一套作业目标,而这套作业目标就直接指导了作业的设计。以下为笔者参与研制的必修下册第五单元的作业目标,可以参看。

1. 概括文章的观点,梳理文章的思路。

2. 分析作者的写作意图,体会作者的情感,体会时代先锋人物的伟大人格及其责任感与使命感。

3. 分析文章所呈现的内容、情感与创作背景、时代精神之间的关系。

4. 分析实用文写作目的、背景、对象与实用文表达方式、策略之间的关系。

5. 赏析文章中说理或抒情的艺术手法。

6. 分析奏疏和书信的不同特点。

7. 赏析文章的语言特色。

8. 探究长句在表情达意上的作用。

9. 积累一些重要的实词。

其实,教师在日常评价任务的设计过程中,也应该有一定的目标意识。我们设计的评价任务应该是为相应的目标服务的,而不是随意地发几张文言文试卷或布置几篇文言阅读就了事了。

其次,评价任务应该与单元学习任务、课堂学习内容相一致。这里的"一致性"指的是,一方面要对课堂学习内容进行巩固,帮助学生更好地消化、吸收课堂教学内容;另一方面要在课堂教学内容上有所拓展,为下一堂课的开展做一定的铺垫工作。比如,统编教材必修上册第六单元第 10 课为《劝学》《师说》,第一课时结束之后,教师设计了这样的评价任务:

1. 以下三段文字是《劝学》未选入课文的片段,请将它们放入原文中,并说明你这么放的理由。

① 是故无冥冥之志者,无昭昭之明;无惛惛之事者,无赫赫之功。行衢道者不至,事两君者不容。目不能两视而明,耳不能两听而聪。螣蛇无足而飞,鼫鼠

五技而穷。《诗》曰："尸鸠在桑，其子七兮。淑人君子，其仪一兮。其仪一兮，心如结兮！"故君子结于一也。

② 故不登高山，不知天之高也；不临深溪，不知地之厚也；不闻先王之遗言，不知学问之大也。干、越、夷、貉之子，生而同声，长而异俗，教使之然也。……神莫大于化道，福莫长于无祸。

③ 南方有鸟焉，名曰蒙鸠，以羽为巢，而编之以发，系之苇苕，风至苕折，卵破子死。巢非不完也，所系者然也。西方有木焉，名曰射干，茎长四寸，生于高山之上，而临百仞之渊，木茎非能长也，所立者然也。……故君子居必择乡，游必就士，所以防邪辟而近中正也。

2. 教师是学习的对象，也是学习的引导者。从《劝学》来看，学习的对象，也就是教师，应该具备什么样的特点？请谈谈你的看法。

以上两项任务中，第一项是巩固课堂所学。课堂教学任务是探讨《劝学》的论述思路和论证方法，那么第一项任务旨在让学生进一步体会《劝学》"集义式"或"辐辏式"的论证结构。第二项任务是与下一堂课相连，从《劝学》中挖掘"从师的标准"，以期学生在《师说》的学习过程中发生共振效应。

在此基础上，第二课时的学习内容设计为：联系《劝学》所学的内容，研讨《师说》的论证结构与说理的有效性。而第二课时学习之后的评价任务有三项。

1. 比较《劝学》《师说》两文在论述主题、说理对象、说理方式、说理效果等方面的相似性与不同点，并在此基础上为我们日常的说理提供2—3条建议。

2. 阅读黄宗羲的《续师说》，比较黄文与韩文观点的异同，并分析其中原因。

3. 有人认为《劝学》的论述基础是荀子的人性观；有人认为《师说》的写作与唐代看重门第的社会风气有关；也有人认为《师说》批评的"不从师"现象可能与韩愈倡导的"古文运动"有关。请选择其中一个话题，查找相关资料，写一篇文章，谈谈你的看法。

这三项评价任务中，第一项任务意在巩固课堂所学，并以对比阅读的形式稍加拓展；第二项任务是拓展性作业，以课内外同题文章对比阅读的方式引导学生深入理解文本的创作意图；第三项任务是探究性作业，属于单元长作业，意在引导学生对文章背后的相关文化现象做一定的了解与研究。

从以上案例可以看出,日常的评价任务设计要能够瞻前顾后。教师根据本课堂的学习内容及表现设计课后任务,又根据学生任务完成的情况,设计或调整下一堂课的内容与要求。

综上而言,评价任务设计的目标性,本质上是倡导教学评的一致性。教学之后的评价如能给教学以精准的反馈,从而与教学形成合力,才能更好地培养学生的语文能力与素养。

二、增强评价任务的情境性

文言文的语体形式、反映的生活内容以及背后的思维方式,与学生的现实生活都有较大的距离,很难让学生产生亲近感。要消除学生对文言文的隔膜,在课堂教学中自然要努力创设情境,努力拉近与学生的距离;在课后的评价任务设计中,也要增强情境性,激发学生完成任务的兴趣与动力。《普通高中语文课程标准(2017 年版 2020 年修订)》也明确指出:"以情境任务作为试题主要载体,让学生在个人体验、社会生活和学科认知等特定情境中完成不同学习任务,以呈现学生语文素养的多样化表现。"①自新课标发布以来,教师们已经在评价任务的情境性上做了不少尝试。如人民教育出版社出版的统编高中语文必修上册练习部分有这样一道题:

假如你是战国的记者,请在秦国、赵国或第三国之间任选一国的立场,写一则关于"渑池之会"的新闻,不超过80 字,文言或白话都可以。

秦王使使者告赵王,欲与王为好会于西河外渑池。赵王畏秦,欲毋行。廉颇、蔺相如计曰:"王不行,示赵弱且怯也。"赵王遂行,相如从。廉颇送至境,与王诀曰:"王行,度道里会遇之礼毕,还,不过三十日。三十日不还,则请立太子为王,以绝秦望。"王许之,遂与秦王会渑池。秦王饮酒酣,曰:"寡人窃闻赵王好音,请奏瑟。"赵王鼓瑟。秦御史前书曰"某年月日,秦王与赵王会饮,令赵王鼓

① 中华人民共和国教育部.普通高中语文课程标准(2017 年版 2020 年修订)[S].北京:人民教育出版社,2020:49.

瑟"。蔺相如前曰:"赵王窃闻秦王善为秦声,请奏盆缶秦王,以相娱乐。"秦王怒,不许。于是相如前进缶,因跪请秦王。秦王不肯击缶。相如曰:"五步之内,相如请得以颈血溅大王矣!"左右欲刃相如,相如张目叱之,左右皆靡。于是秦王不怿,为一击缶。相如顾召赵御史书曰"某年月日,秦王为赵王击缶"。秦之群臣曰:"请以赵十五城为秦王寿。"蔺相如亦曰:"请以秦之咸阳为赵王寿。"秦王竟酒,终不能加胜于赵。赵亦盛设兵以待秦,秦不敢动。

既罢归国,以相如功大,拜为上卿,位在廉颇之右。

（节选自《史记·廉颇蔺相如列传》）

新闻写作是一个真实的情境任务,是生活中常见的实用文写作。国际关系的处理与应对,也是学生日常生活中关心的话题之一。因而,这样的一个情境设计,就将战国时期的外交活动场景与学生的生活关联起来了。同时这种具有年代跨度较长的场景关联,会给学生一定的新鲜感,能刺激他们去完成相关的评价任务。当然,完成这样一个任务,学生不仅要认真阅读《史记》等相关文本,对"渑池之会"时秦赵两国的历史发展、两国的相互关系、两国的实力对比以及国际形势有充分的了解,还要对新闻写作中"消息"写作的要求形成明确的认知。这样的写作任务,不仅是对阅读所获知识的检测、诊断,更是对学生综合学习、深度学习提出要求。因此,情境带来的不仅是学生兴趣的提升,更重要的是对学生语文综合素养的呼唤。

再如山西教育出版社出版的高中语文必修上册配套练习册中有这样一道题:

给课文(按:《登泰山记》)中的泰山景点写一段推广词,至少使用两种修辞方法,200 字左右。

原文:亭东自足下皆云漫。稍见云中白若樗蒱数十立者,山也。极天云一线异色,须臾成五采。日上,正赤如丹,下有红光动摇承之,或曰,此东海也。回视日观以西峰,或得日或否,绛皓驳色,而皆若偻。①

这个评价任务增加了"写一段推广词"的情境。写推广词是学生校园生活

---

① 丛书编委会.普通高中新课程同步练习册·语文必修上册[M].太原:山西教育出版社,2020:167.

或者以后社会生活中都可能遇到的真实场景,具有很强的现实性。按照以往的任务设计方式,教师可能要求学生翻译这一段话,或者将这段文言文改写成现代写景散文。这样的做法固然也是可以的,然而它的形式相对来说就比较呆板,不能引发学生的兴趣。另外,它对学生的能力要求也比较单一。现在的任务形式,一方面将文言文阅读与学生的真实生活勾连起来,激发学生完成任务的兴趣;另一方面也对学生的综合能力提出了要求。学生不仅要理解这段文字的意思,还要掌握推广词这种实用文的写法、考虑推广词的效果等。可以说,在完成任务的过程中,学生运用语文知识和语文能力探讨、解决社会生活中实际问题的能力得到充分体现。另外,评价结果也能为本单元后续的写作教学提供依据。

当然,真实的有意义的情境设计并不是一件易事。在已有的实践中,我们也看到一些背景式的甚至是"穿靴戴帽式"的情境。这些情境很多时候只是增加了学生的阅读负担,干扰了学生的正常阅读。叶丽新教授认为:"核心素养语境下所期待的更为饱满的情境,应该是包含问题的,即为了检测学生的某些素养,在一定的背景、场景中设置一定的'召唤结构',触发学生的思维,引发他们特定的表现。"①这给文言文评价任务的情境设计的启示是,情境的设计与任务的完成要形成紧密的关联度,能促发学生的阅读兴趣,引发他们积极思考,而不是增加学生的阅读恐惧感。因为文言文这种语体本身已给学生形成较大难度。

总之,在文言文的评价任务设计时,适当地增加真实的有意义的情境,对于学生走近、亲近文言文是很有帮助的,对于教师准确诊断学生的学习情况、收集有效的学生反馈也大有裨益。

三、增强评价任务的多样性

"基于核心素养的课程改革驱动着评价体系的改革,促使我们必须超越传统的只注重'双基'的客观纸笔测验,采用并丰富'能检测学生的认知思维和推

---

① 叶丽新.读写测评:理论与工具[M].上海:上海教育出版社,2020:283.

理能力以及运用知识去解决真实的、有意义的问题的能力'的表现性评价。"①开发表现性评价任务是增强评价任务多样性的重要途径。

其实我们对表现性评价并不陌生，在日常教学过程中有意无意地也会用到。表现性评价任务是相对于"有固定答案的标准化测试而言的"，它可以采用纸笔测试的方式实施，也可以用非纸笔测试方式实施。《普通高中语文课程标准（2017 年版 2020 年修订）》指出："评价时要充分考虑语文实践活动的特点，注意考查学生在活动中表现出来的参与程度、思维特征，以及沟通合作、解决问题、批判创新等能力，记录学生真实、完整的任务群学习过程。"②这段话也启示我们要针对语文学科的特点设计丰富的评价任务，要有针对性地大力使用表现性评价。对于文言文阅读的表现性评价任务来说，它应该紧扣文言文的特点，体现出文言文阅读的特色，既能充分考查学生外在学习成果，也能全面关注学生的内在品质。

其实，在中国古典的教育中，表现性评价一直有着重要的地位，扮演着重要的角色。因而，在今天的文言文教学中，引入古典的表现性评价方式也很重要，有助于提升评价的有效性、促进学生的深入学习。在古代散文和小说的教学中，运用评点、句读、注释、作校勘记等传统文人的文化行为作为评价任务，会引发学生的兴趣，推动学生的深入学习。如就统编高中语文教材必修下册第八单元设计一个"讽谏之道——我们如何给人提建议"的单元学习项目，在这个项目中，教师可以设计一些评价任务：阅读王安石的《答司马谏议书》，根据文本推断司马光信中的内容，并将这些内容组织还原成司马光的书信，或者根据文本推断司马光的回信会如何反驳，并与司马光所作的《与介甫第三书》对比验证；阅读苏洵《六国论》，联系苏轼、苏辙的《六国论》，将三人观点、论述的同异夹批夹注在苏洵的《六国论》文本之中。这些评价任务看重的就不是结果的呈现，而是引导学生体验古人的治学研究过程。

---

① 周文叶，陈铭洲.指向核心素养的表现性评价[J].课程·教材·教法，2017(9)：36-43.
② 中华人民共和国教育部.普通高中语文课程标准（2017 年版 2020 年修订）[S].北京：人民教育出版社，2020：45.

再如文言文的字词学习中，梳理是一种重要的学习方法。教师在日常教学中不妨将梳理也转化为评价任务，引导学生学会梳理。统编高中语文教材必修下册第一单元的"单元学习任务四"是这样的：

学习文言文，需要多诵读，有意识地积累一些词语和语法知识，逐步形成文言语感。如文言中一些常见的实词，义项较多，可用卡片记录下来，梳理总结不同义项及相关例句，并根据学习情况随时增补新的内容。仿照示例，为本单元的一些义项较多的实词制作卡片。

	一词多义	
	实词	道
文言实词卡片	义项①	说
	及例句	仲尼之徒无道桓文之事者……（《齐桓晋文之事》）
	义项②	规律
	及例句	臣之所好者道也，进乎技矣。（《庖丁解牛》）
	义项③	道路
	及例句	若舍郑以为东道主……（《烛之武退秦师》）
	义项④	取道
	及例句	从郦山下，道芷阳间行。（《鸿门宴》）

这个单元学习任务就可以当作评价任务来实施。

在学习文言文的过程中，这样的梳理尤为重要，制作读书卡片的方法值得推荐。很多学生对文言文学习感到畏惧，固然是因为文化语境的陌生，更直接的原因还是文言词汇积累较少。如何帮助学生积累词汇，跨过文言文学习中"言"的难关，靠的不是死记硬背，而是在阅读过程中注重积累、梳理，逐步形成文言语感。前辈读书人大多都有自己的读书卡片，比如作家纳博科夫多次强调卡片的重要性，他的纳博科夫卡片阅读法是广为人知的读书方法；再如著名学者钱锺书先生也酷爱读书，他一生中所做的读书卡片有近十万张。可见，读书卡片是较为常见也较为有效的读书方法,它的本质就是积累与梳理。因而,我们用这样的评价任务来引导学生,不仅可以帮助学生掌握具体的语言知识,而且在向学生传递一种重要的读书方法。当然,根据学生的表现,教师还可以调整"语言积累、梳理与探究"任务群的安排,或在课堂教学集中专题研讨,或融入其他任务群中随文随机积累、梳理。

因而,在文言文的评价任务设计中,摒弃一些机械性的练习,更多地尝试开发表现性评价任务,一方面能充分了解学生的学习成果,并据此设计或调整后续的课堂教学,另一方面也能培养学生学习习惯、团队合作、探究精神等内在品质。当然,对于表现性评价任务,教师还须制定合理的评价标准和评价量规与之相配,使得学生的学习成果和内在品质得到精准的衡量,从而有效地反馈到教学之中。

正如丹尼·哈特所认为的,"当一个评价使学生进入一个具有重要意义的任务中时,这个评价就是真实的。这样的评价看起来像是学习活动,而不是传统的测验"。[①] 确实,当我们把统编教材中的单元学习任务转化为评价任务时,有人可能提出这样的疑问:学习任务和评价任务有何区别? 其实,从形式上看并无很大区别,区别在于所用的目的。换一个角度来看,这正体现了表现性评价任务与课堂学习任务的一致性与贯通性。

四、增强评价任务的整合性

整合是 2017 年版高中语文新课标、统编高中语文教材中的高频词汇。教学中要注重以整合性任务带动整个单元教学,评价时要设计整合性任务考查、提升学生的语文综合素养。然而,在以往的文言文评价任务设计中,单篇文本的习题作业是比较常见的形式。因为相对于白话文,文言文的文字理解更难,同时选择的文言文大都是经典文本,值得细细咀嚼,所以整合性的任务很少出现在作业设计与试卷设计之中。其实,在课堂教学之后,设计一些具有整合性

---

① Diane Hart.真实性评价——教师指导手册[M].国家基础教育课程改革"促进教师发展与学生成长的评价研究"项目组,译.北京:中国轻工业出版社,2004:16.

的任务,既能避免炒课堂冷饭、激发学生的兴趣,也能与课堂学习任务保持一致,形成更有效的反馈机制。

1. 群文阅读任务设计

相对于单篇文本而言,群文阅读具有更强的整合性。它将多个文本整合起来,围绕着某个点,形成一个清晰的理解结构。在评价领域,我们不妨也设计一些群文阅读的评价任务。比如人民教育出版社出版的统编高中语文教材必修下册练习部分有这样一个任务:

司马迁总结项羽失败原因时说:"(羽)自矜功伐,奋其私智,而不师古,谓霸王之业,欲以力征经营天下,五年,卒亡其国,身死东城,尚不觉寤,而不自责,过矣。"(《史记·项羽本纪》)后世有不少感叹项羽功过的诗句,结合《鸿门宴》内容与下面的诗句,对司马迁的观点进行评析。

项籍鹰扬六合晨,鸿门开宴贺亡秦。樽前若取谋臣计,岂作阴陵失路人。(胡曾《鸿门》)

胜败兵家事不期,包羞忍耻是男儿。江东子弟多才俊,卷土重来未可知。(杜牧《题乌江亭》)

百战疲劳壮士衰,中原一败势难回。江东子弟今虽在,肯与君王卷土来?(王安石《叠题乌江亭》)

八千子弟已投戈,夜帐犹闻怨楚歌。学敌万人成底事,不思一个范增多。(陈洎《过项羽庙》)

这是一个群文阅读评价任务,解决"对司马迁的观点进行评析"这个任务。学生须结合《史记·项羽本纪》中"鸿门宴"的内容、论赞部分,再联系后人如胡曾、杜牧、王安石、陈洎等人的评价,从多角度思考,全方位地考察,才能得出比较中肯的意见。比如关于项羽不能听取谋臣范增的策略,《鸿门宴》中有非常细致而精彩的叙述,《史记》论赞里面有"自矜功伐,奋其私智,而不师古"这样的评论,认为项羽自以为是、刚愎自用;而后代胡曾"樽前若取谋臣计,岂作阴陵失路人"、陈洎"学敌万人成底事,不思一个范增多"等诗句也都表达了这样的意思。那么经过这样的梳理,项羽不善于听取意见,刚愎自用而导致失败,大致是可以取得共识的。当然,根据学生的完成情况,教师可以根据课堂教学的节奏,融入后续的课堂教学中,适当再加以点拨。

再如学习了欧阳修的《五代史伶官传序》之后,我们也可以设计群文阅读评价任务。

以下是后唐庄宗李存勖所宠幸伶人的几则材料,阅读之后完成相关任务。

（一）

庄宗好畋猎,猎于中牟,践民田。中牟县令当马切谏,为民请。庄宗怒叱县令去,将杀之。伶人敬新磨知其不可,乃率诸伶走追县令,擒至马前,责之曰:"汝为县令,独不知吾天子好猎邪? 奈何纵民稼穑,以供税赋! 何不饥汝县民而空此地,以备吾天子之驰骋? 汝罪当死!"因前请亟行刑,诸伶共倡和之。庄宗大笑,县令乃得免去。

（二）

新磨常奏事殿中,殿中多恶犬,新磨去,一犬起逐之,新磨倚柱而呼曰:"陛下毋纵儿女啮人!"庄宗家世夷狄,夷狄之人讳狗,故新磨以此讥之。庄宗大怒,弯弓注矢,将射之。新磨急呼曰:"陛下无杀臣! 臣与陛下为一体,杀之不祥!"庄宗大惊,问其故,对曰:"陛下开国,改元同光,天下皆谓陛下'同光帝'。且同,铜也。若杀敬新磨,则'同'无光矣。"庄宗大笑,乃释之。

（三）

史彦琼者,为武德使,居邺都。而魏博六州之政皆决彦琼,自留守王正言而下,皆俯首承事之。

是时,郭崇韬以无罪见杀于蜀。天下未知其死也,第见京师杀其诸子,因相传曰:"崇韬杀魏王继岌而自王于蜀矣,以故族其家。"邺人闻之,方疑惑。已而朱友谦又见杀。友谦子廷徽为澶州刺史,有诏彦琼使杀之。彦琼秘其事,夜半驰出城。邺人见彦琼无故夜驰出,因惊传曰:"刘皇后怒崇韬之杀继岌也,已弑帝而自立,急召彦琼计事。"邺都大恐。贝州人有来邺者,传此语以归。戍卒皇甫晖闻之,由此劫赵在礼作乱。在礼已至馆陶,邺都巡检使孙铎,见彦琼求兵御贼。彦琼不肯与,曰:"贼未至,至而给兵,岂晚邪?"已而贼至,彦琼以兵登北门,闻贼呼声,大恐,弃其兵而走,单骑归于京师。在礼由是得入于郧以成其叛乱者,由彦琼启而纵之也。

1. 以上三则材料中,哪些细节可以佐证欧阳修在《伶官传序》中提出的观点"盛衰之理,虽曰天命,岂非人事哉"?

2. 有人说,从伶人敬新磨的行为来看,他是一个言辞机敏、善于讽谏的伶人。可见伶人和其他职业的人一样,有好有坏。因此将亡国责任推脱到他们身上是不公平的。你怎么看这个问题?请在小组内讨论,并形成组内意见稿。

这个群文阅读任务所选的三则语料,来自《五代史·伶官传》,正是佐证《伶官传序》中论点的有效素材。另外,后唐庄宗宠幸的伶人之中,敬新磨确实是比较特殊的一位。欧阳修评价他"然时诸伶独新磨尤善俳,其语最著,而不闻其他过恶"[1]。那么怎么看待敬新磨以及他所处的伶人群体,怎么看待后唐灭亡与伶人之间的关系,这是可以仔细辨析的。笔者曾在自己所任教的班级布置过这个任务,学生的认识是有分歧的。一派认为虽然敬新磨没有"过恶",然而从伶人这个群体来看,伶人的作为还是导致后唐灭亡的主要原因;一派认为伶人不过是最高统治者的附庸,归根结底还是最高统治者的昏庸导致了后唐的灭亡。在学生反馈的基础之上,笔者在课堂中组织探讨并适当加以点拨,学生显然对《伶官传序》中的"人事"的内涵就有了更清晰的认知。

在现有的评价任务案例中,包括日常的评价任务以及中高考的评价任务,多文本的群文阅读任务已经成为学者大力呼吁、教师努力实践的方向,现已出现了不少成熟的案例。有些任务采用并行的多个文本,它们有某个共同的议题,或是构成对话关系,文本之间的观点针锋相对形成商榷;或是构成共振关系,文本之间的观点互相补充形成共振。有些任务采用主要文本链接次要文本的形式,这类组合文本往往是在某一个试题或一个小任务内链接材料,和主体

---

[1] 欧阳修.五代史[M].郑云龄,选注.刘兴均,校订.北京:商务印书馆,2019:205－213.

文章一起构成更大的语境,形成思维和表达的空间,激发学生思考。总而言之,群文阅读下设计整合性任务是一条可以探索的有效路径。

2. 学习项目的设计

相对于阅读试题来说,学习项目也更具有整合性。统编教材的单元学习任务大多是一些小型的学习项目,以任务为导向,以多文本阅读为基础,强调实践性,最终指向学生的语文综合素养。当然,统编教材的单元学习任务主要为课堂教学提供依据,然而在设计评价任务时也具有借鉴意义,可以依据课堂教学的情况改造为评价任务。比如高中语文统编教材必修下册第一单元的"单元学习任务二":

阅读史传作品,了解了史实之后,还要进行深入思考,甚至质疑史书的记载。本单元所选的两篇史传中就有不少值得探究的问题,例如:烛之武游说成功,除了辞令巧妙外,还有什么深层次的原因? 项羽不杀刘邦仅仅是因为"为人不忍"吗? 司马迁对鸿门宴的记述有没有"不合常理"的地方? 细读课文,探究上述问题(也可自己设计问题),写出自己的看法。

这个任务就将本单元中的史传作品关联起来了,是一个需要整合各种资源和手段进行探究的大任务。该任务提出了一个阅读史传作品中较为普遍的问题,就是史实问题。如何看待史传作品中史实的真实性,比如鸿门宴中的相关记述;如何看待史传作品中史实背后隐藏的史识,比如烛之武游说成功的原因。这样的任务就不是指向某个知识点或能力点的获得,而是指向学生整体素养的培育。另外,这个任务中还鼓励学生自己设计问题,这是引导学生发现问题。发现问题比解决问题更重要,这无疑对培育学生的思维能力和质疑精神是非常有利的。

这样的小型学习项目,已然有"项目学习"的趋向了。不过在这里它不是课堂教学方式,而是围绕项目开展的具有自主性的探究性学习。另外,从评价任务的长短类型来看,这是一个长作业。考虑到学生的课外学习时间有限,教师可以一个月或半个月为周期适时安排。

还要稍加提及的是,评价任务量和难度的安排都要适度,要符合心理学上

"最近发展区"的原理①。不顾学生的学情，显然只能导致评价任务的低效甚至无效。

　　总而言之，设计合宜、有效的文言文读写评价任务，对于教师而言，能够获得精准的教学反馈，以便在后续的教学中加以调整、提升；对于学生而言，能够激发他们完成任务的兴趣，并在完成任务的过程中持续、深入地学习。从这个角度而言，评价也是一种学习。

---

　　① 苏联心理学家维果茨基的研究表明：教育对儿童的发展能起到主导作用和促进作用，但需要确定儿童发展的两种水平。一种是已经达到的发展水平；另一种是儿童可能达到的发展水平，表现为"儿童还不能独立地完成任务，但在成人的帮助下，在集体活动中，通过模仿，却能够完成这些任务"。这两种水平之间的距离，就是"最近发展区"。也就是说，最近发展区是儿童在有指导的情况下，借助成人帮助所能达到的解决问题的水平与独自解决问题所达到的水平之间的差异，实际上是两个邻近发展阶段间的过渡阶段。把握"最近发展区"，能加速学生的发展。（张春兴.教育心理学［M］.杭州：浙江教育出版社，1998：116.）

第三节 测评的设计

通常而言的评价任务,除去日常课后的评价任务,还包括阶段性的或者选拔性的考试任务。特别是一些高利害性的考试任务,如中高考,对于一线教学具有重要的引导作用,也受到社会的广泛关注,其重要性不言而喻。从现实情况来看,一线教师因种种原因不太关注课程标准等上位的文件精神,但是他们非常关注考试试题,特别是中高考试题的导向、趋势。因而,在课程改革的落实层面,我们必须充分关注中高考等配套改革,关注中高考评价与课标、教材改革方向的一致性。就高考而言,文言文的分值比例一般都占高考阅读考查的一半左右,分量不可谓不重,因此必须予以重视。

本节将结合近年来文言文在高考试题中的表现、存在的问题,提出一些命题方面的建议,以期对文言文教学形成良性引导。①

一、文言文试题的现状分析

从近年的全国高考命题和具有命题自主权的分省命题来看,文言文的试题设计呈现出以下两个特点。

一是重视文言基础知识的夯实。学生在阅读文言文的过程中,碰到的第一只拦路虎是来自字词的障碍。可以说,很多学生读不懂文言文的关键原因是读不懂其中的字词。同时,从教学的层面来看,文言文是落实语文核心素养中“语言的建构与运用”的非常重要的载体。因而,在文言文的测试中,字词句等意思的理解一直是考查的重点。以 2019 年的高考卷为例②,文言文部分的分值统计见表 6 - 3 - 1。

---

① 拙作《学情视野下的文言文试题设计刍议》发表于《现代教学》2020 年第 Z1 期,是本部分的主要构成部分。

② 本节论述虽仅以 2019 年的高考卷为例,但是高考卷的结构相对比较稳定,因此可以代表这一时期的总体情况。

表 6-3-1　2019 年高考卷文言文部分的分值统计

	字词理解分值	句子理解分值	断句分值	文言部分总分	基础部分占比
全国卷	0	10	3	19	68.42%
北京卷	3	7	0	26	38.46%
天津卷	6	8	3	23	73.91%
江苏卷	3	10	0	20	65%
浙江卷	6	8	3	20	85%
上海卷	4	5	3	31	38.71%

由上表可以看出,全国卷和各省的高考卷在文言基础知识的检测上赋予了较高的比重,除北京卷、上海卷之外,其他几套试卷中文言基础知识所占的比例都要超过 60%,浙江卷甚至高达 85%。

二是重视史传类文本阅读的考查。史传类文本以叙事为主,往往具有故事情节曲折、人物形象鲜明等特点,既适合中学生阅读,也适合考查中学生的文言文阅读能力,因而命题者也比较青睐这一文体形式。仍以 2019 年的高考卷为例,文言文部分的语料统计见表 6-3-2。

表 6-3-2　2019 年高考卷文言文部分的语料统计

	文言文语料数量	文言文语料来源	文体类别
全国Ⅰ卷	1	《史记·屈原贾生列传》	史传
全国Ⅱ卷	1	《史记·商君列传》	史传
全国Ⅲ卷	1	《史记·孙子吴起列传》	史传
北京卷	2	《非国语》《论语》	一文为史论,另一文为诸子散文
天津卷	1	《于湖居士文集》	记
江苏卷	1	《汤显祖诗文集·临川汤先生传》	史传
浙江卷	1	《弇州山人四部稿·〈宗子相集〉序》	序
上海卷	2	《槜李往哲列传》《全宋文·爱山楼记》	一文为史传,另一文为记

由上表可以看出，全国 8 套试卷中，有 5 篇史传类文本，比例不可谓不大，可见命题者对史传这一文体的重视。

应该说，重视史传类文本和文言基础知识的考查，对引导学生夯实基础并逐步培养文言语感是有积极的作用的。但是这样的考查也有明显的不足。

首先，考查的形式比较陈旧，不容易激发学生的兴趣，容易让学生产生畏难情绪。近年来的文言文试题，形式相对来说比较固定：词语解释往往以填空或选择的形式出现，题干的表述往往为"写出下列加点词语在句中的意思"；句子的理解题通常以翻译题或者选择题出现，题干的表述往往为"将下列句子翻译成现代汉语"或"以下对画线句理解正确的一项是"；内容理解题往往也以选择题的形式出现。稳定的命题形式当然有利于考生备考，也有利于考生临场发挥，但是过于固定的命题形式，就会使试题显得呆板，容易模式化，不能引起学生的做题兴趣，更不能引导学生深入文本涵泳品味，反而导向机械性记忆。

其次，考查的文本类型比较单一，既不能引导学生领略古代优秀文言散文的韵味，也不能引导学生亲近古典、亲近中华文化。正如上文所述，近年的文言文考查多以史传类文本为主，虽然所选多为优秀的传记，但是古代文章的形式是多样的，不同的文章形式背后也传递着中华文化的不同侧面。而且，不同的文体会呈现不同的风格，也能表达不同的情感，这在《文赋》《文心雕龙》等理论作品中有详细的论述。由此可见，文言文测试中文体局限在史传，是对古代文章的狭隘化，也与统编教材中所选文言文丰富的体式不相和，这自然会影响学生全面理解古代文章之妙、古代文化之美。文体单一的另一个弊端在于让学生产生厌倦感，不容易激发学生阅读的兴趣与动力。譬如吃菜，某一样菜固然美味，但如果每天每顿只吃这一样菜，不仅会产生厌烦感，也会导致营养不良。

二、基于问题的建议分析

基于文言文试题命制过程中存在着形式陈旧、文本单一的问题，为消除学生阅读文言文的畏难感,激发学生阅读的内在动力,可以尝试在以下三个方面做一些尝试。

1. 在命题设计中增加情境

考试命题,大到国家级层面的考试命题,小到学校层面的期中期末考试,都有稳定性的要求。但是如何在稳定与创新之间求得平衡,这是非常重要的。从上文的文言文命题情况分析来看,试题的稳定性有余,创新性不足。如何在命题中有所创新? 在试题中融入真实的富有意义的情境也许是可行之道。《普通高中语文课程标准(2017 年版 2020 年修订)》在"学业水平考试与高考命题建议"的"命题思路和框架"中提出,"考试、测评题目应以具体的情境为载体,以典型任务为主要内容",又将"语文实践活动情境"分成了个人体验情境、社会生活情境和学科认知情境三类。① 这在文言文已有命题实践中也出现了较好的范例。

比如高考卷中的上海卷在这方面是有自己的思考的。从 2016 年起,上海高考卷中文言文一的词语解释题发生了变化。原来的词语解释题是 4 个加点字的解释,以填空的方式呈现。2016 年起,上海卷的词语解释题依然是 4 个加点字的解释,但是呈现形式变成 2 个填空题、2 个选择题。虽说这是呈现形式的细小调整,但给考生们一个新鲜的刺激,而且融入了命题者对学生真实阅读情境的思考。以下是 2017 年上海卷第 16 题的呈现形式:

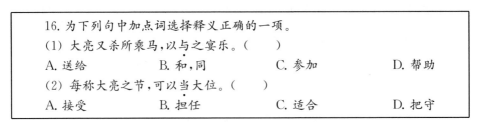

16. 为下列句中加点词选择释义正确的一项。
(1) 大亮又杀所乘马,以与之宴乐。(　　)
A. 送给　　　　B. 和,同　　　　C. 参加　　　　D. 帮助
(2) 每称大亮之节,可以当大位。(　　)
A. 接受　　　　B. 担任　　　　C. 适合　　　　D. 把守

表面上看,变化并不大,由填空题改成了选择题。这和其他省市高考卷的"词语解释"选择题区别不大。如 2019 年北京卷的第 7 题:

----

① 中华人民共和国教育部.普通高中语文课程标准(2017 年版 2020 年修订)[S].北京:人民教育出版社,2020:48.

> 7.下列对句中加点词语的解释,不正确的一项是( )
> ① 不概于圣　　　　　　　　　概:大略
> ② 不得由中庸以入尧舜之道　　　由:沿着
> ③ 特天地之物也　　　　　　　　特:只是
> ④ 是恶乎与我谋　　　　　　　　恶乎:于何、怎么会
> ⑤ 必涌溢蒸郁以糜百物　　　　　糜:使……熟烂
> ⑥ 抑人事乎　　　　　　　　　　抑:还是
> ⑦ 吾既陈于前矣　　　　　　　　既:既然
> ⑧ 不有他术乎　　　　　　　　　术:途径、原因
> A. ①⑦　　　　B. ②⑧　　　　C. ③⑥　　　　D. ④⑤

如果稍加分析,我们会发现,北京卷的选择题第7题本质上是是非判断题,主要考查学生文言字词知识的积累。而上海卷的第16题,4个选项的释义都是加点词语的常见义项,学生需要根据语境选择一项最贴合文意的解释。这就不是简单地考查词意的积累,而涉及语境内词意的辨析。同时,这也暗合了学生生活中的阅读情境。当学生阅读文言文碰到字词障碍时,通常的做法是查古汉语词典,然而古汉语词典对某个字词的释义往往有多条,这就需要学生根据阅读的文本语境选择最符合文义的一项释义。因而,这样的考查是贴合学生的实际阅读语境的。虽然这里的情境不是外显的,而是内隐的,但是却是非常真实的、学生已经遇到的或者将会遇到的社会生活情境。

再比如2018年温州中考卷有这样一道题:

> ## 柳 陌
>
> [明] 祁彪佳
>
> 　　出寓园,由南堤达龇圃①,其北堤则丰庄所从入也。介于两堤之间,有若列屏者,得张灵墟书曰"柳陌"。堤旁间植桃柳,每至春日,落英缤纷②,微飔偶过,红雨满游人衣裾,予以为不若数株垂柳,绿影依依,许渔父停桡③碧阴,听黄鹂弄舌,更不失彭泽家风④耳。此主人⑤不字桃而字柳意也。若夫一堤之外,荇藻交横⑥,竟川含绿,涛云耸忽,烟雨霏微,拨棹临流,无不率尔休畅矣。
>
> 　　　　　　　　　　　　　　　　　　　　　(选自《古代小品文鉴赏辞典》)
>
> 　　注释:①龇(bīn)圃:与文中的"寓园""丰庄"均为地点名称。②落英缤纷:语出《桃花源记》,意在表现桃花纷纷飘落的美丽景象。③桡:与下文的"棹"都指船

桨。④彭泽家风:指像陶渊明归隐后那样的生活风貌。⑤主人:作者自称。⑥荇
藻交横:_____▲_____。

14.文中多处借用前人佳句。参照注释②,完成注释⑥。(3分)

此题要求学生完成文本的注释,颇具新意。学生在日常的阅读中,会碰到
教材、试卷以及其他读物上的种种注释,他们往往是被动的信息接收者;而在此
题中,学生的角色发生变化,不再被动地接受,而变成了信息的建构者、生产者。
这一层身份的反转,一方面给学生带来某种新鲜感,有效地引发了做题的兴趣,
激发了探究的欲望;另一方面也创设了真实的学科认知情境,学生作为阅读主
体的地位得到了充分保障。在这个过程中,他们勾连旧知,发展新知。高中语
文新课标指出:"学科认知情境指向学生探究语文学科本体相关的问题,并在此
过程中发展语文学科认知能力。"①像温州中考卷的第 14 题应该就是比较好地
融入了学科认知情境。

由此可见,在文言文的试题设计中,以具体的真实的情境为载体,一方面可
以激发学生学习文言文的兴趣,消除他们对文言文的畏难情绪;另一方面也可
以有效地提升学生的语言运用能力,发展他们的学科认知能力。当然,增加情
境元素,并不是刻意求新,也不是推翻传统的命题形式,更不是打破试题的相对
稳定性,而是要充分尊重学生的认知规律、学科的运行规律。

2. 在文本选择中丰富类型

文言文命题的文本选择比较单一,也是难以激发学生阅读兴趣的原因。在备
考的过程中,有一些教师甚至总结出史传类文本阅读和答题的一套模板,学生凭
借这套模板可以不读文本,就能回答分析传主形象、概括传主特点等一系列题目。
这样的做法,也许在分数上可以获得一定的益处,但完全消解了阅读的兴趣和意
义,也不利于准确地评估学生语文学习的能力与素养。推究其原因,固然由于应
试教育的风气盛行,也缘于命题选择的文本单一、固化。因而,在文本选择时丰富

---

① 中华人民共和国教育部.普通高中语文课程标准(2017 年版 2020 年修订)[S].北京:人民教育出
版社,2020:48.

文本类型，是激发学生阅读兴趣，引导学生深入阅读的重要途径。当然，在近年来的大型考试中，也有一些文言文命题在材料选择上呈现出亮点。

比如，高考上海卷在文言文语料的选择上就相对丰富，除了一篇文言文语料为史传类文本，还有一篇是文言散文，或为"记"，或为"序"，或为"论"。另外，上海卷的史传类文本也并非一成不变，有时选用正史的史传，有时选用古代笔记中的人物传记，有时还会从古代的墓志铭、神道碑、行状中选取语料。比如2022年上海卷所选的《韩亿传》，原标题很长，其实就是宋代苏舜钦为韩亿写的一篇行状。正史、行状、墓志铭、神道碑中写同一个人，写法是很不一样的，结构、笔法、用词等都不一样，风格也因之呈现出不同的特点。有论者会认为，上海卷每年两篇文言文的构成也已经固化了，形成了某种模式。但是，如果我们从历时性的角度来考查，每年两篇文言文的组合都是不同类型文本的组合，因而上海卷的语料组合相对而言还是比较丰富的。它一方面较为全面地反映了古代的文体类型，另一方面也让学生领略到更为多彩的古代散文及其背后丰厚的传统文化。

再比如，高考北京卷还尝试使用了组合型文言语料。2018年北京卷的文言文阅读就是由两则同主题的语料构成的，一则语料取材于《荀子》，另一则语料取材于《吕氏春秋》。这两则语料都谈到要重视微小的事情。这样的组合型文言文阅读，显然视野开阔，能够为学生的思考和拓展留下更多的机会和空间。以下为2018年北京卷的文言文阅读文段及其中的一道题：

（1）积微，月不胜[1]日，时不胜月，岁不胜时。凡人好傲慢小事，大事至然后兴之务之，如是则常不胜夫敦比[2]于小事者矣。是何也？则小事之至也数，其悬[3]日也博，其为积也大。大事之至也稀，其悬日也浅，其为积也小。故善日者王，善时者霸，补漏者危，大荒者亡。故王者敬日，霸者敬时，仅存之国危而后戚之，亡国至亡而后知亡，至死而后知死，亡国之祸败不可胜悔也。霸者之善著焉，可以时托也，王者之功名，不可胜日志也。财物资宝以大为重，政教功名反是，能积微者速成。《诗》曰："德輶[4]如毛，民鲜克举之。"此之谓也。

（取材于《荀子》）

注释：[1]胜，超过。本句意思是，月不如日重要。[2]敦比：注重从事。本句意思是，像这样，那么只顾处理大事的就不如注重从事小事的。[3]悬：悬挂，此处意思是存在。[4]輶：分量轻。

（2）使治乱存亡若高山之与深溪，若白垩之与黑漆，则无所用智，虽愚犹可矣。且[1]治乱存亡则不然，如可知，如可不知；如可见，如可不见。故智士贤者相与积心愁虑以求之，犹尚有管叔、蔡叔之事[2]与东夷八国不听之谋。故治乱存亡，其始若秋毫。察其秋毫，则大物不过矣。

鲁国之法，鲁人为人臣妾于诸侯，有能赎之者，取其金于府。子贡赎鲁人于诸侯，来而让，不取其金。孔子曰："赐失之矣。自今以往，鲁人不赎人矣。"取其金，则无损于行；不取其金，则不复赎人矣。子路拯溺者，其人拜之以牛，子路受之。孔子曰："鲁人必拯溺者矣。"孔子见之以细，观化远也。

（取材于《吕氏春秋》）

注释：[1]且：连词，表示转折。[2]管叔、蔡叔之事：指叛逆之事。

12. 以上两则短文都讲到要重视微小的事情。请根据要求作答。（6分）

① 分别写出两则短文中能作为中心论点的一个句子。

② 分别为两则短文拟定标题，并简要说明理由。（标题字数限定2—5字）

这道题的第②题中"拟定标题"就有较大的开放空间，"说明理由""限定2—5字"的要求也对学生的思维水平提出了挑战。应该说这是一道不错的试题，而这恰是文本的丰富性带来的优势。当然，美中不足的是，这道题还没有将两个文本联系起来考查。同中必然有异，假如能引导学生"同中求异"，那么这道题的思维含量就会更高。这也给我们一个提醒，组合型语料的选择，需要语料之间有更大的张力，而要避免同质性材料的组合。

又如上海教育考试院发布的2022年上海卷考试手册中有一道样题：

《江表传》曰：孙策讨黄祖旋军欲过取豫章特请翻①语曰："华子鱼②自有名字，然非吾敌也，卿在前具宣孤意。"翻即奉命辞行，径到郡，请被褠③葛巾与歆相见，谓歆曰："君自料名声之在海内，孰与鄱郡故王府君④？"歆曰："不及也。"翻曰："豫章资粮多少，器仗精否，士民勇果孰与鄱郡？"又曰："不如也。"翻曰："讨逆将军智略超世，用兵如神，南定鄱郡，君所闻也。今欲守孤城，自料资粮，已知不足，不早为计，悔无及也。"翻既去，歆明旦出城，遣吏迎策。

按《吴历》载，翻谓歆曰："窃闻明府与王府君齐名中州，海内所宗，虽在东垂，常怀瞻仰。"歆答曰："孤不如王会稽。"翻复问："不审豫章精兵，何如会稽？"对曰："大不如也。"翻曰："明府言不如王会稽，谦光之谈耳；精兵不如会稽，实如尊教。"因述孙策才略殊异，用兵之奇，歆乃答云当去。翻出，歆遣吏迎策。

臣松之以为：王、华二公于扰攘之时，抗猛锐之锋，俱非所能。歆之名德，实高于朗。然王公拒战，华逆请服，实由孙策初起，名微众寡，故王能举兵，岂武胜哉？

策后威力转盛,势不可敌,华量力而止。若使易地而居,亦华战而王服耳。

(节选自《三国志》裴松之注)

【注】①翻:即虞翻,字仲翔,会稽人。②华子鱼:华歆,字子鱼,时任豫章太守。③褚:单衣。④王府君:指王朗,曾任会稽太守,败于孙策。

20.《江表传》和《吴历》两书对虞翻劝说华歆内容的记载有同有异,裴松之对这些材料是如何分析的?(4分)①

这个文本看上去是一个整体,其实是由三则语料组成的,分别是《江表传》和《吴历》对虞翻劝说华歆内容的记载,以及裴松之对此的分析,因而也可看作是群文阅读。《江表传》和《吴历》对此事的记载有同有异,如华歆和王朗品行才能的优劣问题;裴松之的分析与两书暗含的观点也同中有异,如对于孙策"王拒华迎"的原因分析。语料之间的张力给命题赋予较大的空间,有利于考查学生的思维能力与品质。而第20题也正是在此点上做文章,充分发挥了组合型文本的效力。另外,这种组合型材料也呼应了统编教材中"一课多文",或者说群文阅读的设计,有利于实现教学考的一致性。

综合上述来看,文言文测试的语料选择要避免单一、固化的形式,要在材料的丰富性、多元性、组合性上下功夫,力求较全面地反映中华优秀传统文化,较高效地区分学生的思维水平、语文素养。

3. 在题干设计中开拓空间

对于中学生而言,活泼的考查形式固然能激发一定的阅读兴趣,但这不是根本的长远的解决之道。真正能激发学生阅读兴趣的途径是,增加试题的空间,保证学生的主体性,提供学生主动建构的可能性。正如上文提及的,文言语料的选择和组合角度多样、视野开阔,既能为学生的思考和拓展提供空间,也能为具有开放空间的好题的出现奠定基础。有了语料的坚实基础,命题者还需要在题干的设计中打开思路,保证题目中具有适度的开放性,给予学生建构、思辨的空间。比如笔者曾经设计过这道题:

① 上海教育考试院.2022年普通高等学校招生全国统一考试(上海卷)考试手册(语文、数学、外语)[M].上海:上海教育出版社,2021:8-9.

汉 文 帝 论①

[宋] 苏 辙

① 老子曰:"柔胜刚,弱胜强。"汉文帝以柔御天下,刚强者皆承风而靡。尉佗称号南越,帝复其坟墓,召贵其兄弟。佗去帝号,俯伏称臣。匈奴桀骜,陵驾中国。帝屈体遣书,厚以缯絮,虽未能调伏,然兵革之祸,比武帝世十一二耳。

② 吴王濞包藏祸心,称病不朝,帝赐之几杖。濞无所发怒,乱以不作。使文帝尚在,不出十年,濞亦已老死,则东南之乱无由起矣。至景帝不能忍,用晁错之计,削诸侯地,濞因之号召七国,西向入关。汉遣三十六将军,竭天下之力,仅乃破之。错言:"诸侯强大,削之亦反,不削亦反。削之,则反疾而祸小;不削,则反迟而祸大。"世皆以其言为信,吾以为不然。诚如文帝忍而不削,濞必未反。迁延数岁之后,变故不一,徐因其变而为之备,所以制之者固多术矣。猛虎在山,日食牛羊,人不能堪,荷戈而往刺之。幸则虎毙,不幸则人死,其为害巫矣。晁错之计,何以异此? 若能高其垣墙,深其陷阱,时伺而谨防之,虎安能必为害? 此则文帝之所以备吴也。

③ 呜呼! 为天下虑患,而使好名贪利小丈夫制之,其不为晁错者鲜矣!

25.第①段中作者提出"汉文帝以柔御天下,刚强者皆承风而靡"的观点,并列举了尉佗、匈奴、吴王濞等事例加以论证。你认为论证是否充分? 请做出判断并说明理由。(5分)

从此题的设问来看,笔者试图保持一定的开放性。"论证的充分性"是一个具有开放度的话题,学界对此也有很多的研究。比如近年来讨论较多的"图尔敏论证模型",社会上流行颇广的《好好讲道理——反击谬误的逻辑学训练》一书提出的"五项标准"等,但它们似乎也未能在"充分性"的要件上取得一致的公认的看法。因而,就某一个具体问题的论证充分性进行探讨,其中是有较多的辨析空间的。另外,关于苏辙《汉文帝论》一文中的论证,历来的读者也有不同的意见,也就是说,文本本身也提供了开放的空间。因此,这样的题就具有一定的开放度,给予了学生一定的主动权,能激发学生思考和拓展的欲望。

再如 2019 年和 2020 年上海秋季高考文言文一的第 20 题:

---

① 姚鼐.古文辞类纂[M].胡士明,李祚唐,标校.上海:上海古籍出版社,2016:72.

> 2019 年：第④段写到"监司督赋方急"，项经与他论理，很有说服力，请加以分析。
>
> 2020 年：第④段写宋若水反驳衡山浮户恢复溪水故道的请求，很有说服力，请加以分析。

这两道题考查的都是说理的说服力问题，对学生的理性思维水平提出了较高的要求。在这两道高考题的影响之下，上海市各区的高考一模、二模试题中出现了很多类似的题。比如 2021 年上海市徐汇区的高考一模卷的第 19 题：

杨 万 里 传

① 杨万里，字廷秀，吉州吉水人。中绍兴二十四年进士第，为赣州司户，调永州零陵丞。时张浚谪永，杜门谢客，万里三往不得见，以书力请，始见之。浚勉以"正心诚意"之学，万里服其教终身，乃名读书之室曰"诚斋"。

② 浚入相，荐之朝。除临安府教授，未赴，丁父忧。改知隆兴府奉新县，戢追胥不入乡，民逋赋者揭其名市中，民欢趋之，赋不扰而足，县以大治。

③ 淳熙十二年五月，应诏上书曰：金人日逼，疆场日扰，而未闻防金人者何策，保疆场者何道？愿陛下超然远览，昭然远寤。勿以海道为无虞，勿以大江为可恃。增屯聚粮，治舰扼险。姑置不急之务，精专备敌之策。

④ 十四年夏旱，万里复应诏，言："旱及两月，然后求言，不曰迟乎？上自侍从，下止馆职，不曰隘乎？今之所以旱者，以上泽不下流，下情不上达，故天地之气隔绝而不通。"因疏四事以献，言皆恳切。

⑤ 韩侂胄用事，欲网罗四方知名士相羽翼，尝筑南园，属万里为之记，许以掖垣。万里曰："官可弃，记不可作也。"侂胄恚，改命他人。卧家十五年，皆其柄国之日也。侂胄专僭日益甚，万里忧愤，怏怏成疾。忽族子自外至，遽言侂胄用兵事。万里恸哭失声，亟呼纸书曰："韩侂胄奸臣，专权无上，动兵残民，谋危社稷，吾头颅如许，报国无路，惟有孤愤！"又书十四言别妻子，笔落而逝。

（选自《宋史·杨万里传》，有删节）

19. 杨万里对于旱灾原因的分析是否有说服力？请根据第④段内容加以评析。（4 分）

这道题具有一定的开放性和探究性，题目的思维空间较大，赋予了学生思考的空间，也能测量出不同学生的思维水平。比如有学生认为杨万里将"旱情发生"与"上泽不下流，下情不上达"联系起来，带有迷信色彩，不具有说服力；有学生指出这是杨万里的历史局限性,不能过于苛责;还有学生指出杨万里和皇帝都在这样的局限性中,将自然天象与人事行为联系起来,这是中国古人常见的思维模式,因而杨万里的说理反而是很有效的,我们不能简单地"以今衡古"。这三种回答显示出了三种思维水平。这对于测评而言就是很有效的,而这正是具有思辨空间的题目带来的。

当然,除了文本的空间和题目的空间之外,参考答案和评分细则对这种空间的确认也是必不可少的。假如文本提供了思辨的空间,设题也存留了思辨的空间,而参考答案和评分细则是封闭的、单一的,那么这种空间马上就会被堵塞。关于这种开放题的评价,教育心理学教授彼格斯等人创立的"SOLO (Structure of Observed Learning Outcome)分类评价理论"是可以参照的一种理论模型。可简单看一下彼格斯等人以诗歌欣赏为例,将学习质量的水平层次分成五类:

1. 前结构。没有回答,几乎完全不理解诗人在说什么,无关的回答中无任何上述特点。

1A.过渡性回答。努力理解某一特征。

2. 单点结构。说出一个相关的特征,如评论音律,指出诗人的具体观点,刻板地逐字复述诗歌,包括不解释所引用的篇章。

2A.过渡性回答。两个对立却无法调和的观点,直接引用但带有一点解释。

3. 多点结构。几个具体的观点,较为随意的解释,一个或多个独立的观点以及对诗歌结构、释义的评论,诗歌的释义是指对独立观点的基本解释。

3A.过渡性回答。一系列具体观点,努力建构解释性框架,但这个框架不完整或者自相矛盾。

4. 关联结构。使用一致的框架来解释诗歌大部分或全部意义,但这个框架局限于诗人创设的情境和诗人肯定的观点,毫无突破。

4A.过渡性回答。试图做出一个抽象的概括,但犹豫不决,不一致或者不完整。

5. 抽象扩展结构。认为诗人以诗歌为媒介做出一个完整的陈述,允许对诗做出其他解释,诉诸抽象结构但不一定是文本中固有的。①

按照彼格斯等人的这个模型,我们可以给上述 2021 年上海市徐汇区高考一模卷的第 19 题设计这样的评价量表②:

表 6 - 3 - 3 　2021 年上海市徐汇区高考一模卷第 19 题评价量表

分值	等级描述	答案示例
4 分	对文本内在逻辑有准确理解,对说理对象特点有明确的认知。能够就说服力问题,做出一个抽象的概括	有说服力,杨万里先从时间和范围两个方面指出朝廷应对旱情的失误,强调朝廷百姓"上下不通"的人为因素导致因旱而灾。接着,杨万里又指出人事上的"上下不通"是导致自然界旱情的直接原因。因而,不管是"旱情发生"还是"旱情应对",都指向人事上的失误,既合逻辑,也符合古人"天人合一"的思维,具有说服力
3 分	对文本的逻辑有准确的分析,但未能顾及说理对象特点。评价时以今衡古,不能突破现有语境	有说服力,杨万里先从时间和范围两个方面指出朝廷应对旱情的失误,强调朝廷百姓"上下不通"的人为因素导致因旱而灾。接着,杨万里又指出人事上的"上下不通"是导致自然界旱情的直接原因。然而,杨万里将旱情发生的原因归结于上下不通的人为原因,违背了唯物主义的思想,具有迷信的色彩,这是具有历史局限性的地方
2 分	对文本的逻辑有分析,但是前后表述有矛盾的地方	有说服力,杨万里先指出朝廷应对旱情的失误,强调朝廷百姓"上下不通"的人为因素导致因旱而灾。接着,杨万里又指出灾情之所以会发生是因为天地之气隔绝

① 约翰·B.彼格斯,凯文·F.科利斯.学习质量评价:SOLO 分类理论(可观察的学习成果结构)[M].高凌飚,张洪岩,主译.北京:人民教育出版社,2010:109.
② 这个量表中的部分"答案示例"选用了上海市徐汇区教育学院所作的《高三语文一模阅卷情况分析》里的"答案示例",特此说明并致谢。

（续表）

分值	等级描述	答案示例
1分	没有对文本的分析,只是简单翻译了部分内容	有说服力,杨万里通过对旱灾最本质的原因"上自侍从,下止馆职,不日隰乎"写起,直指问题所在,暗指是人为原因造成的旱灾不得以缓解
0分	没有对文本的分析,对文句的理解也是有误的	(1) 有说服力,杨万里先由朝廷之事开口"上自侍从,下止馆职,不日隰乎",再说明如今发生旱灾的原因是"以上泽不下流,下情不上达",态度诚恳,逐层递进 (2) 没有说服力,杨万里认为上面的水不流到下面,下面的情感传递不到上面,所以天地的气息隔绝才不通顺,这个原因并不科学,没有说服力

这个评价理论模型在开放题评价时侧重思维能力水平的区分,并不只是关注答案的要点,对于题目设计中的开放性具有很好的保护作用。当然,评价量规的制作终究是服务于每一个具体题目的,因而每个题的量规,特别是其中"等级描述"①"答案示例"都有其独特性,要因题而制。

总而言之,在题目中增加开放性,不仅需要慎重选择文本,精心设置题干,还要关注评价量表的制作。只有这三者协调一致,一道具有开放性的好题才会面世。

需要注意的是,以上三条建议并没有绝对的界限,而常常会相互生发。丰富了文本的类型,可能就会增强题目的情境性;增强了题目的情境性,也许就会给予学生更多思辨的空间。因此,在命题的过程中,可着重关注其中某一项建议,也可综合采用多项建议。

---

① 在"等级描述"上,叶丽新教授指出三种表达方式,有助于清晰地描述学生的表现水平差异。其一,用好不同的形容词或程度副词;其二,尽可能描述清楚行为表现的本质差异;其三,呈现各级表现样例。具体可参看:叶丽新.读写测评:理论与工具[M].上海:上海教育出版社,2020:302-303.

　　文言文阅读是学生在测试中最感畏惧的部分，如何消解学生的畏惧感，调动学生的兴趣，关键在于充分把握学生的学情，保证学生的主体地位，给予学生自主建构、创造的空间。基于这样的考虑，本节提出了三条建议：在命题设计中增加情境、在文本选择中丰富类型、在题干设计中开拓空间。

　　这些建议的目的还是希望激发学生的内在动力。只有内在的阅读动力得到激发，学生才不会被文言文中陌生的语词和表达、疏离的情感和思维所吓倒，才会迎难而上，冲破障碍，真正走进古人的世界，领略古人的情感。当然作为高利害性选拔考试的评价任务，学生难免更关注的是考试的结果，而忽略完成任务的过程。不过，我们改变评价任务形态，最终还是会落脚于日常的教学。因而，改变文言文阅读评价任务的形态，特别是高利害性考试评价任务的形态，对推动日常的课堂教学改革、落实新课标精神会起到更为突出的导向和引领作用。

余　论

以上六章在讨论了文言文为何而教之后,分别论述了文言文教学的路径与策略,要依标而教、依言而教、依文而教、依学而教。要而言之,全书所论聚焦在教学过程中教师要面临的三个重要元素:培养目标、所用资源以及培养对象。教学无非就是一个教师调动资源使培养对象达成培养目标的过程。因而,有效的教学一定产生于这三者有机的协调与配合中。当然,这个协调与配合的过程又有赖于教师的有力主导。

那么,这三者在教学实践中又是如何实现有机的协调与配合的呢?我们可以再做一次简要的梳理。

首先,最上位的当然是课程标准。《普通高中语文课程标准(2017 年版)》首次以 18 个任务群的方式规定了课程目标与课程内容。新的课程标准还在教材的编写、课堂教学方式的变革以及评价方式的更新上做出了规划与安排。关于文言文教学的目标与内容,新的课程标准也有比较明确的说明。在我们的教学实践中,也许并不直接使用课程标准,然而我们始终要意识到它的方向盘作用——掌握着我们航行的方向。在以往的文言文教学中,"定篇"教学的思维较为突出,认为只要详尽细致地讲透教材中所选的文言名篇(王荣生老师命之为"定篇")就可以了。在新的课程标准以及统编教材的落实过程中,这种思维自然是要调整了。当然,课程标准不是固定不变的,而会随着时代、社会的变化而变动,也会根据教学一线的实践成果而调整,所以 2017 年版高中新课标发布不久,2020 年又出版了修订版,而这样的调整相信会一直持续。

其次是统编教材,这是新课标得以落实最重要的资源。统编教材仍然以单元的形式组织一篇篇课文。新课标的任务群目标与内容,落实到必修和选择性必修教材的单元教学之中。也就是说,通过必修或选择性必修的某一个单元或某几个单元的学习,完成对应的新课标中的某个任务群目标与内容。这就需要教师将任务群的目标与内容分化为单元学习目标,换句话说,将宏观的目标与内容分化为中观的目标与内容。而中观的目标与内容如何实现?这就要依靠教师设计的"单元学习任务"或者"单元研习任务"驱动而完成。因而,"单元学习任务"或者"单元研习任务"的设计,首先服务的是单元学习目标,同时还要考虑教材选文的特点。而就文言文来说,一要关注文言文语体的特点,也就是"言";二要关注文言文文本的特点,也就是"文"。概而言之,关注统编教材资源的特点,在此基础上设计合理有效的单元学习任务,激发学生学习的内动力,以充分发挥出经典文本育人的多层功能,逐步提升学生的语文核心素养。

除了统编教材选文的特点,单元学习任务的设定还要建立在学情调研和反馈的基础之上。学生的兴趣方向、能力水平,学生的已知、自认为已知而其实未知、未知,都是教师设计单元学习任务时要充分考虑的。对于文言文教学来说,这一点尤为重要。当然,学情调研和反馈在整个教学过程中是动态的,单元学习任务也不是固定不变的,而是相应地处于动态的调整之中。

单元学习目标和单元学习任务设定了之后,还要进一步分化为课时学习目标和课时学习任务,这是由中观的目标与内容设定走向微观的目标与内容设计。这一步的分化,关键要看以下三点。

第一,单元学习任务完成需要搭设的阶梯。这要看任务的复杂度与困难度。这里的复杂度与困难度,又可能与任务的综合性有关。综合性强的任务需要学生调动长期的积累、各个领域的资源、听说读写做各方面的能力来完成。一般而言,任务越是复杂与困难,分化而成的课时学习任务就越多,完成任务需要的时间也越长。反之亦然。比如针对统编教材选择性必修上册第二单元设计的"单元研习任务":阅读本单元所选的诸子散文,领会诸子重要流派的思想,比较各派思想的异同与流变,加深对传统文化之根的理解。针对统编教材必修下册第一单元设计的"单元学习任务":《子路、曾皙、冉有、公西华侍坐》和《齐桓晋文之事》展现了儒家对人生价值和理想社会的追求。阅读这两篇文章,思考这些追求的意义,同学之间展开交流。比较这两个任务,前者的复杂度和综合度显然要高于后者,因而前者的完成需要教师搭设更多的阶梯,分化更多的课时学习任务。

第二,单元学习任务完成需要调用的资源。就调用的文言文资源而言,文本之间在经典程度、文本难度、深度以及复杂程度上都是有差别的。比如《子路、曾皙、冉有、公西华侍坐》《齐桓晋文之事》《庖丁解牛》等先秦诸子散文，对学生而言，难度明显高于《石钟山记》《项脊轩志》等后代的散文作品。这些差别会导致分化的课堂学习任务数量以及完成任务需要的时间都不一样。

第三，学生的反馈与课堂的变化。教师需要根据学生在课堂中以及课堂后的反馈（包括课后疑问、课后作业、阶段性测验等），及时调整课时学习任务，从而更好地完成单元学习任务。课堂教学并不是一成不变的，也不是能够完全预设的，它的奥妙就在于变化，往往是教师意想不到的变化。高明的教师往往会根据课堂的变化、学生的反馈，及时调整课时学习任务、单元学习任务。

就以上三点来看，在单元学习目标分化为课时学习目标、单元学习任务走向课堂学习任务的过程中，依然是培养目标、所用资源以及培养对象三者的协调与配合。

综上而言，我们可以将本书六章内容、教学涉及的四大要素（教师、培养目标、所用资源、培养对象）之间的关系，以这样的图示呈现出来，以期对全书做最后一次回顾。

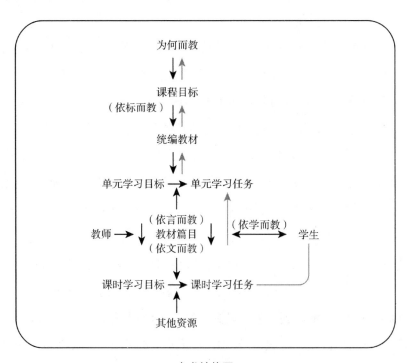

全书结构图

附录

核心素养视域下
高中古诗词教学的路径与策略^①

① 此文发表于《现代基础教育研究》2019 年第 3 期,有改动。

《普通高中语文课程标准(2017 年版 2020 年修订)》明确了语文学科的核心素养,并将其概括为"语言建构与运用""思维发展与提升""审美鉴赏与创造""文化传承与理解"四个方面。① 核心素养的四个方面,作为语文课程的总目标,应当在语文教学中贯穿始终。而这四个方面如何能在具体的教学实践中落实,并内化为学生的综合品质,这就需要教师在日常教学中不断思考、提炼、总结。本文将以古诗词的教学实践为例,探讨古诗词教学在落实语文核心素养上的路径与策略。因为古诗词以极其凝练的语言创设意境、表达情感、传承文化,给历代读者以美的感受、情的共鸣与理的收获,因而古诗词作为培育学生核心素养的载体具有天然的优势。梳理古诗词教学的路径与策略,也能够对核心素养在整个语文课程中的落实具有启发意义。

一、咬文嚼字:以语言的品味为起点

《普通高中语文课程标准(2017 年版 2020 年修订)》明确指出:语言建构与运用是语文学科核心素养的基础。在语文课程中,学生的思维发展与提升、审美鉴赏与创造、文化传承与理解,都是以语言建构与运用为基础的。关于这一点,普通高中语文课标修订组负责人王宁老师以非常直观的"语文核心素养结构图"做了清晰的阐释。② 而在高中的语文课堂教学之中,引导学生咬文嚼字、品味语言是提高学生语言运用能力的重要手段,也是帮助学生建构起自己的语言表达体系的重要途径。在古诗词教学之中,语言的品味尤其值得重视。因为,古诗词是以其高度凝练的语言创设意境、表达情感的,教师要引导学生理解古诗词的语言表达习惯,进而感受诗歌的美、体会诗歌中的理、领略诗歌中的文化意蕴,就必须引导学生咬文嚼字、披文入情,以品味语言为起点。

---

① 中华人民共和国教育部.普通高中语文课程标准(2017 年版 2020 年修订)[S].北京:人民教育出版社,2020:4.

② 《基础教育课程》编辑部.走进新时代的语文课程改革——访普通高中语文课程标准修订组负责人王宁[J].基础教育课程,2018(Z1):21-26.

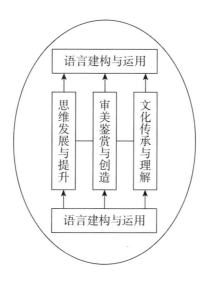

语文核心素养结构图

比如教学杜牧的名篇《过华清宫(其一)》,如何能使学生品味出诗中对最高统治者唐明皇的讽刺之情? 若教师能抓住诗中末句的"无人知"三字引导学生思考的话,就能起到较好的效果。是不是真的"无人知"? 若不是,那么有谁知? 妃子知、一骑知、官吏知、百姓知,乃至天下知。既然天下皆知,那谁会认为"无人知"? 自然是最高统治者唐明皇。以上对文字的品味中,一个自欺欺人、荒唐自大的君主形象就会跃然纸上,作者蕴含在文字中的讽刺意味也就显现出来了。因而,从这个教学片段来看,学生在品味语言的过程中,提升了语言的感受力、敏感性,进而发展了形象思维能力,熏陶了关怀国家的文化品格。显而易见的是,思维能力的提升、文化品格的养成,都是建立在语言感受和运用能力的基础上的,或者说是建立在语言建构与运用之上的。而学生语言能力的提升、自我语言表达体系的建构又是在以语言品味为起点的涵泳之中逐步实现的。

二、因诗定教:以文本的特点为依据

在古诗词的教学实践中,培养学生的语文核心素养,语言的品味并不能停留在空泛的理念之上,而需要挖掘更为具体且有针对性的策略。在教学中,如侧重提升学生的审美鉴赏能力,就可在引导学生体会诗歌音韵、意境美的语言策略上下功夫；如侧重培育学生的思维品质，就可在引导学生开掘诗歌思辨空间的语言策略上做努力；如侧重建立学生的文化自信，就可在引导学生理解传统文化魅力的语言策略上想办法。而所谓的"侧重"，又往往跟诗歌文本本身的特点密切相关。有些诗歌在音韵、意境上呈现出与众不同之处，有些诗歌在形象塑造、思辨空间上凸显出区别性特征。那么，我们在策略的选择上就需要以文本的特点为依据，因诗定教。当然，有所"侧重"，并不是将核心素养割裂开来，恰恰相反，若某一策略在教学过程中实施得当，学生素养的提升是综合实现的。

1. 因声求气，感受音韵之味

古诗词与其他类型文学文本最大的不同就是它的音乐性。且不说我国悠久的诗乐传统、唐诗宋词元曲与歌唱艺术密不可分的关系，即便是通过简单的诵读，我们也能感受到古诗词浓厚的音乐性。诗人在诗歌写作中会精心地挑选韵脚、安排平仄以及调控节奏，以期最有效地传达出自己的情感。那么，在教学中，教师可依据文本特点，利用各种手段，引导学生在诵读之中感受诗歌声韵和谐之美，进而体会诗歌中的情感。

比如教授高中统编教材必修上册课文李清照的《声声慢》，引导上海的学生诵读时，可鼓励学生使用沪语来诵读。因为李清照的这首词与前人使用平声韵的写法不同，改成了入声韵，韵脚为"觅""戚""息""急""识""积""摘""黑""滴""得"十字。而入声在现在的普通话之中没有保存，因此使用普通话是很难读出这首词的韵味的；但在沪语中仍然保留了入声字，因而引导学生用沪语诵读，既能激发兴趣、活跃课堂，又能帮助学生感受诗歌声韵的魅力。而且，这首词声律的安排和情感的表达又是密切相关的。前人对此已有很多论述，如吴小如《诗词札丛》中说："原来的《声声慢》的曲调，韵脚押平声字，调子相应地也比较徐缓。而这首词却改押入声韵，并屡用叠字和双声字，这就变舒缓为急促，变哀惋为凄厉。"[1]又如夏承焘先生在《唐宋词欣赏》中说："这首词用了许多双声叠韵

---

① 吴小如.诗词札丛[M].北京:北京出版社,1988:263.

字。一开头就用连串的叠字,是为加强刻画她的百无聊赖的心情,从前人认为这是了不起的创造。尤其是末了几句,'梧桐更兼细雨,到黄昏,点点滴滴。这次第,怎一个愁字了得!'二十多个字里,舌音、齿音交相重叠,是有意以这种声调来表达她心中的忧郁和惆怅。这些句子不但读起来明白如话,听起来也有明显的音乐美,充分体现出词这种配乐文学的特色。"①由此可见,教学这首词时,用方言诵读,读出急促的入声韵脚,读出交叠的舌、齿音,对学生感受诗歌的音乐之美、体会诗人愁苦之情是极有帮助的。当然,方言诵读只是依据文本特色而确定的一种手段而已,在实际教学之中,手段会因文本的不同而显得更为丰富。

2."一片神行",体会意境之美

古诗中的语法,本来和散文的语法大致相同,意脉也相对较为流畅自然。而到近体诗之后,古诗词的语法渐渐和散文产生了歧异,古诗词的语言规则和散文规则开始疏离,语序不再是完整正常的,意脉也不再是清晰连贯的。也正是因为这个原因,中学生常感到古诗词特别是近体诗思维跳跃、表意含混。而恰恰是这种跳跃和含混,给诗歌的鉴赏留下了很多想象的空间。正如接受美学的重要理论家沃尔夫冈·伊瑟尔提出,文学作品中存在着"召唤结构",即空白点与未定点,呈现出一种开放式的结构;这种结构本身随时都在召唤着接受者能动地参与进来,通过再创造将其充实、确定,使其得到具体化。② 有些古诗词就因其独特的、极富跳跃性的语言特点,存在着所谓的"召唤结构",需要读者发挥想象,充实这些空白点、未定点。那么,在面对这样的古诗词教学时,教师就要善于利用语言当中的空白点、未定点,激发学生的想象,"一片神行"。也只有这样,学生才能感受到诗歌的意境之美、感情之真。

比如教授马致远的小令《寿阳曲·远浦帆归》,教师就可关注诗歌语言中的空白点。"夕阳下,酒旆闲,两三航未曾着岸",写"远浦帆归"之前小镇的宁静;

① 夏承焘.唐宋词欣赏[M].北京:北京出版社,2002:79.
② 沃尔夫冈·伊瑟尔.阅读活动——审美反应理论[M].金元浦,周宁,译.北京:中国社会科学出版社,1991:11.

"落花水香茅舍晚，断桥头卖鱼人散"，又写"远浦帆归"之后鱼市结束、小镇复归宁静。曲子的这两个层次之间就留下了很多空白点：渔船靠岸之急迫，渔人卸货之麻利，渔人卖鱼吆喝之声，市民买鱼讨价还价……而这些都需要读者利用想象完成诗歌整个意境的营造。那么，教师教学之时，既可利用接龙的形式，让学生将这个过程想象出来；也可利用补写的方式，鼓励学生将这个过程用两句七言联创作出来；更可与学生就此讨论留白的艺术魅力。

3. 比较探究，享受思辨之乐

古人常说"诗无达诂"，古诗词因其表意上的含混，常会给读者留下思辨的空间。有些古诗词也正因此受到历代读者的讨论与喜爱。针对这类诗词，以比较的形式品味语言可以说是一个可行的法门。这不仅可以帮助学生对诗歌有更深的体悟，而且可以锻炼学生的思维能力。鲁迅先生在《不应该那么写》一文中曾说："凡是已有定评的大作家，他的作品，全部就说明着'应该怎样写'。只是读者很不容易看出，也就不能领悟。因为在学习者一方面，是必须知道了'不应该那么写'，这才明白原来'应该这么写'的。这'不应该那么写'，如何知道呢？惠列赛耶夫的《果戈理研究》第六章里，答复着这问题——'应该这么写，必须从大作家们完成了的作品去领会。那么，不应该那么写这一面，恐怕最好是从那同一作品的未定稿本去学习了'。"①鲁迅先生指出了以未定稿与定稿比较的方法，若引导学生品味王安石的"春风又绿江南岸"中的"绿"字、贾岛的"僧敲月下门"中的"敲"字，都可用这种办法。其实，要学生知道"不应该那么写"，除了找出"未定稿"之外，还有其他的方法，比如教师提供一种"那么写"，让学生进行比较。这种"那么写"可以是教师或学生的改写，也可以是相同题材的其他写法。

比如教授王昌龄的《从军行（其四）》时，学生对此诗的情感存在争议，有些学生认为诗歌表达将士们必胜的信心，有些学生认为诗中透露出凄凉的色彩。其实，历代的诗评对此也存在不同声音。如朱宝莹在《诗式》里说："四句不破楼

---

① 鲁迅.鲁迅全集：第6卷[M].北京：人民文学出版社，2005：321.

兰不还,如顺流之舟矣,结句壮甚。"①俞陛云在《诗境浅说》中说:"后二句谓确斗无前,黄沙可战,虽金甲都穿,誓不与骄虏共戴三光。"②而沈德潜在《唐诗别裁》中说:"'不破楼兰终不还'句,作豪语看亦可,然作归期无日看,倍有意味。"③刘永济在《唐人绝句精华》中说:"第三首(指其四)又换一意,写思归之情而曰'不破楼兰终不还',用一'终'字而使人读之凄然。盖'终不还'者,终不得还也,连上句金甲着穿观之,久戍之苦益明,如以为思破敌立功而归,则非诗人之本意矣。"④朱宝莹、俞陛云和沈德潜、刘永济的看法就不一致。可见,古人的诗评也无法解决学生的疑惑,甚至会增加学生的困惑。而借助比较鉴赏,提供一种"那么写"或能给学生以启迪。以笔者的一次教学实践为例,教师将诗歌做了改写,将其改成了五言诗:"青海雪山暗,孤城玉门关。百战穿金甲,终破楼兰还。"学生在比较了教师改稿和原诗之后,就能体会到改写稿运用斩钉截铁的五言句流露出豪迈的意味,而原诗采用回旋摇曳的七言句,豪迈背后还隐藏着"不能归"的悲伤。通过比较的形式探究语言,学生对五言七言等语言形式有了更深的体会,对作者的情感自然就有了更深刻的认识,而且在这个学习过程中也体会到思辨的乐趣。

　　比较相同题材的不同写法也是古诗词鉴赏的一条重要的路径。按照西方语言学的观点,一个文本作为一个有价值的符号存在于系统之中,"处在两条道路的交叉点上:一条通往历时态,另一条通往共时态"⑤。当且仅当这个文本在共时和历时两方面都具有区别性特征时,价值才会成为可能。也就是说,在同类题材文本的语言比较之中,这首诗的区别性特征才会显现,价值才能凸显。教师在教学中也应当注重这种方法的引导。比如教学杜甫的《月夜》,引导学生关注杜妻杨氏的不同形象,就是不错的教学策略。杜妻杨氏在杜甫的诗歌中大

---

① 朱宝莹.诗式[M].十版.上海:中华书局,1932:30.

② 俞陛云.诗境浅说[M].北京:北京出版社,2003:184.

③ 沈德潜.唐诗别裁集[M].上海:上海古籍出版社,1979:645.

④ 刘永济.唐人绝句精华[M].北京:人民文学出版社,1981:34.

⑤ 费尔迪南·德·索绪尔.普通语言学教程[M].高名凯,译.北京:商务印书馆,2011:141.

多以"老妻""病妻""瘦妻"等形象出现,而细读《月夜》,"香雾云鬟湿,清辉玉臂寒",学生发现《月夜》中的杜妻是一个美丽深情的佳人形象。① 为什么这首诗中的妻子形象和作者其他诗中的形象截然不同呢? 可以说,这就抓住了这首诗的区别性特征。教师引导学生讨论、辨析这个区别性特征,学生才能对杜甫的情感有深层次的体悟。

4. 思慕经典,继承文化之蕴

古诗词教学中,鼓励学生仿写也是引导学生品味语言的可行之路。若当学生的既有经验和诗歌形成某种共鸣的时候,仿写更是值得重视的方法。在仿写中,学生不仅更能理解原诗的文心之妙,还在不知不觉中领略和继承了优秀传统文化的表达方式。虽然古诗词的创作已经不是现代人表情达意的艺术形式,但是在课堂教学中,偶尔有所尝试,对丰富学生的书面语言,提高学生的语言表达品质,培养学生对本国语言的情感还是大有裨益的。

比如杜牧《过华清宫》表达出的家国、百姓情怀对学生触动较大。为了激发学生自身家国情怀的表达,同时深化学生对"无人知是荔枝来"中"无人知"的艺术效果的理解,教师布置了课后作业,让学生仿写一首七绝。以下是两位学生的作品:

咏玉兔二号登月

泠泠蟾宫独桂凋,

夜夜唯闻伐柯哀。

寂寞素娥惊忽起,

无人知是玉兔回。

(教师点评:前两句写嫦娥在月宫中的寂寞,不免引人遐思;第三句一转,写嫦娥内心的震动,再次设下悬疑;最后一句揭示谜底,原来是玉兔回来了。联系现实,构思颇为新颖。"无人知"再次烘托嫦娥的寂寞,颇有韵味。)

---

① 樊新强.困教录——学情视野下的名篇细读[M].上海:上海教育出版社,2018:155.

华　清　宫

古树萧萧碧殿春，

玉笛声声落京城。

牛车咕噜衣正寒，

无人知是卖炭翁。

（教师点评：此诗善用对比之法。华清宫内歌舞升平，寒冬如春；华清宫外百姓受苦，天寒地冻。对比之下，作者对唐王朝统治者的抨击之意就显示出来了。"无人知"三字突显出底层百姓的苦难。）

通过仿写，学生体会到了古诗语言的凝练，了解到了古诗的创作技法，深化了对传统知识分子家国情怀的理解。当然，学生仿写不能脱离文本，这个教学环节的设计始终是为鉴赏原诗服务的。比如在以上案例中，学生将"无人知"三字融入自己的创造中，经过实践和比较，就会对杜牧用词之妙有更深的体会，自然也能增进对传统知识分子品格的理解。因而，教师在布置任务时，对此要有清醒的认识，同时布置的任务需要给学生明确的抓手。以上案例中，仿写是为了深化对"无人知"的理解，任务要求就是"无人知"三字须和原诗一样放在末句。

以上四种品味诗歌语言的教学策略，需要教师依据不同的文本特点以及具体的教学目标进行区别，而以语言品味为抓手，提升学生的语言运用能力这个原则却又是一致的。以此为基础，学生的审美体验、思维能力、文化品格又得到了进一步发展。值得再次指出的是，这些策略在达成语文核心素养培育上虽常常是有所侧重的，但不是单一地实现某一方面素养，而是综合地培养了学生多个方面的语文素养。比如教学《月夜》，学生在涵泳品味诗歌的过程中，感受凄美的意境，得到了美的滋养；思考杜甫创作一个与真实生活有巨大差异的妻子形象的原因，实现了思维的锻炼；体会杜甫对妻子深厚的情感，又获得了传统人格的熏陶。

三、回归语言：以素养的提升为归终

以古诗词语言的品味为起点，学生在文本中沉浸涵泳，其审美经验会得到丰富，思维品质会得到发展，传统文化也会得到继承。这些素养的提高又反过来促进了学生语言能力的进一步发展，从而使得学生的语文综合素养得到提升。

在教学实践中，教师引导学生品味诗歌的语言，体会了诗人的情感和意图。这并不是教学的终点，教师还应在引导学生把握诗人的情感之后，引导其再回到语言，反思语言形式对表情达意的作用，加深对语言的理解。比如上文提到的王昌龄《从军行》的教学案例中，借用五言改写诗和七言原诗的比较，学生体会到了诗人的真实情感。教师的指导不应止步于此，还应继续引导学生反思"七言"这种语言形式在表情达意上的效果。经过一段时间的古诗积累和语言实践，教师还可以在此基础上进一步引导学生梳理七言诗在语言运用上的规律。这时，学生的审美体验和思辨能力又会促进学生的语言敏感性，以及语言能力的提升和语理的获得。在这样不断的大量的语言实践之中，学生的语文核心素养就潜移默化地养成了。

综上所述，以语言的品味为起点，依据文本的特点制定策略，引导学生沉浸于文本之中，获得美的感受、理的趣味、文化的熏陶，然后再回归语言，反思语言形式，从而实现核心素养的综合培育，这是古诗词教学可遵循的路径。其实，在现代文和文言文的教学中，这样的路径也是相通的。当然，具体策略与上述四种策略可能有所不同，还需要不断凝练、总结。因而，在新课标出台的背景之下，加强落实核心素养的路径与策略研究是大有必要的。

参考文献

1. 班固.汉书[M].北京:中华书局,1962.

2. 班固.汉书[M].赵一生,点校.杭州:浙江古籍出版社,2000.

3. 曹勇军.追求文言、文学和文化的和谐统一——以苏教版选修教科书《史记选读》为例[J].语文教学通讯,2007(6):16－17.

4. 陈伯海.唐诗汇评[M].增订本.上海:上海古籍出版社,2015.

5. 陈鼓应.庄子今注今译[M].北京:中华书局,2009.

6. 陈思和.中国现当代文学名篇十五讲[M].北京:北京大学出版社,2003.

7. 陈廷桂,游智开.历阳典录[M].台北:成文出版社,1973.

8. 陈寅恪.金明馆丛稿初编[M].上海:上海古籍出版社,1980.

9. 陈引驰,韩可胜.谈诗论文[M].广州:广东人民出版社,2019.

10. 程千帆.唐代进士行卷与文学[M].北京:北京出版社,2020.

11. 程树德.论语集释[M].北京:中华书局,1990.

12. 丛书编委会.普通高中新课程同步练习册·语文必修上册[M].太原:山西教育出版社,2020.

13. Diane Hart.真实性评价——教师指导手册[M].国家基础教育课程改革"促进教师发展与学生成长的评价研究"项目组,译.北京:中国轻工业出版社,2004.

14. 杜牧.樊川文集[M].上海:上海古籍出版社,1978.

15. 樊新强.困教录——学情视野下的名篇细读[M].上海:上海教育出版社,2018.

16. 房玄龄,等.晋书:第七册[M].北京:中华书局,1974.

17. 费尔迪南·德·索绪尔.普通语言学教程[M].高名凯,译.北京:商务印书馆,2011.

18. 高儒.百川书志[M].上海:上海古籍出版社,2005.

19. 顾振彪.语文教材论[M].济南:山东教育出版社,2021.

20. 郭庆藩.庄子集释[M].北京:商务印书馆,2004.

21. 郭绍虞.中国历代文论选[M].上海:上海古籍出版社,2001.

22. 郭嵩焘.史记札记[M].上海:商务印书馆,1957.

23. 韩俐华.唐宋八大家散文:广选·新注·集评:苏洵卷[M].沈阳:辽宁人民出版社,1999.

24. 韩愈,等.唐宋八家文读本:下册[M].沈德潜,选评.于石,校注.合肥:安徽文艺出版社,1998.

25. 黄厚江.文言文该怎样教?[J].语文学习,2006(5):14-16.

26.《基础教育课程》编辑部.走进新时代的语文课程改革——访普通高中语文课程标准修订组负责人王宁[J].基础教育课程,2018(Z1):21-26.

27. 教育部.普通高中教科书 语文(必修上册)[M].北京:人民教育出版社,2019.

28. 教育部.普通高中教科书 语文(必修下册)[M].北京:人民教育出版社,2019.

29. 教育部.普通高中教科书 语文(选择性必修上册)[M].北京:人民教育出版社,2020.

30. 教育部.普通高中教科书 语文(选择性必修下册)[M].北京:人民教育出版社,2020.

31. 教育部.普通高中教科书 语文(选择性必修中册)[M].北京:人民教育出版社,2020.

32. 金开诚.楚辞选注[M].北京:北京出版社,1980.

33. 卡尔·雅斯贝斯.历史的起源与目标[M].魏楚雄,俞新天,译.北京:华夏出版社,1989.

34. 勒内·韦勒克,奥斯汀·沃伦.文学理论[M].刘象愚,邢培明,陈圣生,等译.杭州:浙江人民出版社,2017.

35. 李涂.文章精义[M].刘明晖,校点.北京:人民文学出版社,1960.

36. 梁玉绳.史记志疑[M].北京:中华书局,1981.

37. 梁章钜.归田琐记[M].阳美生,校点.上海:上海古籍出版社,2012.

38. 廖可斌.走近经典——古代文学名篇十八讲[M].贵阳:孔学堂书局,2020.

39. 刘宁.汉语思想的文体形式[M].上海:华东师范大学出版社,2012.

40. 刘宁.骈文与说理——以中古议论文为中心的考察[J].长江学术,2014(1):82-90.

41. 刘淇.助字辨略[M].章锡琛,校注.北京:中华书局,1954.

42. 刘永济.唐人绝句精华[M].北京:人民文学出版社,1981.

43. 鲁迅.鲁迅全集:第6卷[M].北京:人民文学出版社,2005.

44. 罗曼·英加登.对文学的艺术作品的认识[M].陈燕谷,晓未,译.北京:中国文联出版社,1988.

45. M.H.艾布拉姆斯.镜与灯:浪漫主义文论及批评传统[M].郦稚牛,张照进,童庆生,译.北京:北京大学出版社,2004.

46. 马茂元.晚照楼论文集[M].北京:商务印书馆,2015.

47. 欧阳修.五代史[M].郑云龄,选注.刘兴均,校订.北京:商务印书馆,2019.

48. 蒲松龄.聊斋志异会校会注会评本[M].张友鹤,辑校.上海:上海古籍出版社,1986.

49. 瞿蜕园,周紫宜.文言浅说[M].北京:当代中国出版社,2015.

50. 钱梦龙.钱梦龙经典课例品读[M].彭尚炯,编选.上海:华东师范大学出版社,2015.

51. 钱梦龙.文言文教学改革刍议[J].中学语文教学,1997(4):25－27.

52. 钱穆.国史大纲[M].北京:商务印书馆,2010.

53. 钱锺书.管锥编[M].北京:中华书局,1986.

54. 钱锺书.谈艺录[M].北京:生活·读书·新知三联书店,2019.

55. 上海辞书出版社文学鉴赏辞典编纂中心.古文鉴赏辞典:珍藏本:下[M].上海:上海辞书出版社,2012.

56. 上海市中小学(幼儿园)课程改革委员会.高级中学课本 语文(二年级第一学期)[M].试用本.上海:华东师范大学出版社,2007.

57. 上海市中小学(幼儿园)课程改革委员会.高级中学课本 语文(三年级第二学期)[M].试用本.上海:华东师范大学出版社,2008.

58. 沈德潜.唐诗别裁集[M].上海:上海古籍出版社,1979.

59. 司马迁.史记[M].北京:中华书局,2006.

60. 司马迁.史记会注考证附校补[M].泷川资言,考证.水泽利忠,校补.上海:上海古籍出版社,1986.

61. 孙绍振.名作细读——微观分析个案研究[M].修订本.上海:上海教育出版社,2009.

62. 孙绍振.雄辩艺术的不朽经典——读《过秦论(上)》[J].语文建设,2013(28):43－46.

63. 孙绍振.在骈体的约束中抒写情志——读《与朱元思书》[J].语文建设,2013(16):44－47.

64. 谭轶斌.语文项目学习的实践取向与设计要点[J].语文学习,2019(7):4-8.

65. 唐太宗.唐太宗全集校注[M].吴云,冀宇,校注.天津:天津古籍出版,2004.

66. 童志斌.文化取向的文言文课程内容重构[M].上海:上海教育出版社,2020.

67. 王弼.老子道德经注校释[M].楼宇烈,校释.北京:中华书局,2008.

68. 王荣生,童志斌.文言文阅读教学设计[J].语文教学通讯,2012(29):29-36.

69. 王荣生.文言文教学教什么[M].上海:华东师范大学出版社,2014.

70. 王水照.历代文话:第九册[M].上海:复旦大学出版社,2007.

71. 王水照,聂安福.苏轼散文精选[M].上海:东方出版中心,1998.

72. 王水照.宋代散文选注[M].上海:上海古籍出版社,1978.

73. 王水照.走马塘集[M].上海:复旦大学出版社,2016.

74. 王锡九.谈谈《阿房宫赋》与汉赋和古文运动的关系[J].教学与进修,1983(3):25-27+30.

75. 王瑶.中古文学史论集[M].上海:上海古籍出版社,1982.

76. 王逸.楚辞章句[M].黄灵庚,点校.上海:上海古籍出版社,2017.

77. 王运熙.汉魏六朝唐代文学论丛[M].上海:上海古籍出版社,2014.

78. 王运熙.望海楼笔记[M].上海:上海古籍出版社,2014.

79. 王运熙,周锋.文心雕龙译注[M].上海:上海古籍出版社,2012.

80. 温儒敏.统编高中语文教材的特色与使用建议[J].语文学习,2019(9):4-10.

81. 温儒敏."学习"与"研习"——谈谈高中语文"选择性必修"的编写意图和使用建议[J].中学语文教学,2020(8):4-12.

82. 闻一多.闻一多精选集[M].北京:北京燕山出版社,2016.

83. 沃尔夫冈·伊瑟尔.阅读活动——审美反应理论[M].金元浦,周宁,译.北京:中国社会科学出版社,1991.

84. 吴楚材,吴调侯.古文观止[M].北京:中华书局,1959.

85. 吴均.吴均集校注[M].林家骊,校注.杭州:浙江古籍出版社,2005.

86. 吴小如.古文精读举隅[M].天津:天津古籍出版社,2002.

87. 吴小如.诗词札丛[M].北京:北京出版社,1988.

88. 吴毓江.墨子校注[M].孙启治,点校.北京:中华书局,2006.

89. 夏承焘.唐宋词欣赏[M].北京:北京出版社,2002.

90. 萧统.文选[M].海荣,秦克,标校.上海:上海古籍出版社,1998.

91. 谢无量.谢无量文集:第七卷[M].北京:中国人民大学出版社,2011.

92. 徐德琳.运用批判性思维审视文本价值——以《六国论》为例[J].语文建设,2018(8):30-32.

93. 徐健顺.古代私塾是如何教学的[J].内蒙古教育,2018(7):77-80.

94. 许梿.六朝文絜译注[M].曹明纲,撰.上海:上海古籍出版社,1999.

95. 杨伯峻.论语译注[M].北京:中华书局,2006.

96. 杨伯峻.孟子译注[M].北京:中华书局,2008.

97. 杨树达.古书句读释例[M].北京:中华书局,2003.

98. 杨天保,徐规.王安石集的古本与新版[J].古籍整理研究学刊,2007(3):24-28.

99. 姚鼐.古文辞类纂[M].胡士明,李祚唐,标校.上海:上海古籍出版社,2016.

100. 叶丽新.读写测评:理论与工具[M].上海:上海教育出版社,2020.

101. 叶丽新.高中课标命题建议之"三类情境""典型任务"解析[J].语文建设,2018(31):55-59.

102. 叶圣陶.叶圣陶语文教育论集[M].北京:教育科学出版社,2015.

103. 伊塔洛·卡尔维诺.为什么读经典[M].黄灿然,李桂蜜,译.南京:译林出版社,2012.

104. 俞陛云.诗境浅说[M].北京:北京出版社,2003.

105. 宇文所安.中国早期古典诗歌的生成[M].胡秋蕾,王宇根,田晓菲,译.北京:生活·读书·新知三联书店,2014.

106. 袁行霈.历代名篇赏析集成[M].北京:中国文联出版社,1988.

107. 约翰·B.彼格斯,凯文·F.科利斯.学习质量评价:SOLO分类理论(可观察的学习成果结构)[M].高凌飚,张洪岩,主译.北京:人民教育出版社,2010.

108. 曾国藩.曾国藩家书[M].赵焕祯,校注.武汉:崇文书局,2007.

109. 詹丹.关于《与朱元思书》的结尾及其他——从赵昌平等先生的解读谈起[J].语文学习,2018(12):43-46.

110. 詹丹.语文教学与文本解读[M].上海:上海教育出版社,2015.

111. 张春兴.教育心理学[M].杭州:浙江教育出版社,1998.

112. 张林.激发主体参与的能动性——"东坡文化纪念馆设计"语文项目学习[J].语文学习,2020(4):34-37.

113. 张文治.国学治要:集部[M].北京:北京理工大学出版社,2014.

114. 张志公.传统语文教育素描[J].中学语文教学,2000(5):12-15.

115. 章培恒.关于《古诗为焦仲卿妻作》的形成过程与写作年代[J].复旦学报(社会科学版),2005(1):2-9+27.

116. 章培恒,骆玉明.中国文学史新著:增订本[M].第二版.上海:复旦大学出版社,2014.

117. 章培恒,王国安.高中古诗文辞典[M].上海:汉语大词典出版社,2003.

118. 章学诚.章氏遗书[M].北京:文物出版社,1982.

119. 赵昌平.赵昌平自选集[M].桂林:广西师范大学出版社,1997.

120. 赵毅衡.重访新批评[M].天津:百花文艺出版社,2009.

121. 郑桂华.群文教学的纵向挖掘与横向展开[J].中学语文教学参考,2021(1):44-45.

122. 郑桂华,王荣生.语文教育研究大系(1978—2015):中学教学卷[M].上海:上海教育出版社,2007.

123. 郑桂华.文章学:文言文阅读教学价值之考察的第四维[J].现代基础教育研究,2017(3):143-149.

124. 郑桂华.中学语文教学设计[M].北京:高等教育出版社,2019.

125. 中华人民共和国教育部.普通高中语文课程标准(2017年版2020年修订)[S].北京:人民教育出版社,2020.

126. 中华人民共和国教育部.义务教育语文课程标准(2022年版)[S].北京:北京师范大学出版社,2022.

127. 中央人民广播电台文艺部.唐宋八大家散文[M].天津:百花文艺出版社,1983.

128. 周嘉寅."文言文"教学标准的百年演变[J].中学语文教学参考,2023(4):8-12.

129. 周文叶,陈铭洲.指向核心素养的表现性评价[J].课程·教材·教法,2017(9):36-43.

130. 周振甫.《史记》集评[M].重庆:重庆大学出版社,2010.

131. 朱宝莹.诗式[M].十版.上海:中华书局,1932.

132. 朱刚.故事·知识·观念:百回本《西游记》的文本层次[J].复旦学报(社会科学版),2017(1):106-112.

133. 朱刚,刘宁.欧阳修与宋代士大夫[M].上海:上海人民出版社,2007.

134. 朱刚.苏轼十讲[M].上海:上海三联书店,2019.

135. 朱熹.四书章句集注[M].北京:中华书局,2011.

136. 朱永新.叶圣陶教育名篇选[M].北京:人民教育出版社,2014.

137. 朱自清.经典常谈·文艺常谈[M].北京:民主与建设出版社,2015.

138. 朱自清.朱自清序跋集[M].苏州:古吴轩出版社,2018.

跋

市面上关于文言文教学的论文、著作其实并不少，该谈的问题似乎也都谈过了。因为写作本书的缘故，再读了朱自清、叶圣陶、黎锦熙、张志公、吕叔湘、于漪、钱梦龙等语文前辈关于文言文教学的论述，我越发感到本书的一些结论不过是老调重弹，了无新意，恐会引起拾人牙慧之讥。不过，我还是硬着头皮写完了本书，因为写一本关于文言文教学的书，对我个人来说，是一个诱惑，是一个心愿，更是一种督促。

我自初中开始接触文言文，就喜读中国古典文学。当时的文言文教学基本就是教材名篇教学，熟读成诵课内的《岳阳楼记》《捕蛇者说》等篇目即可；所幸的是，我的初中语文老师陈伟忠老师在教材之外，还给我们拓展一些课外的文言文篇目，主要是选自《古文观止》的名篇。可以说，是陈老师让我知道了《古文观止》，带领我走进了古典的世界。自此以后，我逐步较为系统地阅读了先秦至明清的名篇，为先秦诸子散文那种自由开阔的思想所折服，为魏晋文章那种风雅不羁的气度而沉迷，为唐代传奇那种恣肆奇异的想象所惊叹，为明清散文那种载道言志的品格所激赏，感觉自己的生命在另一个时空得到了延展和丰富，也感觉自己的精神在努力靠近一个伟大的传统。在上海中学从教之后，我也偏爱文言文教学，总希望通过自己的指导让学生受到古典的浸润、滋养，从而能够接续那个伟大的传统。然而，古典名篇的阅读，对于当代的学生来说，有天然的门槛，就是语言文字的障碍、社会生活的隔膜，乃至思维方式的不同。如何引导学生跨越门槛，走进古典的世界，领略古典的美好，是一个很大的挑战，也是一个很大的诱惑。于是，在日常教学实践中，我会深入地研读文本，广泛地调研学情。在此基础之上，琢磨和实验一些行之有效的方法。日积月累，这些具体的方法，像枝干树叶一样，逐步汇聚成一颗较为完整的小树。这大概可以称得上形成了一点整体性思考。然而，当我们拉远镜头，远观文言文教学的园林，会发现前人已经栽了很多这样的树，有些还是名贵的树种，园林中已然蔚然深秀了。那么，这棵小树还有什么意义呢，意义也许就在于努力陪衬、养成、接续文言文教学的"经典"。

宋代胡仔《苕溪渔隐丛话》里记载了诗人王禹偁的一个故事：

元之本学白乐天诗，在商州尝赋《春月杂光》云："两株桃杏映篱斜，装点商州副使家。何事春风容不得，和莺吹折数枝花。"其子嘉祐云："老杜尝有'恰似春风相欺得，夜来吹折数枝花'之句，语颇相近，因请易之。"王元之忻然曰："吾诗精诣，遂能暗合子美邪？"更为诗曰："本与乐天为后进，敢期杜甫是前身。"卒不复易。

王禹偁的儿子认为父亲的《春月杂光》后两句与杜甫的诗句很相似，为避嫌起见，应该修改。而王禹偁却高兴地说，自己的诗竟然与杜甫的诗暗合，说明自己的诗艺进步了。其实，中国古代创作中这类"暗合""重复"的故事很多。且不说，古典创作中"借鉴""化用""点铁成金"之类的说法是不是与今日的知识产权原则相悖，不过有一点是可以肯定的，很多经典的形成恰是在"被模仿"或"重复"中铸就的。以此推之，这本小书，是以我自己的教学实践为基础，提炼了一些教学经验，形成了一点整体性的思考，或许其中一些观点、结论在前人的论述中已有提及，了无新意，然而我的重复、唠叨可能正是促使前辈们的论述经典化的一点点特别的努力。换句话说，我想表明：朱自清、叶圣陶、黎锦熙、张志公、吕叔湘、于漪、钱梦龙等语文前辈值得我们今日和今后的语文从业者一读再读。这也是我的一个心愿：作为一个中国人，我们要寻找文化之根，明白我是谁；作为一个语文教师，我们也要寻找语文教学的"根源"与"经典"，明白我是谁。

当然，有一点，我必须申明：我的语文教学，包括文言文教学，与自己的理想之境还有很大的距离。我在书中阐述的一些路径、策略、方法，虽说谈不上具有新意，不过也是在十余年的教学实践中慢慢体悟而来的，自然也会敝帚自珍。但是我知道这些论述终究还是零碎的、不成体系的，更没有自然而然地融入日常的课堂教学中。用王阳明的话说，未有知而不行者，知而不行，只是未知。因而，这一次我将一些零碎的想法梳理成文稿，是一种自我督促，希望自己的思考能体系化，并能潜移默化地融入教学实践中，由自知到自觉，最后到达理想的自由之境。孟子说，君子有"三乐"，其中"得天下之英才而教育之"为第三乐。我在上海中学教书十余年，遇到了一批批天资聪颖的学生，幸运至极，可谓"得英才而教育之"了。然而，我在感受到快乐的同时，时时感受到压力，如何能不愧对这些学生，我想这是自我督促的原动力。

除了论题的吸引、自我的督促，外部的支持也是我完成书稿的重要原因。感谢上海市教育学会尹后庆会长、吴国平老师、周洪飞老师的信任与提携。2022年年底，吴老师打电话给我，说尹会长希望将我的这本小书列入"上海教育丛书"之中，并且提醒我说，尹会长期盼上海教育能快出人，出年轻人，因而书稿要有上海教育人的水准，又要有上海年轻人的锋芒。我受宠若惊之余，也倍感压力，因为"上海教育丛书"以往的作者都是卓然成名的方家，我何德何能？现在小书已成形出版，尚不敢向尹会长、吴老师问一句"画眉深浅入时无"。

感谢上海中学冯志刚校长、张泽红书记一贯的支持和引领。上海中学这些年来为构建世界一流的研究型、创新型基础教育名校，付出了诸多的努力。在此过程中，教师的培养一直是学校关心的首要事件，研究型名校应该有研究型名师，这已成为促进学校发展的共识。为鼓励研究型教师的成长，学校发起出版了"龙门书院·上海中学"书系，多位教师的著作纳入此书系中，拙著《困教录——学情视野下的名篇细读》也忝列其中。本书的出版，虽未列在"龙门书院·上海中学"书系中，却实在是在学校鼓励教学研究的氛围中实现的。

感谢上海师范大学郑桂华老师、上海市教师教育学院范飚老师，以及上海教育出版社何勇老师、易英华老师、公雯雯老师、汪海清老师的指导和帮助。本书的初稿，原是交给上海教育出版社《语文学习》编辑部的，得到了何勇老师、易英华老师的大力支持;后来书稿作为"上海教育丛书"出版,得到了公雯雯老师、汪海清老师的帮助,特别是汪老师专业的意见、细致的校勘,让我受益匪浅。在我的职业生涯中自始至终给予我鼓励、引领、指导的是郑桂华老师和范飚老师,没有郑老师和范老师给予我力量,我不可能完成这本小书。本书成稿过程中,郑桂华老师更是多次悉心指导,提出了很多真诚中肯的意见,让我有豁然开朗之感。

感谢复旦大学中文系朱刚主任为本书赐序,大家写小文章,尽显大风范,着实为本书大为增色。大约二十年前,我考入复旦大学中文系,也曾有志于古典文学的研究,但因为学力不逮、意志不定,终究还是远离学术,投身到基础教育之中。不过十余年来,我始终对学术有所关注,努力在学术的聚光圈外静静欣赏,偶一试笔,或有所得,也乐在其中。因而,这本小书也算是一个老学生给母校交的一份作业,质量不知如何,总有"羞见长安旧主人"之忧,不过或还可说"一片冰心在玉壶"。

最后,也是最重要的,要感谢我的家人,特别是我的母亲和妻子。她们姑和谐,全力照顾幼子、料理家务,让我全身心地投入教学的研究和实践之中,因而这本小书也是她们的作品。

樊新强

2023 年 6 月 23 日